ACCESO GRATIS ***a la Lectura en la Nube***

Para visualizar el libro electrónico en la nube de lectura envíe junto a su nombre y apellidos una fotografía del código de barras situado en la contraportada del libro y otra del ticket de compra a la dirección:

ebooktirant@tirant.com

En un máximo de 72 horas laborables le enviaremos el código de acceso con sus instrucciones.

CRÉDITO BANCARIO AL CONSUMIDOR

Procedimiento de selección de originales, ver página web:
www.tirant.net/index.php/editorial/procedimiento-de-seleccion-de-originales

CRÉDITO BANCARIO AL CONSUMIDOR

Ubaldo Nieto Carol
Notario
Prof. Titular (acred.) de Derecho Mercantil

tirant lo blanch
Valencia, 2024

En caso de erratas y actualizaciones, la Editorial Tirant lo Blanch publicará la pertinente corrección en la página web www.tirant.com.

© TIRANT LO BLANCH
EDITA: TIRANT LO BLANCH
C/ Artes Gráficas, 14 - 46010 - Valencia
TELFS.: 96/361 00 48 - 50
FAX: 96/369 41 51
Email: tlb@tirant.com
www.tirant.com
Librería virtual: www.tirant.es
DEPÓSITO LEGAL: V-183-2024
ISBN: 978-84-1056-022-2
MAQUETA: Innovatext

Si tiene alguna queja o sugerencia, envíenos un mail a: *atencioncliente@tirant.com*. En caso de no ser atendida su sugerencia, por favor, lea en *www.tirant.net/index.php/empresa/politicas-de-empresa* nuestro procedimiento de quejas.

Responsabilidad Social Corporativa: http://www.tirant.net/Docs/RSCTirant.pdf

A Amparo, mi esposa, compañera
y amiga, por su amor inmarcesible

Índice

Abreviaturas

A.C.: Actualidad Civil

A.P.: Audiencia Provincial

APCM: Anteproyecto de Código Mercantil (2013)

Art: Artículo

CC: Código Civil

CCom: Código de Comercio

CE: Constitución Española de 1978

Circ. B.E.: Circular del Banco de España

Circ. CNMV: Circular de la Comisión Nacional del Mercado de Valores

Circ. B.E. 8/1990: Circular del Banco de España 8/1990, de 7 de septiembre, a entidades de crédito, sobre transparencia de las operaciones y protección de la clientela (derogada)

Circ. B.E. 5/2012: Circular 5/2012, de 27 de junio, del Banco de España, a entidades de crédito y proveedores de servicios de pago, sobre transparencia de los servicios bancarios y responsabilidad en la concesión de préstamos

Directiva 87/102/CEE: Directiva del Consejo de las Comunidades Europeas 87/102/CEE, de 22 de diciembre de 1986, relativa a la aproximación de las disposiciones legales, reglamentarias y administrativas de los Estados miembros en materia de crédito al consumo, y sus posteriores modificaciones por la Directiva 90/88/CEE, de 22 de febrero de 1990 y la Directiva 98/7/CE, de 16 de febrero de 1998, del Parlamento Europeo y del Consejo (derogada)

Directiva 93/13/CEE:

Directiva 93/13/CEE DEL Consejo, de 5 de abril de 1993, sobre las Cláusulas Abusivas en los Contratos celebrados con Consumidores

Directiva 2008/48/CE:

Directiva 2008/48/CE del Parlamento Europeo y del Consejo de 23 de abril de 2008, relativa a los contratos de crédito al consumo modificada por la Directiva 2011/90/UE, de la Comisión de 14 de noviembre de 2011(derogada con efectos 20 de noviembre de 2026 por la Directiva 2023/2225/UE)

Directiva 2014/17/UE:

Directiva 2014/17/UE del Parlamento Europeo y del Consejo de 4 de febrero de 2014, sobre los contratos de crédito celebrados con los consumidores para bienes inmuebles de uso residencial y por la que se modifican las Directivas 2008/48/CE y 2013/36/UE y el Reglamento (UE) nº 1093/2010

Directiva 2023/2225/UE:

Directiva 2023/2225/UE del Parlamento Europeo y del Consejo de 18 de octubre de 2023 relativa a los contratos de crédito al consumo y por la que se deroga la Directiva 2008/48/CE

JM: Juzgado de lo Mercantil

LCC-1995: Ley 7/1995, de 23 de marzo, de Crédito al Consumo (derogada)

LCCC: Ley 16/2011, de 24 de junio, de contratos de crédito al consumo

LCCI: Ley 5/2019, de 15 de marzo, reguladora de los contratos de crédito inmobiliario

LCGC: Ley 7/1998, de 13 de abril, sobre condiciones generales de la contratación

LEC: Ley de Enjuiciamiento Civil

Ley 41/2007 Ley 41/2007, de 7 de diciembre, por la que se modifica la Ley 2/1981, de 25 de marzo, de Regulación del Mercado Hipotecario y otras normas del sistema hipotecario y financiero, de regulación de las hipotecas inversas y el seguro de dependencia y por la que se establece determinada norma tributaria

LFFE: Ley 5/2015, de 27 de abril, de fomento de la financiación empresarial.

LGDCU: Ley 26/1984, de 19 de julio, General para la Defensa de los Consumidores y Usuarios (derogada)

LDIEC: Ley 26/1988, de 29 de julio, sobre Disciplina e Intervención de las Entidades de Crédito (derogada)

LH: Ley Hipotecaria (Decreto de 8 de febrero de 1946 con sus innumerables modificaciones).

LN: Ley del Notariado de 28 de mayo de 1862 (y sus sucesivas modificaciones).

LSP: Real Decreto-ley 19/2018, de 23 de noviembre, de servicios de pago y otras medidas urgentes en materia financiera

LOSSEC: Ley 10/2014, de 26 de junio, de ordenación, supervisión y solvencia de entidades de crédito

LUs: Ley sobre nulidad de los contratos de préstamos usurarios de 23 de julio de 1908

O.M. Orden Ministerial

OM 12 de diciembre de 1989:

Orden de 12 de diciembre de 1989, sobre tipos de interés y comisiones, normas de actuación, información a clientes y publicidad de las entidades de crédito (derogada)

OM 5 de mayo de 1994:

Orden Ministerial de 5 de mayo de 1994 de Transparencia de las condiciones financieras de los préstamos hipotecarios (derogada)

Orden EHA/2899/2011:

Orden EHA/2899/2011, de 28 de octubre, de transparencia y protección del cliente de servicios bancarios.

Orden ETD/699/2020:

Orden ETD/699/2020, de 24 de julio, de regulación del crédito revolvente y por la que se modifica la Orden ECO/697/2004, de 11 de marzo, sobre la Central de Información de Riesgos, la Orden EHA/1718/2010, de 11 de junio, de regulación y control de la publicidad de los servicios y productos bancarios y la Orden EHA/2899/2011, de 28 de octubre,

	de transparencia y protección del cliente de servicios bancarios.
OSP:	Orden ECE/1263/2019, de 26 de diciembre, sobre transparencia de las condiciones y requisitos de información aplicables a los servicios de pago y por la que se modifica la Orden ECO/734/2004, de 11 de marzo, sobre los departamentos y servicios de atención al cliente y el defensor del cliente de las entidades financieras, y la Orden EHA/2899/2011, de 28 de octubre, de transparencia y protección del cliente de servicios bancarios.
Pág:	Página
RC:	Recurso
RD:	Real Decreto
RDBB:	Revista de Derecho Bancario y Bursátil
RDLeg:	Real Decreto Legislativo
RDLey:	Real Decreto Ley
Res. DGRN:	Resolución de la Dirección General de los Registros y del Notariado.
RN:	Reglamento Notarial (Decreto de 2 de junio de 1944 por el que se aprueba con carácter definitivo el Reglamento de la Organización y régimen del Notariado con sus múltiples modificaciones)
RRM:	Reglamento del Registro Mercantil
Roj:	Repertorio ordenado de jurisprudencia. Centro de Documentación Judicial (CENDOJ). Consejo General del Poder Judicial.
Sent:	Sentencia

SAP:	Sentencia de la Audiencia Provincial
Ss.	Siguientes
STS:	Sentencia del Tribunal Supremo
TRLCU:	Real Decreto Legislativo 1/2007, de 16 de noviembre, por el que se aprueba el texto refundido de la Ley General para la Defensa de los Consumidores y Usuarios y otras leyes complementarias.
TJUE;	Tribunal de Justicia de la Unión Europea
TS:	Tribunal Supremo
VVAA:	Varios autores.

Prólogo

Esta obra se encuadra dentro de una de las grandes líneas de investigación y de experiencia profesional de su autor. En efecto, en estos 34 años de vida profesional, investigadora y docente, una de las áreas fundamentales a las que me he dedicado es el Derecho bancario. No voy a explicar aquí por qué; ya lo hice en el prólogo de otra obra titulada *Transparencia y protección de la clientela bancaria* (Thomson Reuters Aranzadi, 2016).

Sí interesa destacar que si la citada obra trae causa directa en mi segunda Tesis doctoral (titulada *Contratos bancarios de financiación. Contenido económico. Transparencia y protección de la clientela*, 2015), la que hoy presentamos trae también causa parcial en ella y, además, puede considerarse complementaria de la obra anterior. En efecto, en aquella Tesis doctoral se estudiaba el contenido económico de los contratos bancarios de financiación en un análisis transversal. Luego, en el libro sobre transparencia y protección de la clientela bancaria se profundizaba sobre esta materia y se analizaba el régimen legal de las condiciones generales y la normativa general de protección de consumidores y usuarios, así como el régimen de las cláusulas abusivas y, muy especialmente, la normativa de transparencia bancaria contenida en la Orden EHA/2899/2011, de 28 de octubre, de transparencia y protección del cliente de servicios bancarios (que vino a derogar y sustituir la Orden de 12 de diciembre de 1989, sobre tipos de interés y comisiones, normas de actuación, información a clientes y publicidad de las entidades de crédito y la Orden Ministerial de 5 de mayo de 1994 de transparencia de las condiciones financieras de los préstamos hipotecarios).

En el presente libro nos concentramos en el crédito bancario al consumidor. A este respecto podríamos decir que “los árboles no nos han dejado ver el bosque”; y ello porque al hablar de este tipo de crédito gran parte de los estudios se han centrado en las cláusulas abusivas insertas en los mismos. Sin embargo, más allá de este tema, obviamente de gran importancia, hay un gran número de contratos de este tipo con un volumen global muy importante y gran trascendencia social que tienen un régimen jurídico muy completo que deriva de sucesivas Directivas europeas y su consiguiente transposición al Derecho interno. Concretamente, la Directiva del Consejo de las Comunidades Europeas 87/102/CEE, de 22 de diciembre de 1986, relativa a la aproximación de las disposiciones legales, reglamentarias y administrativas de los Estados miembros en materia de crédito al consumo y sus posteriores modificaciones por la Directivas 90/88/CEE, de 22 de febrero de 1990 y 98/7/CE, de 16 de febrero de 1998, del Parlamento Europeo y del Consejo. Aquella fue derogada y sustituida por la Directiva 2008/48/CE del Parlamento Europeo y del Consejo de 23 de abril de 2008, relativa a los contratos de crédito al consumo modificada por la Directiva 2011/90/UE, de la Comisión de 14 de noviembre de 201. La primera dio lugar a la Ley 7/1995, de 23 de marzo, de Crédito al Consumo (LCC-1995) y la segunda a la Ley 16/2011, de 24 de junio, de contratos de crédito al consumo (LCCC) que deroga y sustituye la Ley anterior. Aquí se pretende analizar en profundidad esta normativa sustantiva huyendo en lo posible de todo lo referente a las cláusulas abusivas incluidas en los mismos y que han dado lugar a una extensa jurisprudencia y doctrina. Esto no es óbice para que al analizar algún tema tengamos que verlo desde la perspectiva de este tipo de cláusulas.

Hay que señalar que esta LCCC será objeto de modificación o tal vez de una nueva redacción cuando se transponga a nuestro Derecho interno la Directiva 2023/2225/UE del Parlamento Europeo y del Consejo, de 18 de octubre de 2023 relativa a los contratos de crédito al consumo y por la que se deroga la Directiva 2008/48/CE publicada en el Diario Oficial de la Unión Europea el 31 de octubre de 2023. Quedará así derogada esta última con efectos 20 de noviembre de 2026. El plazo para su transposición finaliza el 20 de noviembre de 2025 y las normas resultantes se aplicarán a partir del 20 de noviembre de 2026.

Empecemos ahora por una cuestión terminológica. Como vemos, tanto en la denominación de las Directivas en la traducción española (no así en la inglesa: *on consumer credits*) como en las leyes españolas de transposición se habla de "crédito al consumo". No puedo ocultar que la denominación no me parece totalmente adecuada y ello porque habría que hablar de "crédito para consumo" o más precisamente de "crédito al consumidor" ya que la participación de este en el contrato es la que determina la normativa especial aplicable. Y ello porque "consumo" entendido como acción de consumir lo realizan tanto las personas físicas como las jurídicas y dentro de aquellas las que reúnen la condición de consumidor y las que no. Pero tanto en las Directivas como en la normativa interna, como veremos en el capítulo IV, se establece un ámbito subjetivo de aplicación que se centra en el consumidor. Por eso nosotros preferimos hablar de "crédito al consumidor" y dado que esta obra se centra en el crédito concedido por entidades bancarias le hayamos dado el título de "crédito bancario al consumidor".

El libro comienza con un primer capítulo (Introducción) en el que se concreta su objeto determinando los tres elementos que lo conforman: contrato bancario de crédito y su destinatario, un consumidor. Tras analizar este concepto hacemos alguna propuesta sobre la necesidad de su "superación" y sustitución por un concepto más amplio, el de "usuario de los servicios bancarios" al que se aplicaría las mismas normas tuitivas y ello porque habría que proteger a la parte contractual que se encuentre en situación de inferioridad, sea o no consumidor, incluso aunque sea una persona jurídica.

En el segundo capítulo se describe la metodología utilizada para la realización de este estudio que, por otra parte, es la habitual en todo trabajo en el ámbito científico, pero no está de más un cierto recordatorio y, también, su plasmación escrita. Y antes de entrar en el estudio de la normativa del crédito bancario al consumidor se hace necesario un capítulo sobre la normativa general de protección de todo cliente bancario sea o no consumidor (régimen de condiciones generales de la contratación, cláusulas no negociadas individualmente con consumidores y normativa sectorial de transparencia bancaria). Aquí, a pesar del esfuerzo, podemos encontrar alguna repetición de lo ya dicho en el libro de *Transparencia y protección de la clientela bancaria.*

Entrando ya en la parte principal de esta obra, y tras recordar los antecedentes de la normativa vigente, se analiza el ámbito de aplicación de la LCCC y su aplicabilidad a los contratos bancarios para luego entrar en sus distintas fases (precontractual, contractual y de ejecución) centrándose en la información que debe proporcionarse al consumidor en cada una de ellas. En la fase precontractual está la publicidad y luego toda la recogida en la Información Normalizada Europea. En la fase contractual se ve toda la información que se incluye en el contrato además de la forma que adopta éste. Y en la fase de ejecución, la información periódica a remitir al consumidor así como toda la referente a la modificación del tipo deudor.

Una de las partes más importantes del libro (capítulo VI) se refiere a lo que la Ley denomina "contenido económico" del contrato de crédito al consumidor, en nuestro caso, crédito bancario. Los dos pilares sobre los que se asienta la transparencia en este sector del crédito de acuerdo con la Directiva 2008/48/CE y, por tanto, con nuestra LCCC son: el coste total del crédito y la TAE que son dos caras de la misma moneda.

Respecto al coste total del crédito para el consumidor se distinguen todos sus componentes y concretamente los que son gasto para éste e ingreso para la entidad bancaria (intereses, comisiones y servicios accesorios) de los que son ingresos de terceros (impuestos y otros gastos), para luego estudiar su cálculo.

Y el factor de coste más importante para el consumidor es el interés por lo que es importante analizar el tipo deudor, esto es, el porcentaje que sobre el capital pendiente debe satisfacer el consumidor al prestamista bancario, distinguiéndose si es fijo o variable, las distintas formas que puede adoptar el mismo y la obligación de información de toda modificación de este.

Dentro del contenido económico, el segundo elemento y pilar fundamental sobre el que se asienta la protección del consumidor es la "tasa anual equivalente" (TAE), concepto íntimamente relacionado con el anterior. Si el "coste total del crédito para el consumidor" se establece en términos absolutos, una forma de expresarlo en términos relativos (porcentuales) es la TAE de tal manera que ésta nunca podrá existir sin haber definido el primer concepto. Y ambos, así como su cálculo, serán necesarios para dar cumplimiento a otros preceptos legales de la LCCC. Son así dos elementos esenciales de la información a proporcionar al consumidor y, por tanto, de la necesaria "transparencia" del contrato de crédito bancario conducente a la protección del consumidor.

Unas de las formas especiales de crédito a consumidores y que reciben un tratamiento normativo especial en la LCCC son los créditos en forma de descubierto y los excedidos de crédito. La LCCC, a diferencia de la LCC-1995 que los excluía de su regulación salvo la aplicación del art. 19 para los descubiertos en cuenta corriente que fijaba un límite a su tipo de interés, distingue, siguiendo la Directiva 2008/48/CE, entre descubiertos excluidos de su ámbito de aplicación, descubiertos susceptibles de aplicación parcial de la norma y descubiertos a los que le es aplicable la Ley en su totalidad.

Están excluidos de la aplicación de la Ley los contratos de crédito concedidos en forma de facilidad de descubierto y que tengan que reembolsarse en el plazo máximo de un mes. La Ley se aplica parcialmente a los descubiertos explícitos reembolsables mediante petición o en el plazo máximo de tres meses, a los descubiertos tácitos y a los excedidos tácitos. Por último, le es de aplicación la Ley en su totalidad a los descubiertos explícitos cuyo plazo de reembolso exceda de tres meses.

Otro de los temas que aborda la LCCC es el de los contratos de crédito de duración indefinida al que nosotros le dedicamos el capítulo VIII en el que se analizan todos los supuestos de desistimiento unilateral del consumidor y del prestamista con y sin justa causa. Aquí también se incluyen los créditos "revolving", producto financiero muy utilizado en los últimos años con unos intereses remuneratorios que han sido tildados de usurarios, generándose un enorme debate jurisprudencial y doctrinal acerca de su posible carácter abusivo. Todo ello ha dado lugar a una especial normativa de transparencia recogida en la Orden ETD/699/2020, de 24 de julio, de regulación del crédito revolvente y por la que se modifica la Orden ECO/697/2004, de 11 de marzo, sobre la Central de Información de Riesgos, la Orden EHA/1718/2010, de 11 de junio, de regulación y control de la publicidad de los servicios y productos bancarios y la Orden EHA/2899/2011, de 28 de octubre, de transparencia y protección del cliente de servicios bancarios.

En otro orden de cosas, la normativa de crédito al consumidor reconoce a éste dos derechos especiales: uno es el derecho de desistimiento, entendido como el derecho a dejar sin efecto el contrato celebrado, comunicándoselo así a la entidad de crédito en un plazo de catorce días naturales desde la suscripción del contrato sin necesidad de indicar los motivos y sin penalización alguna. El consumidor deberá pagar al prestamista el capital y el interés acumulado sobre dicho capital entre la fecha de disposición del crédito y la fecha de reembolso del capital, sin ningún retraso indebido y a más tardar a los treinta días naturales de haber enviado la notificación de desistimiento al prestamista.

Y el otro es el derecho al reembolso anticipado. Con carácter general, el plazo se presume en beneficio de ambas partes y no en beneficio sólo del deudor de lo que se deduce que no hay un derecho del deudor y una correlativa obligación del acreedor al reembolso anticipado. Sin embargo, en el ámbito del crédito al consumo, primero la LCC-1995 y después la vigente LCCC, sí se reconoce con carácter genérico y en cualquier momento durante la vigencia del contrato, el derecho del consumidor a amortizar anticipadamente, de forma total o parcial, el crédito concedido.

En este caso el consumidor tendrá derecho a una reducción del coste total del crédito que comprenda los intereses y costes, incluso si éstos hubieran sido ya pagados, correspondientes a la duración del contrato que quede por transcurrir. Por su parte, el prestamista tendrá derecho a una compensación que está justificada objetivamente por los posibles costes directamente derivados del reembolso anticipado del crédito, siempre que se produzca dentro de un período en el cual el tipo deudor sea fijo. No obstante, si el prestamista demuestra la existencia de pérdidas producidas de forma directa como consecuencia del reembolso anticipado del crédito, podrá reclamar excepcionalmente una compensación más elevada.

Para finalizar, se estudian dos cuestiones de gran trascendencia en los créditos bancarios a consumidores y que han sido objeto de análisis desde la perspectiva de las cláusulas abusivas pero que luego han derivado en una normativa específica: el vencimiento anticipado por impago y los intereses de demora que no están regulados en la normativa específica de los contratos de crédito al consumidor.

Respecto a la primera, se ha evolucionado jurisprudencialmente desde la aplicación de la aplicación estricta del artículo 1124 CC con unas primeras sentencias del Tribunal Supremo admitiendo la cláusula sobre vencimiento anticipado por impago de una sola cuota del préstamo a plantearse el carácter abusivo de la cláusula que reproducía el art. 693 LEC que posibilitaba al prestamista a declarar el vencimiento anticipado del crédito cuando no se pagaban al menos tres plazos mensuales o un importe equivalente a tres meses. La jurisprudencia del TJUE, primero seguida por el Tribunal Supremo y luego por el legislador en materia de contratos de crédito inmobiliario consiste en modular el derecho del acreedor a declarar el vencimiento anticipado cuando el incumplimiento del deudor tenga carácter suficientemente grave en relación con la duración y la cuantía del préstamo.

En cuanto a los intereses de demora en los contratos de crédito con consumidores hubiera sido muy fácil establecer un criterio como el del art. 20.4 LCCC en materia de créditos en forma de descubiertos (un tipo de interés que dé lugar a una tasa anual equivalente no superior a 2,5 veces el interés legal del dinero). Sin embargo, esto no se hizo a diferencia de la LCCI que ha establecido un recargo (3 puntos porcentuales) sobre el interés ordinario del contrato de crédito siguiendo la posibilidad que le daba la Directiva 2014/17/UE.

Es una lástima que esta Directiva no se haya utilizado para modificar la Directiva 2008/48/CE estableciendo un criterio similar.

Ha sido el Tribunal Supremo quien, en una más que discutible jurisprudencia, ha sentado el criterio según el cual en los contratos de préstamo sin garantía real concertados con consumidores es abusiva la cláusula no negociada que fija un interés de demora que suponga un incremento de más de dos puntos porcentuales respecto del interés remuneratorio pactado, postura que ha avalado el TJUE.

Sólo resta para finalizar este prólogo manifestar mi deseo de que este libro sea de utilidad para el estudioso de los contratos bancarios y de los créditos a consumidores.

Ubaldo Nieto Carol

Capítulo I
Introducción

SUMARIO: 1. CONCEPTO DE CONTRATO BANCARIO. 2. CRÉDITO. 3. CONSUMIDOR O USUARIO. 4. ÁMBITO EXCLUIDO DEL ESTUDIO.

Como ya se ha dicho en el prólogo, esta obra es en cierto modo complementaria de otra del mismo autor[1] por lo que es mi intención no incurrir en repeticiones, aunque a veces esto sea inevitable como pasa en este capítulo y en el tercero.

Toda obra debe comenzar concretando cuál es el objeto de esta. Dado que hablamos de "crédito bancario al consumidor", tenemos que delimitar estos tres elementos:

1. CONCEPTO DE CONTRATO BANCARIO

Sin perjuicio de remitirnos a la antedicha obra, se hace necesario repetir la definición que dimos en su momento: "podemos concluir definiendo el contrato bancario como *aquel acuerdo de voluntades tendente a crear, modificar, regular o extinguir una relación jurídica caracterizada por dos elementos: uno subjetivo, la participación de una entidad de crédito; y otro objetivo, la existencia de crédito, bien del cliente hacia la entidad (captación de fondos) o bien en sentido contrario (concesión de crédito).* Sólo nos restaría para hacer suficientemente comprensiva esta definición incluir otras *operaciones "conexas" a las*

---

1 NIETO CAROL, U: *Transparencia y protección de la clientela bancaria.* Edit. Thomson Reuters Aranzadi, Cizur Menor (Navarra), 2016.

crediticias que también realizan las entidades de crédito como son las llamadas "operaciones neutras", *de gestión o de servicio*[2].

Como bien señala TAPIA HERMIDA[3], "la actividad típica y nuclear de las entidades de crédito es la intermediación indirecta en el crédito que se realiza mediante la conexión funcional entre las operaciones bancarias pasivas (de recepción de fondos del público) y las activas (de aplicación de los fondos captados) y que, además, aquellas entidades pueden realizar otras operaciones o servicios accesorios o complementarios de las anteriores. Estas operaciones económicas bancarias se instrumentan jurídicamente mediante uno o varios contratos bancarios.

En consecuencia, los contratos bancarios son acuerdos de voluntades que crean, modifican o extinguen las relaciones jurídicas derivadas de las operaciones bancarias".

Conviene apuntar que en el proyectado (2013) Código Mercantil, el Capítulo I del Título VII (De Los Contratos Financieros Mercantiles), del Libro IV (De Las Obligaciones y de los Contratos Mercantiles en general), lleva la denominación "De Los Contratos Financieros" y define los mismos en su art. 571-1 (Noción) como "aquéllos por los que, teniendo por objeto una cantidad o suma de dinero de curso legal, una o ambas partes conceden o facilitan a la otra directa o indirectamente financiación monetaria en la forma, plazo o términos que estipulen, a cambio de un precio".

Tras la disposición transitoria segunda del Real Decreto-ley 14/2013, de 29 de noviembre, de medidas urgentes para la adaptación del derecho español a la normativa de la Unión Europea en materia de supervisión y solvencia de entidades financieras y la

---

2 NIETO CAROL, U: Introducción al libro *Contratos Bancarios y Parabancarios.* Lex Nova, Valladolid, 1998, pág. 45.

3 TAPIA HERMIDA, A.J: "Aspectos generales de la contratación bancaria", *Instituciones de Derecho Privado,* 2ª edición. Tomo VI. Mercantil, volumen 3° *Contratos Bancarios* (Dir. U. Nieto Carol), Civitas Thomson Reuters, Cizur Menor (Navarra), 2022, pág. 32.

Ley 5/2015, de 27 de abril, de fomento de la financiación empresarial (arts. 6 a 14), al concepto "entidad de crédito hay que unir el de "establecimiento financiero de crédito", si bien matizando que estos se centran en la financiación ya que no pueden captar depósitos.

La LOSSEC define en su art. 1.1.a) las entidades de crédito al decir que son "las empresas autorizadas cuya actividad consiste en recibir del público depósitos u otros fondos reembolsables y en conceder créditos por cuenta propia"[4]. Y añade en su letra b) que son entidades de crédito "las empresas autorizadas referidas en

---

4 Como señala A.J. TAPIA HERMIDA ("La nueva arquitectura regulatoria del sistema bancario español: la Ley 10/2014, de ordenación, supervisión y solvencia de entidades de crédito", *RDBB* núm. 136, octubre-diciembre 2014, págs. 72 y 73), "esta interconexión funcional de las operaciones bancarias pasivas (*«recepción de depósitos o de otros fondos reembolsables»*) y activas (*«conceder créditos por cuenta propia»*) —que constituye la intermediación indirecta en el crédito— es el núcleo atómico esencial de la actividad típica bancaria y, por ello, las operaciones pasivas y activas se benefician del reconocimiento mutuo comunitario en los términos previstos en el Anexo de la LOSSEC".
"En la delimitación de la actividad bancaria debe prestarse una especial atención a la denominada «banca en la sombra» o «shadow banking», definida como la intermediación crediticia al margen del sistema bancario convencional desarrollada por intermediarios financieros que no tienen la consideración de entidades de crédito, en particular, de bancos y no están sometidos, por lo tanto, al sistema de controles y garantías propios de aquellas entidades. El hecho de que esta actividad represente un volumen aproximado de la cuarta parte del total de la intermediación financiera mundial, unido a la falta de control del riesgo sistémico que comporta —que va implícito en su propia extrabancariedad— ha llevado a que, tanto a nivel comunitario como a nivel global, las autoridades públicas nacionales y supranacionales hayan tomado iniciativas para intentar medir y controlar los riesgos que en el sistema financiero produce esta actividad de «banca en la sombra». Iniciativas especialmente notables desde el momento en que la crisis financiera global de 2008 ha mostrado la eclosión de estas actividades desreguladas como respuesta del mercado financiero al incremento de los controles de la actividad bancaria típica".

el artículo 4.1.1.b)[5] del Reglamento (UE) n.º 575/2013 del Parlamento Europeo y del Consejo de 26 de junio de 2013 sobre los requisitos prudenciales de las entidades de crédito, y por el que se modifica el Reglamento (UE) n.º 648/2012"[6].

Y continúa (art. 1.2) diciendo quienes tienen tal consideración: "a) Los bancos[7]. b) Las cajas de ahorros[8]. c) Las cooperativas de crédito[9].

---

5 Define "Entidad de crédito": una empresa cuya actividad consista en recibir del público depósitos u otros fondos reembolsables y en conceder créditos por cuenta propia.

6 Redacción dada por la disposición final 6.1 de la Ley 11/2023, de 8 de mayo, de trasposición de Directivas de la Unión Europea en materia de accesibilidad de determinados productos y servicios, migración de personas altamente cualificadas, tributaria y digitalización de actuaciones notariales y registrales; y por la que se modifica la Ley 12/2011, de 27 de mayo, sobre responsabilidad civil por daños nucleares o producidos por materiales radiactivos.

7 Regulados en el Real Decreto 84/2015, de 13 de febrero, por el que se desarrolla la Ley 10/2014, de 26 de junio, de ordenación, supervisión y solvencia de entidades de crédito que deroga el RD 245/1995, de 14 de julio, de Creación de bancos, actividad transfronteriza y otras cuestiones relativas al régimen jurídico de las entidades de crédito.

8 Su regulación se encuentra en la Ley 26/2013, de 27 de diciembre, de cajas de ahorros y fundaciones bancarias que las define en su art. 2.1 de la siguiente forma: "Las cajas de ahorros son entidades de crédito de carácter fundacional y finalidad social, cuya actividad financiera se orientará principalmente a la captación de fondos reembolsables y a la prestación de servicios bancarios y de inversión para clientes minoristas y pequeñas y medianas empresas". Su ámbito de actuación no excederá el territorio de una comunidad autónoma. No obstante, podrá sobrepasarse este límite siempre que se actúe sobre un máximo total de diez provincias limítrofes entre sí".

9 Reguladas en la Ley 13/1989, de 26 de mayo y en el RD 84/1993, de 22 de enero. Son cooperativas de crédito las sociedades constituidas con arreglo a la Ley 13/1989, de 26 de mayo, "cuyo objeto social es servir a las necesidades financieras de sus socios y de terceros mediante el ejercicio de las actividades propias de las entidades de crédito".

d) El Instituto de Crédito Oficial[10]. Por tanto, respecto al art. 1.2 RDLeg 1298/1986, de 28 de junio[11] pierden la condición de entidad de crédito la Confederación Española de Cajas de Ahorros, los establecimientos financieros de crédito[12] y las entidades de dinero electrónico[13].

---

10 Su régimen legal se encuentra en la Disposición Adicional VI del RD-Ley 12/1995, de 28 de diciembre y en el RD 706/1999, de 30 de abril que aprueba sus Estatutos. El Instituto de Crédito Oficial es una sociedad estatal que tiene la consideración de agencia financiera del Estado y personalidad jurídica y patrimonio propio. Debe destacarse que son funciones del ICO contribuir a paliar los efectos económicos producidos por situaciones de grave crisis económica, catástrofes naturales u otros supuestos semejantes, así como actuar como instrumento de ejecución de determinadas medidas de política económica
De acuerdo con la Disposición adicional octava (Régimen jurídico del Instituto de Crédito Oficial) LOSSEC, "El Instituto de Crédito Oficial tendrá a todos los efectos la consideración de entidad de crédito, con las particularidades previstas en su legislación específica.
En particular, de lo previsto en esta Ley, le serán de aplicación los Títulos II, III y IV, con las excepciones que se determinen reglamentariamente, y lo previsto en materia de deber de reserva de información".

11 El artículo 1.1 del RDLeg 1298/1986, de 28 de junio, definía entidad de crédito como "toda empresa que tenga como actividad típica y habitual recibir fondos del público en forma de depósito, préstamo, cesión temporal de activos financieros u otras análogas que lleven aparejada la obligación de su restitución, aplicándolos por cuenta propia a la concesión de créditos u operaciones de análoga naturaleza".

12 Regulados en el Título II (arts. 6 a 14) de la Ley 5/2015, de 27 de abril, de fomento de la financiación empresarial y en el Real Decreto 309/2020, de 11 de febrero, sobre el régimen jurídico de los establecimientos financieros de crédito y por el que se modifica el Reglamento del Registro Mercantil, aprobado por el Real Decreto 1784/1996, de 19 de julio, y el Real Decreto 84/2015, de 13 de febrero, por el que se desarrolla la Ley 10/2014, de 26 de junio, de ordenación, supervisión y solvencia de entidades de crédito.

13 De acuerdo con el art. 3.1 de la Ley 21/2011, de 26 de julio, de dinero electrónico, tendrán la consideración de entidades de dinero electrónico aquellas personas jurídicas distintas de las contempladas en el artículo 2.1.a) de esta Ley (las entidades de crédito), a las cuales se haya

Las actividades que pueden desarrollar las entidades de crédito están recogidas en el Anexo (Lista de actividades objeto de reconocimiento mutuo) de la LOSSEC y son:

"1. Recepción de depósitos o de otros fondos reembolsables.

2. Préstamos, incluidos, en particular, el crédito al consumo, los contratos de crédito relativos a bienes inmuebles, la factorización con o sin recurso y la financiación de transacciones comerciales (incluido el forfaiting).

3. Arrendamiento financiero.

4. Servicios de pago, tal como se definen en el artículo 1 de la Ley 16/2009, de 13 de noviembre, de servicios de pago[14].

5. Emisión y gestión de otros medios de pago, tales como tarjetas de crédito, cheques de viaje o cheques bancarios, cuando dicha actividad no esté recogida en el punto 4.

6. Concesión de garantías y suscripción de compromisos.

7. Transacciones por cuenta propia o por cuenta de clientes que tengan por objeto cualquiera de los siguientes instrumentos:

a) Instrumentos del mercado monetario (cheques, efectos, certificados de depósito, etcétera).

b) Divisas.

---

otorgado autorización para emitir dinero electrónico. Se entiende por tal (art. 1.2), todo valor monetario almacenado por medios electrónicos o magnéticos que represente un crédito sobre el emisor, que se emita al recibo de fondos con el propósito de efectuar operaciones de pago según se definen en el artículo 2.5 de la Ley 16/2009, de 13 de noviembre, de servicios de pago, y que sea aceptado por una persona física o jurídica distinta del emisor de dinero electrónico. Su régimen jurídico se encuentra recogido en el Real Decreto 778/2012, de 4 de mayo, de régimen jurídico de las entidades de dinero electrónico.

14 Hoy derogada y sustituida por el Real Decreto-ley 19/2018, de 23 de noviembre, de servicios de pago y otras medidas urgentes en materia financiera.

c) Futuros financieros y opciones.

d) Instrumentos sobre divisas o sobre tipos de interés.

e) Valores negociables.

8. Participación en las emisiones de valores y prestación de los servicios correspondientes.

9. Asesoramiento a empresas en materia de estructura del capital, de estrategia empresarial y de cuestiones afines, así como asesoramiento y servicios en el ámbito de las fusiones y de las adquisiciones de empresas.

10. Intermediación en los mercados interbancarios.

11. Gestión o asesoramiento en la gestión de patrimonios.

12. Custodia y administración de valores negociables.

13. Informes comerciales.

14. Alquiler de cajas fuertes.

15. Emisión de dinero electrónico.

Cuando los servicios y actividades previstos en el artículo 63 de la Ley 24/1988, de 28 de julio, del Mercado de Valores[15], se refieran a instrumentos financieros previstos en el artículo 2 de dicha Ley, serán objeto de reconocimiento mutuo de conformidad con esta Ley".

Por su parte, de acuerdo con el art. 6 LFFE, "podrán constituirse como establecimientos financieros de crédito aquellas empresas que, sin tener la consideración de entidad de crédito y previa autorización del Ministro de Economía y Competitividad, se dediquen con carácter profesional a ejercer una o varias de las siguientes actividades:

---

15 Hoy Ley 6/2023, de 17 de marzo, de los Mercados de Valores y de los Servicios de Inversión.

a) La concesión de préstamos y créditos, incluyendo crédito al consumo, crédito hipotecario y financiación de transacciones comerciales.

b) El «factoring», con o sin recurso, y las actividades complementarias de esta actividad, tales como las de investigación y clasificación de la clientela, contabilización de deudores, y en general, cualquier otra actividad que tienda a favorecer la administración, evaluación, seguridad y financiación de los créditos que les sean cedidos.

c) El arrendamiento financiero, con inclusión de las siguientes actividades complementarias:

1.ª Actividades de mantenimiento y conservación de los bienes cedidos.

2.ª Concesión de financiación conectada a una operación de arrendamiento financiero, actual o futura.

3.ª Intermediación y gestión de operaciones de arrendamiento financiero.

4.ª Actividades de arrendamiento no financiero que podrán complementar o no con una opción de compra.

5.ª Asesoramiento e informes comerciales.

d) Las de concesión de avales y garantías, y suscripción de compromisos similares.

e) La concesión de hipotecas inversas, incluyendo las reguladas en la disposición adicional primera de la Ley 41/2007, de 7 de diciembre, por la que se modifica la Ley 2/1981, de 25 de marzo, de Regulación del Mercado Hipotecario y otras normas del sistema hipotecario y financiero, de regulación de las hipotecas inversas y el seguro de dependencia y por la que se establece determinada norma tributaria.

Asimismo, los establecimientos financieros de crédito podrán desarrollar las demás actividades accesorias que resulten necesarias para el desempeño de las actividades anteriores, en los términos que se prevean en sus Estatutos sociales".

Por otra parte, en cuanto a su régimen jurídico, los establecimientos financieros de crédito se regirán por lo dispuesto en el título II LFFE y su normativa de desarrollo y, para todo lo no previsto en la citada normativa, su régimen jurídico será el previsto para las entidades de crédito. Y "en especial se aplicará a los establecimientos financieros de crédito la regulación sobre participaciones significativas, idoneidad e incompatibilidades de altos cargos, gobierno corporativo y solvencia contenida en la Ley 10/2014, de 26 de junio, de ordenación, supervisión y solvencia de entidades de crédito, y su normativa de desarrollo, así como la normativa de transparencia, mercado hipotecario, régimen concursal y prevención del blanqueo de capitales y la financiación del terrorismo prevista para las entidades de crédito" (art. 7.2 LFFE).

2. CRÉDITO

El crédito es el objeto fundamental del contrato bancario. La palabra crédito proviene del término latino *creditum*, del verbo *credo, credidi, creditum* que significa creer, tener confianza y que es equivalente a *fides* o *fiducia*. En este sentido, el crédito es, para el que lo concede, la confianza que tiene en el cumplimiento de la prestación prometida con otra persona (el tomador del crédito)[16].

Dar crédito es, necesariamente, un acto jurídico. La voluntad consiste aquí en devenir acreedor de una obligación aplazada; la voluntad de realizar anticipadamente una prestación y ser acreedor del equivalente económico. De esta manera, siguiendo al profesor GARRIGUES[17] quedan configurados en la esencia jurídica del crédito los siguientes elementos: "La transmisión (actual o prometida) de la propiedad de una cosa del acreedor al deudor

---

16 GARRIGUES, J.: *Contratos Bancarios*, 2ª ed., Madrid, 1975, pág. 34.
17 GARRIGUES, J.: *Contratos Bancarios...*, pág. 35.

con contrapartida económica diferida, la pausa o dilación entre el ejercicio del derecho por parte del acreedor y el cumplimiento de la obligación por parte del deudor y, por último, el interés como precio del tiempo que media entre las prestaciones de ambos sujetos de la relación crediticia".

Ya entraremos en su momento en el concepto de crédito en la Ley 16/2011, de 24 de junio, de Contratos de Crédito al Consumo. Ahora baste recordar que este transcribe el concepto que de «contrato de crédito» da la Directiva 2008/48/CE en su art. 3,c): "contrato mediante el cual un prestamista concede o se compromete a conceder a un consumidor un crédito en forma de pago aplazado, préstamo u otra facilidad de pago similar, exceptuados los contratos para la prestación continuada de servicios o para el suministro de bienes de un mismo tipo en el marco de los cuales el consumidor paga por tales bienes o servicios de manera escalonada mientras dure la prestación"[18].

En el caso de nuestro estudio, es la entidad de crédito o el establecimiento financiero de crédito quien va a ser el concedente del crédito.

Interesa ahora destacar una nota futura de esta concesión de crédito. De acuerdo con el art. 17 de la Directiva 2023/2225/UE "los Estados miembros prohibirán toda concesión de crédito a los consumidores que no la hayan solicitado previamente y sin su consentimiento expreso". Por tanto, no podrá haber ofrecimien-

---

[18] La Directiva 2023/2225/UE que, de acuerdo con su art. 49, ha entrado en vigor a los veinte días de su publicación en el Diario Oficial de la Unión Europea (el 30 de octubre de 2023) y que deroga, a tenor de su art. 47, la Directiva 2008/48/CE con efectos 20 de noviembre de 2026, da en su art. 3.3 un concepto casi igual de «contrato de crédito»: "contrato mediante el cual un prestamista concede o se compromete a conceder a un consumidor un crédito en forma de pago aplazado, préstamo u otra facilidad de pago similar, exceptuados los contratos para la prestación continuada de servicios o para la entrega de bienes de un mismo tipo en el marco de los cuales el consumidor paga por tales bienes o servicios en cuotas periódicas mientras dure la prestación".

to de concesión sin solicitud previa y sin consentimiento del consumidor. El carácter preceptivo de esta norma augura que será transpuesta de forma obligatoria por el legislador español, cerrándose así el paso a la oferta de "créditos preconcedidos".

3. CONSUMIDOR O USUARIO

El concepto legal de consumidor y usuario se encuentra en el art. 3.1 TRLCU (Conceptos de consumidor y usuario y de persona consumidora vulnerable): "son consumidores o usuarios las personas físicas que actúen con un propósito ajeno a su actividad comercial, empresarial, oficio o profesión.

Son también consumidores a efectos de esta norma las personas jurídicas y las entidades sin personalidad jurídica que actúen sin ánimo de lucro en un ámbito ajeno a una actividad comercial o empresarial".

Vemos como el elemento diferenciador es que actúen con un propósito ajeno a su actividad comercial, empresarial, oficio o profesión. Esto ya significó un cambio respecto a la derogada Ley 26/1984, de 19 de julio, General para la Defensa de los Consumidores y Usuarios que los definía en el art. 1.2 como "las personas físicas o jurídicas que adquieren, utilizan o disfrutan como destinatarios finales, bienes muebles o inmuebles, productos, servicios, actividades o funciones, cualquiera que sea la naturaleza pública o privada, individual o colectiva de quienes los producen, facilitan, suministran o expiden". Y añadía en el número 3: "No tendrán la consideración de consumidores o usuarios quienes, sin constituirse en destinatarios finales, adquieran, almacenen, utilicen o consuman bienes o servicios, con el fin de integrarlos en procesos de producción, transformación, comercialización o prestación a terceros.

Si acudimos a la jurisprudencia del Tribunal Supremo la sentencia de su Sala 1ª de fecha 11 de abril de 2019 (Roj: STS 1226/2019), recogiendo la jurisprudencia del TJUE nos da los elementos de juicio para determinar el carácter o no de consumidor de una persona física.

"La Sentencia del Tribunal de Justicia de la Unión Europea (TJUE) de 25 de enero de 2018, C-498/16 (Asunto Schrems), resume la jurisprudencia comunitaria sobre el concepto de consumidor y establece las siguientes pautas:

(i) El concepto "consumidor" debe interpretarse en relación con la posición de esta persona en un contrato determinado y con la naturaleza y la finalidad de éste, y no con la situación objetiva de dicha persona dado que una misma persona puede ser considerada consumidor respecto de ciertas operaciones y operador económico respecto de otras.

(ii) Sólo a los contratos celebrados fuera e independientemente de cualquier actividad o finalidad profesional, con el único objetivo de satisfacer las propias necesidades de consumo privado de un individuo, le es de aplicación el régimen específico establecido para la protección del consumidor como parte considerada económicamente más débil, mientras que esta protección no se justifica en el caso de contratos cuyo objeto consiste en una actividad profesional.

(iii) Dado que el concepto de "consumidor" se define por oposición al de "operador económico" y que es independiente de los conocimientos y de la información de que la persona de que se trate dispone realmente, ni la especialización que esa persona pueda alcanzar en el ámbito del que forman parte dichos servicios ni su implicación activa en la representación de los derechos e intereses de los usuarios de éstos, le privan de la condición de "consumidor".

(iv) Por lo que respecta, concretamente, a una persona que celebra un contrato para un uso que está relacionado parcialmente con su actividad profesional y que, por tanto, tan solo es parcialmente ajeno a ésta, el Tribunal de Justicia ha considerado que podría ampararse en dichas disposiciones únicamente en el supuesto de que el vínculo de dicho contrato con la actividad profesional del interesado fuera tan tenue que pudiera considerarse marginal y, por tanto, sólo tuviera un papel insignificante en el contexto de la operación, considerada globalmente, respecto de la cual se hubiera celebrado el contrato.

Criterios que han sido reiterados por la STJUE de 14 de febrero de 2019, C-630/17 [...]

Este mismo concepto de consumidor que utiliza el TJUE, referido al ámbito objetivo de la operación y no a la personalidad del contratante, es también el que ha tomado en consideración esta Sala (del Tribunal Supremo) en sus últimas resoluciones, [...]"

Luego aplica estos criterios a los hechos declarados probados por la Audiencia Provincial: "aunque la Sra. Camila se dedicara preferentemente a su actividad profesional como traductora, resulta claro que el préstamo no se solicitó para satisfacer sus necesidades de consumo privado, sino para el ejercicio de una actividad profesional, aunque fuera para el futuro.

En consecuencia, el préstamo litigioso no fue una operación acogida a la legislación de consumidores, sino un negocio jurídico de carácter profesional y empresarial."

Por su parte, la sentencia del Tribunal Supremo (Sala 1ª) de fecha 18 de octubre de 2019 (Roj: STS 3212/2019) nos dice:

"El Texto Refundido de la Ley General para la defensa de Consumidores y Usuarios (TRLGCU) abandonó el criterio del destino final de los bienes o servicios que se recogía en la Ley General para la Defensa de los Consumidores y Usuarios de 1984, para adoptar el de la celebración del contrato en un ámbito ajeno a una actividad empresarial o profesional.

Este mismo concepto de consumidor que utiliza el Tribunal de Justicia de la Unión Europea (TJUE), referido al ámbito objetivo de la operación y no a la personalidad del contratante, es también el que ha tomado en consideración esta sala, por ejemplo, en las sentencias 149/2014, de 10 de marzo; 166/2014, de 7 de abril; 688/2015, de 15 de diciembre; 367/2016, de 3 de junio; 16/2017, de 16 de enero; 224/2017, de 5 de abril; y 594/2017, de 7 de noviembre.

De los hechos probados en la instancia se desprende inequívocamente que el Sr. Martin obtuvo el préstamo en un ámbito empresarial y como medio para desempeñar una actividad profesional, puesto que financió la adquisición de un local comercial y el fondo de comercio del negocio previamente allí establecido, para desempeñar su profesión de fisioterapeuta.

Como hemos declarado en la sentencia 230/2019, de 11 de abril, los criterios de Derecho comunitario para calificar a una persona como consumidora han sido resumidos recientemente por la Sentencia del TJUE de 14 de febrero de 2019, C-630/17, al decir: «El concepto de "consumidor" [...] debe interpretarse de forma restrictiva, en relación con la posición de esta persona en un contrato determinado y con la naturaleza y la finalidad de este, y no con la situación subjetiva de dicha persona, dado que una misma persona puede ser considerada consumidor respecto de ciertas operaciones y operador económico respecto de otras (véase, en este sentido, la sentencia de 25 de enero de 2018, Schrems, C-498/16, EU:C:2018:37, apartado 29 y jurisprudencia citada)».

«Por consiguiente, solo a los contratos celebrados fuera e independientemente de cualquier actividad o finalidad profesional, con el único objetivo de satisfacer las propias necesidades de consumo privado de un individuo, les es de aplicación el régimen específico establecido [...] para la protección del consumidor como parte considerada más débil, mientras que esta protección no se justifica en el caso de contratos cuyo objeto consiste en una actividad profesional (sentencia de 25 de enero de 2018, Schrems, C-498/16, EU:C:2018:37, apartado 30 y jurisprudencia citada)».

«Esta protección particular tampoco se justifica en el caso de contratos cuyo objeto es una actividad profesional, aunque esta se prevea para un momento posterior, dado que el carácter futuro de una actividad no afecta en nada a su naturaleza profesional (sentencia de 3 de julio de 1997, Benincasa, C-269/95, EU:C:1997:337, apartado 17)»".

Cuestión importante es si la persona física siendo consumidor destina el bien o servicio también a un uso comercial o profesional. A este respecto, la STJUE de 20 de enero de 2005 concluye que el contratante es consumidor si el uso comercial o profesional es mínimo ("insignificante en el contexto global de la operación").

Se señala que una persona que ha celebrado un contrato relativo a un bien destinado a un uso parcialmente profesional y parcialmente ajeno a su actividad profesional no puede invocar las reglas de competencia del Convenio de 27 de septiembre de 1968 relativo a la competencia judicial y la ejecución de resoluciones judiciales en materia civil y mercantil, en su versión modificada por el Convenio de 9 de octubre de 1978. Dicho Convenio, salvo que el uso profesional sea marginal hasta el punto de tener un papel insignificante en el contexto global de la operación de que se trate, siendo irrelevante a este respecto el hecho de que predomine el aspecto no profesional.

También señala que corresponde al órgano jurisdiccional que conoce del asunto decidir si el contrato de que se trata se celebró para satisfacer, en gran medida, necesidades vinculadas a la actividad profesional de la persona interesada o si, por el contrario, el uso profesional solamente tenía un papel insignificante. A tal efecto, dicho órgano jurisdiccional debe tener en cuenta el conjunto de elementos fácticos pertinentes que se deriven objetivamente de los autos; en cambio, no es preciso tener en cuenta las circunstancias o los elementos que el cocontratante podía haber conocido al celebrarse el contrato, salvo que la persona que invoca su calidad de consumidor se haya comportado de tal manera que diera la impresión a la otra parte contratante de que estaba actuando con fines profesionales.

A este respecto, la Directiva 2011/83/UE del Parlamento Europeo y del Consejo, de 25 de octubre de 2011, sobre los derechos de los consumidores establece en su Considerando (17): "en el caso de los contratos con doble finalidad, si el contrato se celebra con un objeto en parte relacionado y en parte no relacionado con la actividad comercial de la persona y el objeto comercial es tan limitado que no predomina en el contexto general del contrato, dicha persona deberá ser considerada como consumidor".

Este criterio lo repite la Directiva 2014/17/UE del Parlamento Europeo y del Consejo de 4 de febrero de 2014 sobre los contratos de crédito celebrados con los consumidores para bienes inmuebles de uso residencial y por la que se modifican las Directivas 2008/48/CE y 2013/36/UE y el Reglamento (UE) nº 1093/2010 que dice en su Considerando (12): "No obstante, en el caso de los contratos con doble finalidad, si el contrato se celebra con un objeto en parte relacionado y en parte no relacionado con las actividades comerciales o empresariales o con la profesión de la persona en cuestión y dichas actividades comerciales o empresariales, o dicha profesión son tan limitadas que no predominan en el contexto general del contrato, dicha persona debe ser considerada un consumidor".

Interesa hacer una reflexión sobre si el ánimo de lucro excluye o no la condición de consumidor de una persona física. Y para ello veamos las consideraciones de la STS 16/2017, de 16 de enero (Roj: STS 17/2017). A este respecto señala en su Fundamento Jurídico cuarto:

"1. En relación con la controversia litigiosa, partiendo del expuesto concepto de consumidor o usuario como persona que actúa en un ámbito ajeno a una actividad empresarial o profesional, y dado que en el contrato se prevé la posibilidad de reventa, cabe preguntarse si es posible una actuación, en un ámbito ajeno a una actividad empresarial o profesional, que se realice con ánimo de lucro. La jurisprudencia comunitaria ha considerado que esta intención lucrativa no debe ser un criterio de exclusión para la aplicación de la noción de consumidor, por ejemplo, en la STJCE 10 abril 2008 (asunto Hamilton), que resolvió sobre los requisitos del derecho de desistimiento en un caso de contrato de crédito para financiar la adquisición de participaciones en un fondo de inversión inmobiliaria; o en la STJCE 25 octubre 2005 (asunto Schulte), sobre un contrato de inversión. Además, la redacción del art. 3 TRLGCU se refiere a la actuación en un ámbito ajeno a una actividad empresarial en la que se enmarque la operación, no a la actividad empresarial específica del cliente o adquirente (interpretación reforzada por la STJUE de 3 de septiembre de 2015, asunto C-110/14).

2. A su vez, la reforma del mencionado art. 3 TRLGCU por la Ley 3/2014, de 27 de marzo, aunque no sea directamente aplicable al caso por la fecha en que se celebró el contrato, puede arrojar luz sobre la cuestión. En efecto, a diferencia de lo que ocurre con las directivas comunitarias que sólo se refieren a personas físicas, tras dicha reforma se sigue distinguiendo entre consumidor persona física y consumidor persona jurídica, pero se añade que el ánimo de lucro es una circunstancia excluyente solo en el segundo de los casos. Es decir, se introduce un requisito negativo únicamente respecto de las personas jurídicas, de donde cabe deducir que la persona física que actúa al margen de una actividad empresarial es consumidora, aunque tenga ánimo de lucro. No obstante, sin apartarse de dicha regulación, cabría considerar que el ánimo de lucro del consumidor persona física debe referirse a la operación concreta en que tenga lugar, puesto que si el consumidor puede actuar con afán de enriquecerse, el límite estará en aquellos supuestos en que realice estas actividades con regularidad (comprar para inmediatamente revender sucesivamente inmuebles, acciones, etc.), ya que de realizar varias de esas operaciones asiduamente en un período corto de tiempo, podría considerarse que, con tales actos, realiza una actividad empresarial o profesional, dado que la habitualidad es una de las características de la cualidad legal de empresario, conforme establece el art. 1.1º CCom.

3. Desde este punto de vista, no consta que la Sra. Milagrosa realizara habitualmente este tipo de operaciones, por lo que la mera posibilidad de que pudiera lucrarse con el traspaso o reventa de sus derechos no excluye su condición de consumidora".

No quisiera finalizar este epígrafe sin hacer una reflexión sobre el concepto de consumidor. Con frecuencia tiende a extenderse este a los efectos de su aplicación a personas físicas que tienen el carácter de pequeños empresarios o profesionales, incluso a personas jurídicas mercantiles de reducida dimensión. Es obvio que en todas estas circunstancias existe una situación de desequilibrio entre cliente y empresario análoga a la que hay con un consumidor merecedora de igual protección. Pero el camino no es "extender" el concepto de consumidor sino la aplicabilidad de las normas tuitivas de estos a determinados sectores de la contratación, en especial, a la contratación en masa en general y bancaria en particular.

También hay una solución alternativa en el ámbito bancario: la evolución del concepto de "consumidor" hacia el más amplio de "usuario de los servicios bancarios" que, incomprensiblemente ha sido restringido al de consumidor, equiparando aquel concepto al de "minorista" o "usuario de los servicios de inversión".

La Ley 2/2011, de 4 de marzo, de Economía Sostenible, trató de llevar a cabo un avance sustancial en materia de transparencia bancaria y facultó expresamente a la entonces Ministra de Economía y Hacienda, concediéndole un plazo de seis meses, para "aprobar las normas necesarias para garantizar el adecuado nivel de protección de los *usuarios* de servicios financieros en sus relaciones con las entidades de crédito" (art. 29.2[19]). No es menos cierto que luego al concretar las medidas a adoptar alude con frecuencia al término "consumidor", pero el precepto tiene por título "responsabilidad en el crédito y protección de los usuarios de servicios financieros" y el término "usuario" no se utiliza en el sentido que lo hace el art. 3 TRLCU ("son consumidores o usuarios las personas físicas que actúen con un propósito ajeno a su actividad comercial, empresarial, oficio o profesión") sino en el sentido que la normativa europea da a la expresión "usuario de servicios financieros". Así el art. 4.1.10 de la Directiva 2004/39/

19 Hoy derogado por la LOSSEC.

CE del Parlamento Europeo y del Consejo de 21 de abril de 2004 relativa a los mercados de instrumentos financieros, por la que se modifican las Directivas 85/611/CEE y 93/6/CEE del Consejo y la Directiva 2000/12/CE del Parlamento Europeo y del Consejo y se deroga la Directiva 93/22/CEE del Consejo (conocida como MIFID I)[20] define "cliente" como "toda persona física o jurídica a quien una empresa de inversión presta servicios de inversión o servicios auxiliares". En idénticos términos lo hace el art. 4.1.9 Directiva 2014/65/UE del Parlamento Europeo y del Consejo de 15 de mayo de 2014 relativa a los mercados de instrumentos financieros y por la que se modifican la Directiva 2002/92/CE y la Directiva 2011/61/UE (conocida como MIFID II). Luego distingue entre "cliente profesional" y "cliente minorista" por exclusión. Pero clientes profesionales son las entidades autorizadas para operar en los mercados financieros y las grandes empresas (20 millones de euros de total balance, 40 millones de euros de volumen de negocio...). No se distingue entre consumidores y no consumidores. Este es para mí el camino.

4. ÁMBITO EXCLUIDO DEL ESTUDIO

Con el ánimo de reducir el ámbito de esta obra ya de por sí bastante amplio, uno de los contratos que excluiremos de nuestro análisis es el de los préstamos de financiación tanto a vendedor como a comprador para las ventas a plazos que se encuentran regulados por la Ley 28/1988, de 13 de julio, de Venta a plazos de Bienes Muebles.

También excluiremos los denominados "contratos de crédito vinculados" entendiendo por tales los que sirven exclusivamente para financiar un contrato relativo al suministro de bienes específicos o a la prestación de servicios específicos y ambos contratos

---

20 La Directiva 2004/39/CE queda derogada con efectos a partir del 3 de enero de 2017 por la Directiva 2014/65/UE.

constituyen una unidad comercial desde un punto de vista objetivo y que se encuentra regulados en el art. 29 LCCC.

Y dado que vamos a centrar este estudio por la mayor proximidad profesional de su autor en la contratación escrita y presencial, excluiremos también lo referido a los contratos bancarios electrónicos regulados por la Ley 22/2007, sobre comercialización a distancia de servicios financieros destinados a los consumidores, aunque en el algún momento podamos hacer referencia a esta norma.

Capítulo II

Metodología

El Diccionario de la Real Academia Española de la Lengua (23ª edición) define la palabra *ciencia* (del latín *scientia*) como "conjunto de conocimientos obtenidos mediante la observación y el razonamiento, sistemáticamente estructurados y de los que se deducen principios y leyes generales con capacidad predictiva y comprobables experimentalmente". Y conocimiento es la "acción y efecto de conocer", entendiendo por *conocer* (del latín *cognoscere*) "averiguar por el ejercicio de las facultades intelectuales la naturaleza, cualidades y relaciones de las cosas". El *conocimiento científico* es el que se obtiene mediante procedimientos que forman parte del método científico y se obtiene de manera intencional a partir de problemas que se plantea el ser humano sobre la realidad.

Metodología es el "conjunto de métodos que se siguen en una investigación científica o en una exposición doctrinal" y por *método* (del latín *methodus* y éste, a su vez, del griego *μέθοδος*) se entiende "modo de decir o hacer con orden" y el "procedimiento que se sigue en las ciencias para hallar la verdad y enseñarla", concepto que se deriva precisamente de las raíces de este término (*μέθο* y *οδος*): *meta*, "más allá" y *odos*, "camino". Y "cuando hablamos de *metodología jurídica*, fundamentalmente nos estamos refiriendo al estudio y análisis del procedimiento para para poder determinar cuál es la respuesta jurídica para el caso que estamos analizando"[21].

---

21 MARTÍNEZ ZORRILLA, D.: *Metodología jurídica y argumentación*, Marcial Pons, Madrid, 2010, pág. 22. Citado por M. SÁNCHEZ ZORRILLA: "La metodología en la investigación jurídica: características peculiares y pautas generales para investigar en el Derecho", *Revista Telemática de Filosofía del Derecho*, núm. 14, 2011, www.rtfd.es, pág. 329.

Pues bien, aquí nos corresponde señalar cuál ha sido ese "camino" para realizar el análisis del objeto[22] de este libro que ya hemos determinado anteriormente (crédito bancario al consumidor). En definitiva, qué "camino" hemos seguido en nuestra investigación. Porque en eso consiste "investigar": en, primero, buscar esos "caminos" que conducen a un fin, luego recorrerlos, y así poder describir lo hallado y al término al que se ha llegado (eso es una "conclusión": "fin y terminación de algo").

Nosotros, en primer lugar, hemos "buscado" la legislación general aplicable a los contratos bancarios, sin olvidar, con carácter previo, la existencia de una regulación general aplicable al Derecho Contractual. Precisamente por esto, yendo de lo general a lo específico, y dada una de las características fundamentales de los contratos bancarios, la de ser contratos de adhesión, se ha hecho necesario estudiar la regulación de las disposiciones que afectan a las condiciones generales, sean o no de naturaleza bancaria, que tienen una legislación tuitiva de todo adherente, sea persona física o jurídica, por estar basados en condiciones generales y, por tanto, cláusulas no negociables. Analizamos si esta normativa es aplicable a la contratación bancaria como paso previo a su estudio.

Y aquí, habrá que dar un paso más porque, a su vez, hay otra normativa específica que es transposición de la Directiva europea de cláusulas abusivas y que afecta a aquellas condiciones contractuales no negociadas individualmente en las que concurra un consumidor o usuario. Y, como ya se ha visto, los clausulados de los contratos bancarios están formados por condiciones impuestas.

Por otra parte, ya hemos visto que la contratación bancaria es un sector de la contratación carente de regulación sustancial específica. Pero sí existe, y precisamente respecto a una parte del

---

22 La palabra *objeto* (del lat. *obiectus*) tiene varias acepciones que serían aquí aplicables: "todo lo que puede ser materia de conocimiento..."; "fin o intento a que se dirige o encamina una acción u operación"; y "materia o asunto de que se ocupa una ciencia o estudio.

objeto de nuestro estudio, una normativa administrativa referente a la transparencia y protección de la clientela bancaria. Hay que señalar a este respecto que este tipo de normativa afecta, fundamentalmente, a todos los factores de coste de la financiación. Su evolución histórica y el contenido de la normativa vigente.

Estas tres cuestiones (condiciones generales, cláusulas no negociadas individualmente con el consumidor o usuario y transparencia y protección de la clientela bancaria) han sido objeto de estudio pormenorizado en otra obra, por lo que aquí nos limitaremos a su enunciación por razones sistemáticas.

Después de lo anterior, precisamente para concretar el estudio del objeto de esta obra, hay que salir del ámbito estrictamente bancario para estudiar la normativa aplicable a toda "relación crediticia", sea quien sea el empresario financiador, en la que concurra un consumidor o usuario, que deriva del ámbito comunitario con su consiguiente transposición a nuestro Derecho interno. Aquí deberemos analizar, previamente, su aplicabilidad a la contratación bancaria para luego estudiar su contenido. También debemos adentrarnos en la evolución histórica de esta normativa europea habida cuenta de sus sucesivas modificaciones con las consiguientes transposiciones al Derecho interno.

Tras la determinación de la normativa, en algunos casos dispersa, aplicable al objeto de nuestro estudio, hemos procedido a su análisis para lo que, como no puede ser de otra forma, se ha realizado primero una búsqueda de la literatura jurídica que directa o indirectamente aborda el tema y, obviamente, de los pronunciamientos jurisprudenciales al respecto. Se sigue así los dos tipos de metodología en el Derecho: la *metodología judicial* y la *metodología dogmático-académica*[23] que ya en su momento expusiera

---

23 Dentro de la cual se puede distinguir el *método dogmático* (se pretende ordenar el Derecho en un sistema de conceptos axiológicamente neutrales cuyo resultado es la decisión del caso concreto), *exegético* (se busca el análisis, explicación e interpretación de las normas) y *hermenéutico* (establece principios, métodos y reglas que son necesarios para revelar

K. LARENZ[24] y que se proyectan en los dos tipos de investigación jurídica. Esta última también llamada *investigación jurídico-pura*[25] para distinguirla de la *investigación jurídico-social* (se centra en el funcionamiento en la sociedad de las normas jurídicas) y de la *jurídico-filosófica* (se preocupa de la relación entre el derecho, la moral y la ética).

A través del estudio de la doctrina y la jurisprudencia, el contraste, en su caso, de las distintas opiniones de los autores y de los órganos jurisdiccionales (*método dialéctico*), del propio análisis que realice de este autor y por qué no decirlo, de su propia experiencia profesional, saldrá el análisis y la crítica de la regulación aplicable y de su interpretación, incluso propuestas *de lege ferenda.* Y aunque todo investigador pretenda ser "objetivo", y también quien suscribe, no es menos cierto que la condición de "profesional", inescindible de aquélla, permite la observación práctica de la aplicación de las normas y sus consecuencias personales y sociales. Y si existe la "investigación jurídica-pura", en nuestro caso no se da, ni se ha pretendido, porque entiendo el Derecho como ciencia social viva

---

el sentido de lo que está escrito). Para distinguir estos estos dos últimos podemos acudir a J.Mª MARTÍNEZ (*Hermenéutica Bíblica,* edit CLIE, Madrid, 1984, pág. 17): "la exégesis se usa para presentar la práctica de la interpretación del texto, mientras que la hermenéutica determina los principios y reglas que deben regir la exégesis". Para ello, la hermenéutica tiene un conjunto de reglas o principios a tener en cuenta: Contexto, Gramática, Semántica, Sintaxis y Circunstancias Históricas (OSBORNE, G.R.: *The hermeneutical spiral.* Illinois, EE.UU., 1991). Ambos autores citados por SÁNCHEZ ZORRILLA: "La metodología en la investigación jurídica: características peculiares y pautas generales para investigar en el Derecho"..., pág. 341.

24 SALAS, M.E.: "Debate sobre la utilidad de la metodología jurídica: una reconstrucción crítica de las actuales corrientes metodológicas en la teoría del derecho", *Revista Telemática de Filosofía del Derecho,* núm. 12, 2009, www.rtfd.es, pág. 208.

25 SÁNCHEZ ZORRILLA, M.: "Apuntes para una metodología jurídica: la idea de marco teórico", *Revista Telemática de Filosofía del Derecho,* núm. 13, 2010, www.rtfd.es, pág. 302-306.

y, por tanto, evolutiva (del aforismo romano *ubi societas ubi ius* hay que deducir hoy la interrelación entre una y otro) y que afecta de forma muy directa, en algunos casos, dramática, a los ciudadanos y a la sociedad en su conjunto.

Pero tampoco hay que olvidar que en el autor concurre la condición de economista con formación específica en el ámbito financiero, lo que le da una visión de la realidad que subyace en la operación crediticia, tanto desde la perspectiva del que da los fondos como desde la del que los recibe.

Capítulo III

Normativa general de protección del cliente en los contratos bancarios

SUMARIO: 1. CONTRATOS CON CONDICIONES GENERALES. A) Ámbito de aplicación de la Ley de condiciones generales de la contratación. a) Aplicabilidad a los contratos bancarios. B) Requisitos de incorporación. C) El llamado "control de transparencia". D) La llamada "transparencia material". 2. NORMATIVA GENERAL DE PROTECCIÓN DE CONSUMIDORES Y USUARIOS. 3 NORMATIVA SECTORIAL BANCARIA DE TRANSPARENCIA Y PROTECCIÓN DE LA CLIENTELA. A) La Orden EHA/2899/2011, de 28 de octubre. a) Ámbito de aplicación. B) La Circular 5/2012, de 27 de junio, del Banco de España. a) Antecedentes. La Circular BE 8/1990, de 7 de septiembre. b) Ámbito de aplicación.

En este capítulo se va a hacer una breve mención a la normativa que protege a todo cliente bancario. En primer lugar, dado que los contratos bancarios son contratos de adhesión, existe una normativa que protege a todo adherente y, por tanto, al cliente bancario en tanto en cuanto lo es. Luego existe una normativa específica de protección para aquellos contratantes que reúnan la condición de consumidor o usuario, sin perjuicio de la específica de los contratos de crédito celebrados por éstos que es objeto de la presente obra. Y, también, hay una normativa sectorial específicamente bancaria que regula la transparencia y la protección de la clientela.

1. CONTRATOS CON CONDICIONES GENERALES

Como ya es sabido, la contratación en serie o en masa que realizan los empresarios mercantiles dificulta, cuando no impide, la discusión con todos y cada uno de sus clientes de las condiciones y cláusulas de cada contrato, cuyo contenido, además, suele ser idéntico para todos ellos[26]. Por esta razón los empresarios redactan unilateralmente las condiciones generales de sus contratos sin que quepa posibilidad alguna de modificar su contenido restando sólo manifestar su adhesión al clausulado, de ahí que reciban el nombre de *contratos de adhesión.*

El principal efecto de esta tipificación es que el elemento personal de la relación contractual queda sustituido por un "elemento objetivo y uniforme incorporado de antemano a las condiciones generales, las cuales vienen a funcionar, prácticamente, a modo de preceptos de carácter abstracto, que dotados de una cierta coacción se imponen con carácter general a quienes necesitan contratar con los empresarios"[27].

Como señala O´CALLAGHAN[28], "se ha llegado a mantener (así, SALEILLES en la doctrina francesa, a principios de siglo) que es un acto unilateral: no hay contrato, sino dos actos unilaterales independientes entre sí: la voluntad unilateral del que dicta el contrato y el acto de adhesión del que lo acepta. Sin embargo, la doctrina moderna y la jurisprudencia mantienen su naturaleza de contrato, ya que las declaraciones de voluntad de una y otra parte coinciden, aunque una de ellas queda limitada a la aceptación o no, de la voluntad declarada de la otra".

---

26 Como ya señalaba el Prof. URÍA (*Derecho Mercantil.* Marcial Pons. Madrid, 1990, pág. 25), "como consecuencia de la aparición de las grandes empresas y del tráfico en masa, la mayor parte de la contratación mercantil moderna (el seguro, el transporte, el fletamento, las operaciones bancarias, etc.) se hace sobre la base de contratos-tipo en pólizas o documentos impresos preestablecidos, que moldean el contenido de los futuros convenios en una serie de cláusulas o condiciones generales que rara vez sufren modificaciones, al menos importantes, al tiempo de ser firmados los singulares contratos".

27 URÍA, R.: *Derecho Mercantil...*, pág. 25.

28 O´CALLAGHAN MUÑOZ, X.: "Condiciones generales de contratación: Conceptos generales y requisitos" en *Contratos de adhesión y derechos de los consumidores,* Cuadernos de Derecho Judicial VI, CGPJ, Madrid, 1993, pág. 15.

Uno de los principios básicos en los que se apoya el Derecho Civil es el de autonomía de la voluntad, entendido ésta en palabras de FEDERICO DE CASTRO[29] como el poder complejo reconocido a la persona para el ejercicio de sus facultades, sea dentro del ámbito de libertad que le pertenece como sujeto de derechos, sea para crear reglas de conducta entre sí y en relación con los demás, con la consiguiente responsabilidad en cuanto actuación en la vida social.

Pero el principio de autonomía de la voluntad no es ilimitado. Todo negocio jurídico y, por tanto, todo contrato, está basado en este principio, pero tiene límites. Así se establece en el art. 1255 CC que dice que "los contratantes pueden establecer los pactos, cláusulas y condiciones que tengan por conveniente, siempre que no sean contrarios a las leyes, a la moral ni al orden público". Pues bien, uno de esos límites es la Ley 7/1998, de 13 de abril, sobre condiciones generales de la contratación (LCGC). De acuerdo con su Exposición de Motivos, esta Ley tenía por objeto la transposición de la Directiva 93/13/CEE, del Consejo, de 5 de abril de 1993, sobre cláusulas abusivas en los contratos celebrados con consumidores, así como la regulación de las condiciones generales de la contratación. Si bien en el párrafo quinto se pretende distinguir lo que son cláusulas abusivas de lo que son condiciones generales de la contratación, señalando que ambos conceptos no tienen por qué coincidir, cosa que es evidente, hay que señalar que en el resto de la Exposición de Motivos se produce una cierta confusión entre unas y otras. Por ello conviene distinguir lo que es el objeto fundamental de la Ley: la regulación de las condiciones generales de los contratos. De hecho, ya existían anteproyectos anteriores que se remontan a los años 80, habiendo sido el último de 1991, y, por tanto, anteriores a la propia Directiva[30].

---

29 Citado por O'CALLAGHAN MUÑOZ, X.: "Condiciones generales de contratación: Conceptos generales y requisitos"..., pág. 12.

30 A estos efectos puede verse RODRÍGUEZ ARTIGAS, F.: "Antecedentes de la ley sobre condiciones generales de la contratación. Los sucesivos anteproyectos de ley" en *Condiciones Generales de la Contratación y Cláusu-*

Cosa distinta es la transposición de la Directiva de cláusulas abusivas en los contratos celebrados con consumidores (que ya se hizo con retraso —la fecha límite era el 31 de diciembre de 1994—) y que, como su propio nombre indica, tiene un objeto mucho más restringido en la medida que afecta sólo a contratos celebrados con consumidores, mientras que las condiciones generales afectan a todo tipo de contrato sea o no consumidor el adherente.

Dicho esto, hay que señalar que es muy loable el objetivo de regular las condiciones generales de los contratos sean o no celebrados con consumidores, cuestión ésta ya reclamada de antiguo por nuestra doctrina. En efecto, dos son básicamente los sistemas de control del contenido de la contratación en el Derecho comparado: uno limita su intervención a aquellas formas de contratación en las que típicamente una de las partes carece de libertad contractual —*leyes de condiciones generales*— seguido en Alemania, Portugal, Reino Unido; otro somete a control aquellas relaciones en las que participan contratantes típicamente merecedores de protección —*leyes de contratos con consumidores*— que es el sistema seguido en Francia y determinadas Directivas comunitarias. El sistema seguido en nuestro país por la Ley 26/1984, de 19 de julio, General para la Defensa de los Consumidores y Usuarios (LGDCU) era peculiar en cuanto sometió a control únicamente los contratos celebrados conforme a condiciones generales en los que el adherente era un consumidor en el sentido de los arts 1º.2 y 1º.3 de la propia Ley —*leyes de consumidores con regulación de las condiciones generales*—. A este respecto véase el art. 10 de dicha Ley que se modificó por la LCGC.

Con este criterio delimitador de la aplicación de la legislación de control de las condiciones generales de contratación en función de la condición de consumidor de uno de los contratantes, quedaban desamparadas aquellas situaciones en las que el adherente era un empresario. Se había argumentado que éstos

---

las Abusivas (Dir. U. Nieto Carol). Lex Nova, Valladolid, 2000, pág. 79 y ss.

no estaban necesitados de protección ya que, a diferencia de los consumidores, disponen de una mayor información y organización además de estar más motivados para negociar las cláusulas del contrato. Si bien es cierto que el consumidor está más necesitado de protección que el empresario, en uno y otro caso, y con independencia de los medios económicos y organizativos, están en situación de *inferioridad funcional* con respecto al que impone el clausulado general, siendo esta inferioridad que puede acarrear abuso la que es de por sí digna de protección. De hecho, las normas de Derecho comparado tienen un ámbito de aplicación general, sin perjuicio de que añadan normas específicas para el caso de que el adherente sea un consumidor.

Ya ALFARO[31] consideraba que la definición legal de condiciones generales que ofrecía la LGDCU tenía como función la de servir a la aplicación de este conjunto normativo, proporcionando certeza respecto a su ámbito, pero presentaba "el riesgo de impedir la aplicación del régimen de control a cláusulas que razonablemente debieran quedar incluidas en dicho régimen, bien sea por error del legislador, bien por la naturaleza misma del fenómeno regulado". Por lo tanto, para evitar estos riesgos, la interpretación de la definición debería atender muy especialmente a la regulación a la que sirve, y esto en dos aspectos: el teleológico, de forma que una interpretación literalista podía vaciar de contenido la regulación legal y, en segundo lugar, el sistemático. De hecho, algunas resoluciones judiciales vía analógica extendieron su aplicación a supuestos en los que el adherente no era consumidor o usuario.

Este problema ha venido a resolverse con la LCGC si bien esta norma no ha estado exenta de críticas. Valga por todas la de PAGADOR LÓPEZ[32] para quien la valoración global de la Ley es

---

31 ALFARO ÁGUILA-REAL, J.: *Las condiciones generales de la contratación.* Civitas, 1991, pág. 112.

32 PAGADOR LÓPEZ, J.: "La Ley 7/1998, de 13 de abril, sobre Condiciones Generales de la Contratación" en *Derecho de los Negocios,* octubre de 1998, pág. 22.

la siguiente: “no aporta absolutamente nada a nuestro Derecho. Sus dos primeros capítulos se revelan [...] como absolutamente inútiles, dado que no establecen mecanismos de control de contenido. La reforma de la LGDCU ha contribuido, lo que no era nada fácil, a empeorarla aún más, sin que sea de esperar que la ampliación de su ámbito de aplicación tenga consecuencias prácticas. Se ha creado un Registro de Condiciones Generales de la Contratación mastodóntico, impracticable e inútil. Se ha establecido un procedimiento de control abstracto que no conduce a ningún sitio. Por último, se ha colado de rondón una reforma de la Ley Hipotecaria que nada tiene que ver con el objeto de regulación de esta Ley y que, si acaso, contribuye a dificultar el acceso del público a las informaciones obrantes en el Registro de la Propiedad, lo que no parece especialmente encomiable. Podría decirse aquello de peor, imposible, pero lo que, desde luego, escapa a toda duda es que para este camino no hacían falta alforjas”.

Con carácter previo al estudio de esta Ley conviene hacer una reflexión: la existencia de unas condiciones generales uniformes no es *a priori* malo, sino que hay experiencias positivas en el Derecho comparado y precisamente en el ámbito bancario. En efecto, como señala J. SÁNCHEZ CALERO[33], “la experiencia comparada arroja pocas dudas sobre el efecto favorable de cara a la seguridad jurídica y a lo que ahora se engloba bajo el concepto de la transparencia tiene la introducción de un marco contractual uniforme”. Con tales condiciones se tiende a una creciente claridad y sencillez de los pactos bancarios cuyos principales beneficiarios han de ser los clientes. Así, tomando el ejemplo alemán, por ser éste el país que ofrece una más dilatada experiencia se observa cómo las sucesivas revisiones (la última de 2012) efectuadas en las *allgemeine Geschäftsbedingungen (AGB)* desde su primera versión en 1937 han supuesto la permanente simplificación de su redacción.

---

33 SÁNCHEZ CALERO GUILARTE, J.: “El Derecho de la competencia y la contratación bancaria” ..., pág. 294.

Se trata de condiciones impulsadas por la asociación bancaria alemana y de aplicación voluntaria, lo que no impide que ésta sea la práctica cuasi total.

A) Ámbito de aplicación de la Ley de condiciones generales de la contratación

Dentro del capítulo primero de la Ley, dedicado a las disposiciones generales, el artículo 1 delimita su ámbito de aplicación *objetivo.* Define las condiciones generales de la contratación diciendo que son "las cláusulas predispuestas cuya incorporación al contrato sea impuesta por una de las partes, con independencia de la autoría material de las mismas, de su apariencia externa, de su extensión y de cualesquiera otras circunstancias, habiendo sido redactadas con la finalidad de ser incorporadas a una pluralidad de contratos".

De este precepto se deducen los elementos que caracterizan las condiciones generales y que son los siguientes:

a) *Contractualidad.* Se habla de "cláusulas" y se opta así por el criterio contractual que considera las condiciones generales meras cláusulas contractuales y fundamenta su validez en el hecho de haber sido aceptadas por el adherente frente al criterio normativista que las considera normas derivando de este carácter su obligatoriedad. Además, se dice que las condiciones generales deben haber sido redactadas "con la finalidad de ser incorporadas a una pluralidad de *contratos*".

b) *Predisposición.* Esto implica que las condiciones se han elaborado de manera unilateral por el predisponente. Parece evidente que la formulación por escrito de las condiciones generales pone de manifiesto la predisposición de estas, máxime si están impresas o han sido "redactadas con arreglo a minuta". A efectos de la predisposición, es indiferente que el predisponente sea o no autor material de las condiciones generales, tal como se especifica en el artículo 1 de la Ley.

Como señala J.J. MARÍN LÓPEZ[34], la antigua redacción del artículo 10.2.I LGDCU era más clara en este punto que el actual artículo 1.1 LCGC en la medida en que se refería a las cláusulas, condiciones o estipulaciones "redactadas previa y unilateralmente por una empresa o grupo de empresas". La predisposición se caracteriza por la falta de negociación entre las partes sobre el contenido contractual, cuya confección ha sido realizada, antes de la celebración del contrato, y de modo unilateral, por el profesional

c) *Imposición.* Esta característica se deduce del artículo 1 de la Ley cuando dice que su "incorporación al contrato sea impuesta por una de las partes", que se decía con otras palabras en el entonces artículo 10.2 LGDCU ("cuya aplicación no puede evitar el consumidor o usuario, siempre que quiera obtener el bien o servicio de que se trate").

Hay pues imposición cuando las condiciones no han sido negociadas entre los contratantes de forma que el adherente no ha podido influir en su contenido. Este es el requisito que explica el control del contenido de las cláusulas generales. Como señala ALFARO[35], "la predisposición, impide que funcionen correctamente los controles e incentivos que permiten predecir, en la generalidad los casos, que el contenido de los contratos es, normalmente, justo". Se entiende que los contratos tienen un contenido "justo" porque si un contratante lo sintiera como injusto, simplemente, rechazaría firmarlo. En los contratos de adhesión, la predisposición de su contenido por el empresario le permite incluir una regulación que no se atrevería a incluir en un contrato negociado individualmente.

---

34 MARÍN LÓPEZ, J.J.: "El ámbito de aplicación de la ley sobre condiciones generales de la contratación", en *Condiciones Generales de la Contratación y Cláusulas Abusivas* (Dir. U. Nieto Carol), Lex Nova, Valladolid, 2000, pág. 127.

35 ALFARO ÁGUILA-REAL, J: "Artículo 1". En *Comentarios a la Ley de Condiciones Generales de la Contratación* (Dir. Aurelio Menéndez Menéndez y Luis Díez-Picazo y Ponce de León), Civitas, Madrid, 2002, pág. 112.

d) *Generalidad*. Existe tal cuando las condiciones generales han sido redactadas para ser incorporadas "*a una pluralidad* de contratos" y, como señala BERCOVITZ[36], en efecto lo hayan sido[37]. Añade que no basta con la incorporación a un solo contrato de los otorgados por el profesional predisponerte. "Es preciso que se incorporen a varios de los contratos que otorgue, aunque no sean todos los de una clase o tipo, o que pertenezcan a diversas clases o tipos de los contratos que otorgue, aunque ello sea únicamente con varios clientes, o con uno solo". La pluralidad de contratos debe referirse a un único profesional predisponente; no sería condición general la cláusula predispuesta que se incorpora a diversos contratos otorgados cada uno por un profesional distinto.

Respecto al ámbito *subjetivo* de la Ley, y como ya señalábamos antes, ésta se aplica a todos los contratos que contengan condiciones generales, celebrados entre un profesional ("predisponente") y cualquier persona física o jurídica ("adherente"). Por tanto, se aplicará a aquellos contratos celebrados entre un profesional, sea persona física o jurídica, que actúe dentro de su actividad profesional o empresarial, pública o privada, y a todo adherente sea éste persona física, profesional o consumidor, o persona jurídica.

El inciso final del apartado tercero del art. 2 LCGC ("el adherente podrá ser también un profesional, sin necesidad de que actúe en el marco de su actividad"), "aclara, aunque no era necesario, que la consideración del empresario como adherente de condiciones generales, se produce lo mismo si actúa en cuanto

---

36 BERCOVITZ RODRÍGUEZ-CANO, R: "Artículo 1. Ámbito objetivo". En Comentarios a la Ley de Condiciones Generales de la Contratación (Coord. Rodrigo Bercovitz Rodríguez-Cano), Aranzadi, El Cano (Navarra), 1999, pág. 28.

37 Entiende F. RODRÍGUEZ ARTIGAS ("El ámbito de aplicación de la Ley 7/1998, de 13 abril, de Condiciones Generales de la Contratación" en *Las Condiciones generales la contratación y la Ley 7/1998, de 13 de abril*, Marcial Pons, 1999, pág. 64) que para el control abstracto de las condiciones generales basta con la finalidad sin que sea necesario que hayan sido utilizadas en verdad ni siquiera en un contrato.

profesional como si actúa fuera del marco de la actividad. Fuera del marco del ámbito profesional, el adherente podría ser un consumidor y producirse, por consiguiente, la especial protección brindada a estos últimos"[38].

BÁDENAS[39] define el adherente como "aquella persona que con la finalidad de obtener un bien o la prestación de un servicio se ve en la necesidad de tener que concluir un contrato por medio de condiciones generales, que han sido predispuestas por el otro contratante (predisponente)"

Se excluye del ámbito de aplicación de esta Ley los contratos administrativos, los contratos de trabajo, los de constitución de sociedades, los que regulan relaciones familiares y los contratos sucesorios, así como las condiciones generales que reflejen disposiciones de los convenios internacionales en los que España sea parte y las que vengan reguladas específicamente por una disposición legal o administrativa de carácter general que sea de aplicación obligatoria para los contratantes.

Por último, en cuanto a su ámbito de aplicación *territorial*, esta Ley también se aplica a aquellos contratos en los que, aun sometidos a la legislación extranjera, la adhesión se haya realizado en España por quien tiene en su territorio la residencia habitual y ello en virtud del convenio firmado en Roma el 19 de junio de 1980 ratificado por Instrumento de 7 de mayo de 1993 (BOE 19 de julio).

---

38 DIEZ-PICAZO Y PONCE DE LEON, L: "Artículo 2". En *Comentarios a la Ley de Condiciones Generales de la Contratación* (Dir. Aurelio Menéndez Menéndez y Luis Díez-Picazo y Ponce de León), Civitas, Madrid, 2002, pág. 144.

39 BÁDENAS CARPIO, J. M: "Artículo 2. Ámbito subjetivo". En *Comentarios a la Ley de Condiciones Generales de la Contratación* (Coord. Rodrigo Bercovitz Rodríguez-Cano), Aranzadi, El Cano (Navarra), 1999, pág. 88.

a) Aplicabilidad a los contratos bancarios

Antes de estudiar la aplicabilidad de la LCGC a la contratación bancaria vamos a analizar cuáles son los intereses del empresario bancario que le llevan a la utilización de dichas condiciones y así poder enjuiciar cuales de estos intereses son dignos de protección.

Como ya hemos indicado, las condiciones generales son una respuesta "racionalizadora" a la problemática que comporta el tráfico en masa. Siguiendo a ALFARO[40] y haciendo una aplicación particular al tráfico bancario, podemos señalar los efectos "racionalizadores" que para este tipo de empresas tienen las condiciones generales:

1. *Reducción de los costes de contratación*: el empleo de las condiciones generales permite simplificar y acelerar la celebración de los contratos reduciendo los costes de negociación (tiempo, medios, etc) convirtiendo ésta en un proceso prácticamente automático una vez que hay acuerdo en la prestación y el precio. No debemos olvidar que las entidades de crédito financian adquisiciones de bienes o servicios, u oportunidades de inversión cuya realización debe hacerse, en ocasiones, con mucha celeridad.

2. *Facilitación de la división de tareas*: al uniformar las condiciones de contratación para todas las sucursales y agencias que tienen las entidades de crédito en todo el país reduce las necesidades de personal jurídico especializado y permite depositar la gerencia de las oficinas bancarias en personal comercial.

3. *Facilita la coordinación en el seno de la propia empresa bancaria*: con el uso de condiciones generales se reducen las necesidades de comunicación en el seno de la empresa; así la que sería necesaria en otro caso entre departamentos comerciales y jurídicos con intereses generalmente contrapuestos, los primeros buscan-

---

40 ALFARO ÁGUILA-REAL, J.: *Las condiciones generales de contratación...*, pág. 28.

do un mayor beneficio aun asumiendo un mayor riesgo y los segundos, asegurando con las necesarias garantías personales y reales la devolución del principal. Facilita también una mejor planificación de la actividad de la empresa bancaria adaptando la actuación de los terceros a las necesidades de la propia empresa, como ocurre, por ejemplo, haciendo coincidir las fechas de devengo de las cuotas mensuales de los préstamos que adoptan esta modalidad.

4. *Posibilita el cálculo anticipado de los costes*: así incluyendo en las condiciones generales determinadas garantías que deben prestar los clientes o transfiriéndoles a éstos determinados riesgos o gastos imprevistos.

Pero a estas justificaciones de tipo económico hay que añadirle otras de carácter jurídico. Algunos autores han visto en las condiciones generales una cierta función de promoción de la *seguridad jurídica* en el sentido de hacer previsibles las consecuencias de una actuación tanto para la entidad crediticia como para el cliente. Se argumenta que el derecho dispositivo en escasa medida se adapta a las necesidades del tráfico actual además de no prever determinadas especialidades atípicas que surgen constantemente y aún más en el ámbito financiero. Esto se cumple desde luego en el tráfico bancario en el que incluso alguna de las figuras jurídicas que podemos considerar *típicas* carecen de regulación en el derecho positivo. En este sentido se manifiesta el Prof. PAZ-ARES[41] al decir que las condiciones proporcionan seguridad jurídica a las partes en cuanto suministran "una reglamentación de las relaciones más analítica, exhaustiva y clara... [con lo que] se remueven... los motivos de incertidumbre y con ellos las razones de muchas controversias en lo que toca a una correcta administración del contrato previniéndose así, indirectamente, la *litis* y los costes a ella asociados".

---

41 PAZ-ARES, C.: "La economía política como jurisprudencia racional". Anuario de Derecho Civil, 1981, pág. 677.

Este argumento si bien es correcto queda bastante desdibujado en la práctica diaria. Como señala ALFARO[42] "cuando, como ocurre en nuestro país, las condiciones generales se hallan plagadas de cláusulas abusivas[43], las dudas sobre su validez generan más incertidumbre que seguridad". Por otra parte, lo que busca fundamentalmente el empresario bancario es su propia seguridad, esto es, garantizar la recuperación del crédito concedido y la obtención de un beneficio. Esto le lleva en ocasiones a una "sobreprotección" de su posición jurídica. Ahora bien, tampoco podemos olvidar que la contratación por adhesión es un instrumento para evitar la incidencia negativa de posibles insolvencias en el patrimonio de la entidad de crédito y, por tanto, la incidencia derivada en la economía nacional[44], dada la importancia que ocupan en la misma dichas entidades y el sistema financiero en su conjunto. Concluye por su parte GARCIA-CRUCES[45] que "los clausulados generales que utilizan las entidades de crédito cumplen la misión de tutelar los legítimos intereses que defienden la contratación bancaria, sin ninguna otra consideración de orden más general que justificara, si no una derogación, sí una valoración moderadora de aquellas normas que pudieran limitar tales intereses legítimos, como es el caso de la LGDCU[46]".

Con carácter general la LCGC establece su ámbito de aplicación no en función de los distintos ámbitos o sectores del tráfico

---

42 ALFARO ÁGUILA-REAL, J.: "Las condiciones generales...", pág. 34.

43 Ya decía GARRIGUES (*Contratos Bancarios*... 1975, pág. 21) que las condiciones generales crean un marco dibujado a gusto del Banco y precisamente para conseguir descargar sobre el cliente todos los hechos que puedan originar daño o responsabilidad.

44 VAZQUEZ IRUZUBIETA, C.: *Operaciones Bancarias.* EDERSA, 1985.

45 GARCÍA-CRUCES GONZÁLEZ, J.A.: "Contratación bancaria y consumo. Algunas consideraciones en torno al art. 10 LGDCU". RDBB. nl 30, junio 1988, pág. 291.

46 Este autor menciona esta norma porque en esa fecha era la que regulaba las condiciones generales, aunque referidas sólo a consumidores y usuarios.

sino en base a la concurrencia en los mismos de un profesional y un adherente. Goza, por tanto, de una eficacia general que desde luego incluye la contratación bancaria.

Estos cuatro elementos los encontramos de forma clara en la contratación bancaria. Es claro que se cumple el primer requisito, el de la *contractualidad* de las cláusulas, no en vano el aspecto del tráfico bancario que estamos estudiando es precisamente el contractual. Se cumple, igualmente, el elemento de la *predisposición*, ya que el cliente bancario no influye en la redacción del clausulado que ha sido elaborado con anterioridad a la fase negocial del contrato que está generalmente impreso en formularios o redactados con arreglo a minutas que son sustancialmente iguales y que se aplican a todos los contratos. También concurre el requisito de la *imposición*, en tanto en cuanto el cliente si quiere acceder al servicio bancario no le queda más remedio que admitir las condiciones prefijadas adhiriéndose al contrato. Por último, también se da el requisito de la *generalidad*, están incorporadas a una pluralidad de contratos.

Desde el punto de vista *subjetivo* la LCGC, como ya señalábamos antes, es de aplicación a todos los contratos que contengan condiciones generales, celebrados entre un profesional ("predisponente") y cualquier persona física o jurídica ("adherente"). Por tanto, habida cuenta que las entidades de crédito son empresas que actúan de forma típica y habitual en la intermediación del crédito sus contratos estarán sometidos a esta Ley.

Respecto de la contratación bancaria hay que hacer especial referencia a la exclusión que del ámbito de aplicación de la LCGC hace su art. 4.2 al disponer que tampoco "será de aplicación esta Ley a las condiciones generales que [...] vengan reguladas específicamente por una disposición legal o administrativa de carácter general y que sean de aplicación obligatoria para los contratantes". Y ello por la existencia de determinadas disposiciones administrativas, concretamente las referidas a la transparencia y protección de la clientela, concretamente las entonces vigentes OM de 12 de diciembre de 1989, sobre tipos de interés, comisiones, normas de actuación, información a clientes y publicidad de las entidades de crédito y OM de 5 de mayo de 1994, sobre transparencia de las condiciones financieras de los préstamos hipotecarios. Hoy están derogadas y sustituidas por la Orden EHA/2899/2011, incluso legales como sería la Ley 2/2009, de 31 de marzo, por la que se regula la contratación con los consumidores de préstamos o créditos hipotecarios y de servicios de intermediación para la celebración de contratos de préstamo o crédito, y la Ley 5/2019, de 15 de marzo, reguladora de los contratos de crédito inmobiliario.

Como ha señalado expresamente el TS en su sent. 241/2013, de 9 de mayo (Roj: STS 1916/2013) uno de los principios constitucionales rectores de la política social y económica, a tenor del artículo 51 de la Constitución Española, es la tutela de los legítimos intereses económicos de los consumidores, lo que es determinante de que el Ordenamiento desarrolle una pluralidad de normas que convergen en el intento de garantizar la existencia de mecanismos y procedimientos a tal fin (en este sentido STS 401/2010, de 1 de julio de 2010, RC 1762/2010). Por esta razón, en determinados supuestos el sistema impone un concreto clausulado uniforme e imperativo que facilita al consumidor la decisión reflexiva de sus comportamientos económicos, lo que se revela especialmente necesario en aquellos en los que la complejidad de los contratos y la identificación de las variables que inciden en el mismo pueden dificultar la comparación de las ofertas existentes en el mercado.

En tales casos, desde la perspectiva del Derecho nacional, con independencia de la discutible "contractualidad" de las condiciones cuando su incorporación al contrato no se impone por una de las partes sino por una disposición legal o administrativa de carácter general, es lo cierto que el artículo 4.2 LCGC excluye tales cláusulas del ámbito de aplicación de la Ley.

Ahora bien, la normativa sectorial bancaria se limita a imponer determinados deberes de información sobre la incorporación de determinadas cláusulas en los contratos a que se refiere, pero no impone la existencia de determinadas cláusulas ni, en defecto de pacto, supone su existencia ni, finalmente, indica los términos en los que la cláusula viene expresada en el contrato. En este sentido, la STS 75/2011, de 2 de marzo (Roj: STS 1244/2011), declara que la finalidad tuitiva que procura al consumidor la Orden de 5 de mayo de 1994 en el ámbito de las funciones específicas competencia del Banco de España, en modo alguno supone la exclusión de la LCGC de esta suerte de contratos, como ley general.

Así lo disponía el artículo 2.2 de la propia OM de 5 mayo de 1994[47], según el cual "lo establecido en la presente Orden se entenderá con independencia de lo dispuesto en la Ley 26/1984, de 19 de julio, General para la Defensa de los Consumidores y Usuarios, así como en las demás Leyes que resulten de aplicación"[48]. Sería, afirma la expresada STS 75/2011, de 2 de marzo, "una paradoja que esa función protectora que se dispensa a los consumidores quedara limitada a una Orden Ministerial y se dejara sin aplicación la LCGC para aquellas condiciones generales que no están reguladas por normas imperativas o que reguladas han sido trasladadas de una forma indebida al consumidor".

La propia Exposición de Motivos de la LCGC advierte que del ámbito objetivo de aplicación de la norma se excluyen ciertos contratos, de tal forma que "tampoco se extiende la Ley —siguiendo el criterio de la Directiva— a aquellos contratos en los que las condiciones generales ya vengan determinadas [...] por una disposición legal o administrativa de carácter general y de aplicación obligatoria para los contratantes. Conforme al criterio del considerando décimo de la Directiva, todos estos supuestos de exclusión deben entenderse referidos no sólo al ámbito de las condicio-

---

47 La vigente Orden EHA/2899/2011, de 28 de octubre que deroga y sustituye esta OM nada dice a este respecto ni menciona la LCGC ni el TRLCU. Pero es que no hay razón para que una disposición administrativa diga nada respecto a la aplicación en su caso de una Ley.

48 Las referencias a la LGDCU de 1984 traen causa en que en 1994 no se había promulgado la LCGC y la única regulación existente en relación con las condiciones generales de la contratación venía recogida en aquella norma como ya hemos dicho anteriormente.

nes generales, sino también al de cláusulas abusivas reguladas en la Ley 26/1984, que ahora se modifica", pero cuando no se trata de contratos excluidos no dispone que determinadas condiciones dejan de serlo por razón de su contenido.

El TS afirma en su sent. 241/2013, de 9 de mayo (Roj: STS 1916/2013) que "la existencia de una regulación normativa bancaria tanto en cuanto a la organización de las entidades de crédito como en cuanto a los contratos de préstamo hipotecario y las normas de transparencia y protección de los consumidores no es óbice para que la LCGC sea aplicable a los contratos de préstamo hipotecario objeto de esta litis".

B) Requisitos de incorporación

Para que las condiciones generales pasen a formar parte del contrato, se exige que ello sea aceptado por el adherente y el contrato se firme por todos los contratantes. Así se deduce del art. 5,1 LCGC:

"Las condiciones generales pasarán a formar parte del contrato cuando se acepte por el adherente su incorporación al mismo y sea firmado por todos los contratantes. Todo contrato deberá hacer referencia a las condiciones generales incorporadas.

No podrá entenderse que ha habido aceptación de la incorporación de las condiciones generales al contrato cuando el predisponente no haya informado expresamente al adherente acerca de su existencia y no le haya facilitado un ejemplar de las mismas".

Como señala DURANY[49], este precepto exige para la incorporación de las condiciones generales la prestación conjunta de *dos consentimientos* cuyos objetos son distintos, a saber, la aceptación de la incorporación de las condiciones generales, por un lado, y

---

49 DURANY PICH, S: "Artículos 5 y 7". En *Comentarios a la Ley de Condiciones Generales de la Contratación* (Dir. Aurelio Menéndez Menéndez y Luis Díez-Picazo y Ponce de León), Civitas, Madrid, 2002, p.282.

la firma del contrato, por otro. Entiende este autor que "se puede afirmar sin ambages que en este punto el redactor de la ley perdió el control del texto, y no sabía bien lo que decía o quería decir, pues el art. 7.1.a) señala, en cuanto a las condiciones generales como objeto de la firma: «no quedarán incorporadas (...) las (...) condiciones generales (...) cuando no hayan sido firmadas, cuando sea necesario, en los términos resultantes del artículo 5». Lo que sitúa al lector en un estado de cierta perplejidad, pues no le queda claro entonces si son las condiciones generales o el contrato lo que debe ser firmado". La solución para este autor es dar prevalencia a lo prescrito en el artículo 5, pues en definitiva el artículo 7.1.a) se remite a él.

El artículo 5.1 exige, además, que en todo contrato se haga referencia a las condiciones generales incorporadas. Por otra parte, no podrá entenderse que ha habido aceptación de la incorporación de las condiciones generales al contrato, cuando el predisponente no haya informado expresamente al adherente acerca de su existencia y no le haya facilitado un ejemplar de las mismas.

Este precepto también establece cuándo deben ser consideradas incorporadas las condiciones generales en los supuestos en los que el contrato no deba formalizarse por escrito, así como en los supuestos de contratación telefónica o electrónica.

Por su parte, según el artículo 7 LCGC: "no quedarán incorporadas al contrato las siguientes condiciones generales:

a) Las que el adherente no haya tenido oportunidad real de conocer de manera completa al tiempo de la celebración del contrato o cuando no hayan sido firmadas, cuando sea necesario, en los términos resultantes del artículo 5.

Y añade en su letra b) "las que sean ilegibles"[50].

---

[50] El art. 80.1 Real Decreto Legislativo 1/2007, de 16 de noviembre, por el que se aprueba el texto refundido de la Ley General para la Defensa de los Consumidores y Usuarios y otras leyes complementarias exige que "en los contratos con consumidores y usuarios que utilicen cláusulas no

Dentro de este artículo 5, el entonces nº 4 hoy nº 5 (en virtud del art. 99 de la Ley 24/2001, de 27 de diciembre) añade: "La redacción de las cláusulas generales deberá ajustarse a los criterios de transparencia, claridad, concreción y sencillez", pareciendo así incluir como requisito de incorporación lo que sería un requisito de contenido.

Como señala PAGADOR LÓPEZ[51], "destaca, dentro de este precepto [5.4 LCGC], la yuxtaposición del sustantivo transparencia a los de concreción, claridad y sencillez, cuyo significado no se comprende fácilmente, dado que la transparencia es, en rigor, el resultado de la concreción, claridad y sencillez".

Y la letra b) del art 7 añade que no quedarán incorporadas las cláusulas "ambiguas, oscuras e incomprensibles, salvo, en cuanto a estas últimas, que hubieren sido expresamente aceptadas por escrito por el adherente y se ajusten a la normativa específica que discipline en su ámbito la necesaria transparencia de las cláusulas contenidas en el contrato".

Esta referencia a la "normativa específica" se ejemplificó en el debate parlamentario precisamente con las normas de transparencia bancaria, incluso con cita expresa a la Orden de 5 de mayo

---

negociadas individualmente, [...] deberán cumplir los siguientes requisito: b) Accesibilidad y legibilidad, de forma que permita al consumidor y usuario el conocimiento previo a la celebración del contrato sobre su existencia y contenido. En ningún caso se entenderá cumplido este requisito si el tamaño de la letra del contrato fuese inferior al milímetro y medio o el insuficiente contraste con el fondo hiciese dificultosa la lectura (art. único.25 de la Ley 3/2014, de 27 de marzo).

Por su parte, la Circular del Banco de España 5/2012, de 27 de junio, sobre transparencia de los servicios bancarios y responsabilidad en la concesión de préstamos prevé en su norma séptima que la letra a utilizar en la documentación previa debía tener un tamaño apropiado para facilitar su lectura y, que, en todo caso, la letra minúscula que se emplee no podrá tener una altura inferior a un milímetro y medio.

51 PAGADOR LÓPEZ, J.: "La Ley 7/1998, de 13 de abril, sobre Condiciones Generales de la Contratación"... p. 7.

de 1994 sobre transparencia de las condiciones financieras de los préstamos hipotecarios[52].

Como señala GONZÁLEZ PACANOWSKA[53], esta remisión a la normativa específica resulta perturbadora. "Primero, porque si se pretende dar solución a lo que parece inevitable en contratos con gran complejidad técnica, justificando un contenido contractual que se expresa en términos que sólo están al alcance de especialistas, no se ha logrado". Dicha regulación, de cuyo valor normativo "inter privatos" se puede legítimamente dudar, supone en muchas ocasiones un reenvío a lo "claro, concreto y comprensible".

Y, en segundo lugar, supone un intento de concretar el nivel de transparencia y resolver "la tensión entre el lenguaje «accesible a cualquiera», y la complejidad económica y jurídica del propio contenido contractual. Difícil misión. Pero, en último término, como la propia normativa específica nos demuestra, se vuelve a los conceptos generales y se hace gravitar el riesgo de la falta de comprensión sobre aquel a cuya iniciativa se introducen las condiciones generales en el contrato".

Es lo que Luis DÍEZ-PICAZO[54] denomina requisito de "asequibilidad" de la redacción de las condiciones generales: "La protección de los adherentes exige que éstos puedan comprender estas reglas que pueden vincularles. No es admisible que tengan una redacción incomprensible para personas del nivel cultural que a

---

52 Cortes Generales, Diario de Sesiones, Congreso de los Diputados, Comisión de Justicia e Interior, 1998, núm. 370, pp. 10.897, 10901 y 10.908 y Cortes Generales, Diario de Sesiones, Senado, 11 de marzo de 1998, p. 3.554.

53 GONZÁLEZ PACANOWSKA, I: "Artículo 5. Requisitos de incorporación". En *Comentarios a la Ley de Condiciones Generales de la Contratación* (Coord. Rodrigo Bercovitz Rodríguez-Cano), Aranzadi, El Cano (Navarra), 1999, p. 243.

54 DÍEZ-PICAZO, L: "Las condiciones generales de la contratación y cláusulas abusivas" en la obra del mismo nombre, Civitas, 1996, p. 38.

los adherentes se supone. No puede establecerse una redacción que sólo pueda comprender los expertos en Derecho".

La disposición final 4.1 de la Ley 5/2019, de 15 de marzo (LCCI), introduce en el apartado nº 5 del art. 5, la siguiente frase: "Las condiciones incorporadas de modo no transparente en los contratos en perjuicio de los consumidores serán nulas de pleno derecho".

Empezaré por señalar que no creo que este sea el lugar oportuno para esta norma ya que se regulan las condiciones generales con todo tipo de adherente. El lugar más propio para su introducción, si es que esta norma es "oportuna", es la LGDCU como así se ha hecho[55]. Desconozco si el legislador entiende que una norma "idéntica" repetida en dos Leyes es más imperativa que las restantes del ordenamiento jurídico.

Muy crítico con esta norma se muestra CARRASCO PERERA[56], que señala: "hubiera sido un despropósito aprovechar la ley nueva para introducir un precepto en la normativa de consumidores que expresamente impusiera el deber de utilizar cláusulas "transparentes" o que declarase la nulidad de las cláusulas "no transparentes". Este bagaje ya estaba adquirido desde la (criticable) sentencia de 9 de mayo de 2013 (cláusula suelo), seguida por una infinidad de resoluciones posteriores que han hecho a troche y moche empleo de este recurso a la transparencia, como distinto de la "abusividad" en sentido estricto"[57].

---

55 Por su parte, la disposición final 8 LCCI introduce en el art. 83 LGDCU el mismo texto: "Las condiciones incorporadas de modo no transparente en los contratos en perjuicio de los consumidores serán nulas de pleno derecho".

56 CARRASCO PERERA, A: "Capítulo XVI: Régimen de condiciones generales de contratación en el contrato de crédito inmobiliario", *Comentario a la Ley de Contratos de Crédito Inmobiliario* (Dir. A. Carrasco), Thomson-Reuters Aranzadi, Cizur Menor (Navarra), 2019, p. 680.

57 Este autor continúa diciendo: "Transparencia" en contratos con no consumidores debe seguir significando (parece) la simple transparencia "literal", no la material, porque la jurisprudencia ha reservado siempre

Sin embargo, el superfluo legislador español lo ha hecho y en la Disposición Final Cuarta introduce una modificación de la Ley 7/1998, de 13 de abril, sobre Condiciones Generales de la Con-

---

este último control para los contratos con consumidores. Por este fundamento, nunca se ha declarado nulas las cláusulas suelo o multidivisa en hipotecas empresariales, por razones comprensibles. Pero tampoco con personas físicas no consumidoras".

Lo que la norma nueva innova es su segundo inciso: "son nulas de pleno derecho las cláusulas incorporadas de modo no transparente en perjuicio de consumidores". Es decir, que no es la suya una nulidad, como la del artículo 83 LGCU (*Las cláusulas abusivas serán nulas de pleno derecho y se tendrán por no puestas. A estos efectos, el Juez, previa audiencia de las partes, declarará la nulidad de las cláusulas abusivas incluidas en el contrato, el cual, no obstante, seguirá siendo obligatorio para las partes en los mismos términos, siempre que pueda subsistir sin dichas cláusulas*), sino como la del artículo 6.3 CC (*Los actos contrarios a las normas imperativas y a las prohibitivas son nulos de pleno derecho, salvo que en ellas se establezca un efecto distinto para el caso de contravención*). Es una nulidad sin ponderación circunstancial y es una nulidad que no exige la causación de dos pasos, de modo que, producido el juicio de transparencia, no habrá que pasar luego al propio de abusividad.

Es, finalmente, una "nulidad", no una no incorporación. La jurisprudencia hasta hoy ha sido imprecisa sobre este extremo y también la doctrina se pronunciaba diversamente sobre si la transparencia material debía vascular hacia la abusividad o hacia el mecanismo de no incorporación (PERTÍÑEZ VILCHEZ, CÁMARA LAPUENTE). La cuestión no tiene excesiva importancia práctica, porque entendemos que una no incorporación material precisa concomitantemente (como una acción de cesación) de la nulidad de la cláusula de que se trate.

Suponiendo que se quiera mantener el concepto clásico de transparencia material limitado a las cláusulas de objeto y precio, el resultado de la norma nueva es que procederá la nulidad de la cláusula y no del contrato; quizá sea este el genuino significado que legislador quiso dar a la fórmula "de pleno derecho". Como lo que impone el artículo 83 cuando se trata de cláusulas abusivas.

"En rigor, el sedicente control de transparencia no acaba de ser otra cosa que un control soterrado de validez del consentimiento contractual, y, por ende, superfluo" (ALICIA AGÜERO, CARRASCO PERERA).

tratación. [...] La novedad legislativa es superflua en sustancia y peligrosa o asistemática por lo que implica".

De acuerdo con el art. 8 LCGC, "serán nulas de pleno derecho las condiciones generales que contradigan en perjuicio del adherente lo dispuesto en esta Ley o en cualquier otra norma imperativa o prohibitiva, salvo que en ellas se establezca un efecto distinto para el caso de contravención".

La nulidad de las condiciones generales o su no incorporación al contrato, no determinará la ineficacia total del mismo si éste puede subsistir sin tales cláusulas. La parte del contrato afectada por la no incorporación o por la nulidad se integrará con arreglo a lo dispuesto por el artículo 1258 del Código Civil ("*Los contratos se perfeccionan por el mero consentimiento, y desde entonces obligan, no sólo al cumplimiento de lo expresamente pactado, sino también a todas las consecuencias que, según su naturaleza, sean conformes a la buena fe, al uso y a la ley*") y demás disposiciones en materia de interpretación contenidas en el mismo.

Como dice CARRASCO PERERA[58], es chocante que la sanción a la "intransparencia literal" en contratos entre empresarios dé lugar a una no incorporación del art. 7 LCGC, mientras que la falta de transparencia material de lugar a una nulidad puntual que, de hecho, coincidiría con la sanción de no incorporación.

Queda una curiosidad, que en el fondo es una antinomia. Las cláusulas nulas no transparentes condenadas por el artículo 83 no se integrarán ni modificarán según el propio artículo. Pero las cláusulas nulas no transparentes del artículo 5.5 LCGC se integrarán y moderarán por los artículos 9 y 10 LCGC.

---

58 CARRASCO PERERA, A: "Capítulo XVI: Régimen de condiciones generales de contratación en el contrato de crédito inmobiliario", ob. cit., p. 682.

C) *El llamado "control de transparencia"*

El "mal llamado"[59] "control de transparencia", calificado por CARRASCO PERERA[60] entre otros como "sedicente y superfluo", es una creación jurisprudencial que carecía del más mínimo apoyo legislativo.

En efecto, la STS de 9 de mayo de 2013 (STS 241/2013, Roj 1916/2013), la primera sobre la "cláusula suelo", concluía que la detallada regulación del proceso de concesión de préstamos hipotecarios a los consumidores contenida en la entonces vigente OM de 5 de mayo de 1994, (luego derogada por la mucho más detallada Orden EHA/2899/2011 hoy ya modificada pero, sobre todo, muy superada por la LCCI), garantizaba razonablemente la observancia de los requisitos exigidos por la LCGC para la incorporación de las cláusulas de determinación de los intereses y sus oscilaciones en función de las variaciones del Euribor.

Por tanto, "las condiciones generales sobre tipos de interés variable impugnadas, examinadas de forma aislada, cumplen las exigencias legales para su incorporación a los contratos, tanto si se suscriben entre empresarios y profesionales como si se suscriben entre estos y consumidores, a tenor del artículo 7 LCGC"[61].

---

59 PANTALEÓN; F: "Sobre la transparencia material de cláusulas predispuestas de lege lata y de lege ferenda", 16 de febrero de 2020, https://almacendederecho.org/sobre-la-transparencia-material-de-clausulas-predispuestas-de-lege-lata-y-de-lege-ferenda

60 CARRASCO PERERA, A: "Capítulo XVI: Régimen de condiciones generales de contratación en el contrato de crédito inmobiliario", *Comentario a la Ley de Contratos de Crédito Inmobiliario* (Dir. A. Carrasco), Thomson-Reuters Aranzadi, Cizur Menor (Navarra), 2019, p. 680.

61 Obsérvese que la STS dice que "la detallada normativa de "transparencia", garantiza razonablemente los requisitos de incorporación". Es decir que la Orden de 5 de mayo de 1994 cuyo objeto, de ahí su denominación, "sobre transparencia de las condiciones financieras de los préstamos hipotecarios", a pesar de su "detalle" y hay que deducir, su correcto cumplimiento, conduce a una cláusula (la llamada "suelo") que no es transparente. Y ello, a pesar de que está redactada exacta-

Ahora bien, el TS entendió que admitido que las condiciones superan el filtro de inclusión en el contrato, "es preciso examinar si además superan el *control de transparencia* cuando estén *incorporadas a contratos con consumidores*" (párrafo 204). No han faltado autores[62] que consideraron, opinión que yo comparto, que este "control de transparencia «sustancial»" carecía de fundamento legal, y que "no cabe control de oficio", "ya que, de acuerdo con el criterio del TJUE, el mismo sólo viene exigido con respecto a cláusulas abusivas en sentido propio, no con respecto a cláusulas «no sustancialmente transparentes», categoría que no existe en la Directiva 93/13/CEE ni [...] tampoco en nuestro Derecho interno"[63].

---

mente en la forma que se detalla en el Anexo II ("Las cláusulas numeradas con ordinal simple (por ejemplo, la cláusula 1.) aparecerán necesariamente en todos los contratos de préstamo hipotecario sujetos a la presente Orden; las numeradas con ordinal-bis (por ejemplo, la cláusula 1. bis) sólo cuando resulten de aplicación"). La cláusula 3 bis.3 determinaba claramente como debían expresarse los "límites a la variación del tipo de interés aplicable" y la 3, bis.4 el "umbral mínimo de fluctuación y redondeos del tipo de interés aplicable"

Limita así el cumplimiento de una norma de transparencia a una suerte de "transparencia formal", a la incorporación de una cláusula al contrato, aunque hay que preguntarse para qué sirve que una cláusula se considere incorporada al contrato si carece de eficacia.

62 CARRASCO PERERA, A. y CORDERO LOBATO, E.: "El espurio control de transparencia sobre condiciones generales de la contratación", Revista CESCO nº 7/2013, http://cesco.revista.uclm.es/index.php/cesco, p. 177 y ss.

63 Incluso, aunque el Tribunal pudiera efectuar de oficio este control de transparencia, "hubiera sido necesario dar trámite procesal a las entidades demandadas, así como a la demandante, para que pudieran alegar e instar la prueba de lo que a su derecho conviniese, pues el control de oficio debe respetar la tutela judicial efectiva, que comprende el derecho a defenderse en relación con todas las pretensiones que sean objeto del procedimiento, ya fueran propuestas por las partes o «incorporadas de oficio» por el juzgador. Es más, continúan estos autores, "no creemos que cuando un juez o tribunal efectúa un control de oficio de cláusulas abusivas baste con oír a las partes (que es lo que el Tribunal

Por otra parte, si el Tribunal no estaba facultado para efectuar este control de oficio de la "transparencia sustancial" de las cláusulas suelo porque nadie se lo pidió, no olvidemos que se estaba ante una acción colectiva de cesación de condiciones generales de la contratación en la que se solicitaba la declaración de nulidad por tener carácter abusivo[64], entonces podía existir un vicio

Supremo entiende en relación con la apreciación de oficio de cláusulas abusivas, § 130), pues si bien estas exigencias mínimas son suficientes en los procedimientos de ejecución forzosa (así, art. 552.1 LEC), las cosas ocurren de este modo por la sumariedad y la carencia de eficacia juzgada que es propia de estos procedimientos. En nuestra opinión, dado que los procedimientos de cesación de condiciones generales abusivas son procesos declarativos, en los que la sentencia producirá el efecto de cosa juzgada, las partes habrán de tener oportunidad de utilizar los más amplios medios de prueba (cfr. art. 282 y ss. LEC)".

64 Es más, "la asociación demandante estaba legitimada para entablar una acción de cesación de condiciones generales de la contratación (arts. 6.1.8° y 11.4 LEC), pero, aunque no nos consta que lo hiciera, ¿puede decirse que también lo hubiera estado para demandar la nulidad de la cláusula suelo por falta de transparencia «sustancial»? No lo creemos. Por lo que ahora nos interesa, la acción de cesación no puede ejercitarse frente a cualquier patología que afecte a condiciones generales, sino únicamente frente a cláusulas abusivas (cfr. arts. 54.1 TRLCU, 12.1 LCGC). Por ejemplo, no cabe una acción de cesación del uso de cláusulas que no cumplan los requisitos de incorporación del art. 7 LCGC. Tampoco cabe una acción colectiva que tenga por objeto una interpretación favorable al adherente (art. 6.2 LCGC). La base de esta discriminación se halla en aquellas contingencias del proceso de contratación bajo condiciones generales que admiten un control abstracto que depende de circunstancias objetivables y no de las concretas que afectan a la «comprensibilidad real» de un consumidor determinado. A través de las acciones de cesación se puede combatir la publicidad que engaña e induce a error a los consumidores como colectivo, pero no es posible perseguir como ilícita la introducción de cláusulas que, sin inducir a error, por el lugar que ocupan en la escritura o por la actitud concreta de la entidad en cada caso, inciden de un modo diferente en el «conocimiento real» (§ 212) que cada consumidor tiene sobre el contrato (CARRASCO PERERA, A.: «El "animus revertendi" de lo banal», *El Notario del siglo* XXI n° 50, julio-agosto 2013, p. 60).

de incongruencia generador de indefensión de las entidades condenadas (art. 24 CE)[65]; de hecho las entidades afectadas interpusieron recurso de amparo aunque sin éxito.

Volviendo a la STS de 9 de mayo de 2013, ésta hacía referencia al artículo 5 de la Directiva 93/13/CEE, según el cual, "en los casos de contratos en que todas las cláusulas propuestas al consumidor o algunas de ellas consten por escrito, estas cláusulas deberán estar redactadas siempre de forma clara y comprensible". Por otra parte, el artículo. 4.2 de la Directiva 93/13/CEE dispone que "la apreciación del carácter abusivo de las cláusulas no se referirá a la definición del objeto principal del contrato [...] siempre que dichas cláusulas se redacten de manera clara y comprensible". Por ello, la sentencia, en su apartado 207, interpretando *a contrario sensu* este precepto, entiende "que las cláusulas referidas a la definición del objeto principal del contrato se sometan a control de abusividad[66] (*sic*) si no están redactadas de manera clara y comprensible".

Ahora bien, el artículo 80.1 TRLGDCU dispone que "en los contratos con consumidores y usuarios que utilicen cláusulas no negociadas individualmente [...], aquéllas deberán cumplir los siguientes requisitos: a) Concreción, claridad y sencillez en la redacción, con posibilidad de comprensión directa [...]; b) Accesibilidad y legibilidad, de forma que permita al consumidor y usuario el conocimiento previo a la celebración del contrato sobre su existencia y contenido"[67].

---

65 A este respecto puede verse CARRASCO PERERA, A. y CORDERO LOBATO, E.: "La doctrina casacional sobre la transparencia de las cláusulas suelo conculca la garantía constitucional de la tutela judicial efectiva", Revista CESCO nº 7/2013, http://cesco.revista.uclm.es/index.php/cesco.

66 El término "abusividad" no está recogido en el Diccionario de la Real Academia Española de la Lengua.

67 El art. único.25 de la Ley 3/2014, de 27 de marzo, introduce en este artículo: "En ningún caso se entenderá cumplido este requisito si el

Lo que permite concluir que, además del filtro de incorporación, conforme a la Directiva 93/13/CEE y a lo declarado por el propio TS en la Sentencia 406/2012, de 18 de junio (Roj: STS 5966/2012), el *control de transparencia*, como parámetro abstracto de validez de la cláusula predispuesta, cuando se proyecta sobre los elementos esenciales del contrato tiene por objeto que el adherente conozca o pueda conocer con sencillez tanto la "carga económica" que realmente supone para él el contrato celebrado, esto es, la onerosidad o sacrificio patrimonial realizada a cambio de la prestación económica que se quiere obtener, como la carga jurídica del mismo, es decir, la definición clara de su posición jurídica tanto en los presupuestos o elementos típicos que configuran el contrato celebrado, como en la asignación o distribución de los riesgos de la ejecución o desarrollo del mismo".

En este segundo examen, la transparencia documental de la cláusula, suficiente a efectos de incorporación a un contrato suscrito entre profesionales y empresarios, a juicio del TS, era insuficiente para impedir el examen de su contenido y, en concreto, para impedir que se analizase si se trata de condiciones abusivas. Es preciso que la información suministrada permita al consumidor percibir que se trata de una cláusula que define el objeto principal del contrato, que incide o puede incidir en el contenido de su obligación de pago y tener un conocimiento real y razonablemente completo de cómo juega o puede jugar en la economía del contrato. Por ello "no pueden estar enmascaradas entre informaciones abrumadoramente exhaustivas que, en definitiva, dificultan su identificación y proyectan sombras sobre lo que considerado aisladamente sería claro".

Lo expuesto lleva a concluir al Tribunal Supremo que las cláusulas analizadas *superan el control de transparencia* a efectos de su inclusión como condición general en los contratos, pero *no el de*

---

tamaño de la letra del contrato fuese inferior al milímetro y medio o el insuficiente contraste con el fondo hiciese dificultosa la lectura".

claridad exigible en las cláusulas —generales o particulares— de los suscritos con consumidores.

Como señalan CARRASCO PERERA y CORDERO LOBATO[68], "nos encontramos frente a una sentencia singular. No porque haya terciado en la polémica judicial sobre las cláusulas suelo (precisamente para declarar su validez con carácter general), sino por el hecho de haber formulado y aplicado un criterio de validez de condiciones generales de la contratación, el llamado «control de transparencia», que es autónomo con respecto al control de inclusión [de los arts. 5 LCGC y 80.1 b) TRLCU], al control de abusividad (de los arts. 82 y ss. TRLCU) y que tampoco es coincidente con los controles propios relacionados con los defectos de información en el Derecho general de contratos, significativamente, el error vicio del art. 1266 CC ("Para que el error invalide el consentimiento, deberá recaer sobre la sustancia de la cosa que fuere objeto del contrato, o sobre aquellas condiciones de la misma que principalmente hubiesen dado motivo a celebrarlo. El error sobre la persona sólo invalidará el contrato cuando la consideración a ella hubiere sido la causa principal del mismo. El simple error de cuenta sólo dará lugar a su corrección").

En efecto, si hasta ese momento la validez de las cláusulas suelo había sido enjuiciada por las AAPP desde la perspectiva de los controles de inclusión y de abusividad (por desproporción entre el suelo-techo: SJM Sevilla 20 septiembre 2010, SJM León 11 marzo 2011, SJM Barcelona 12 septiembre 2011, SJM Málaga 20 noviembre 2011, SJM Palma de Mallorca 2 febrero 2012, SAP Cáceres 24 abril 2012, entre otras), la sentencia comentada aplica un tercer filtro de control de validez de cláusulas contractuales, el control de transparencia, que puede conducir (es lo que se ha concluido en el caso enjuiciado) a la declaración de nulidad de las cláusulas que no sean transparentes.

---

68 CARRASCO PERERA, A. y CORDERO LOBATO, E.: "El espurio control de transparencia sobre condiciones generales de la contratación", ob. cit., p. 173.

De este modo, una sentencia que en principio sólo estaba llamada a ser relevante en sede de cláusulas suelo en los contratos de financiación con consumidores, ha pasado a serlo en cualesquiera ámbitos negociales en los que se utilicen condiciones generales de la contratación que, además de cumplir los correspondientes requisitos de incorporación y no abusividad, deberán ser «sustancialmente» transparentes, de modo que sea posible un «control de comprensibilidad real de su importancia en el desarrollo razonable del contrato» (§ 215 de la sentencia comentada)".

Esta doctrina, luego continuada en sentencias posteriores, se encuadra, en lo que respecta al fundamento y al alcance del *control de transparencia*, en la doctrina emanada del Tribunal de Justicia de la Unión Europea (TJUE), principalmente en la STJUE de 30 de abril de 2014 (caso Kàsler) y en las posteriores SSTJUE de 21 de diciembre de 2016 (caso Gutiérrez Naranjo) y 26 de enero de 2017 (caso Gutiérrez García).

Para la sentencia del TJUE de 30 de abril de 2014 (caso Kàsler), «la exigencia de transparencia de las cláusulas contractuales establecida por la Directiva 93/13 no puede reducirse sólo al carácter comprensible de éstas en un plano formal y gramatical» (ap. 71), sino que «esa exigencia debe entenderse de manera extensiva» (ap. 72). En el caso al que se refería la STJUE, en que la cláusula controvertida contenía un mecanismo de conversión de la divisa extranjera, el TJUE concluye:

«75 (...) la exigencia de que una cláusula contractual debe redactarse de manera clara y comprensible gramaticalmente se ha de entender como un obligación no sólo de que la cláusula considerada sea clara y comprensible para el consumidor, sino también de que el contrato exponga de manera transparente el funcionamiento concreto del mecanismo de conversión de la divisa extranjera al que se refiere la cláusula referida, así como la relación entre ese mecanismo y el prescrito por otras cláusulas relativas a la entrega del préstamo, de forma que ese consumidor pueda evaluar, basándose en criterios precisos y comprensibles, las consecuencias económicas derivadas a su cargo».

Por la su parte, la STJUE de 21 de diciembre de 2016 (caso Gutiérrez Naranjo), después de recordar que «*el control de transparencia material de las cláusulas relativas al objeto principal del contrato* procede del que impone el artículo 4, apartado 2[69], de la Directiva 93/13» (ap. 49), añade:

«50. Ahora bien, a este respecto, el Tribunal de Justicia ha declarado que reviste una importancia fundamental para el consumidor disponer, antes de la celebración de un contrato, de información sobre las condiciones contractuales y las consecuencias de dicha celebración. El consumidor decide si desea quedar vinculado por las condiciones redactadas de antemano por el profesional basándose principalmente en esa información (sentencia de 21 de marzo de 2013, RWE Vertrieb, C-92/11, EU:C:2013:180, apartado 44)».

«51. Por lo tanto, el examen del carácter abusivo, en el sentido del artículo 3, apartado 1, de la Directiva 93/13, de una cláusula contractual relativa a la definición del objeto principal del contrato, en caso de que el consumidor no haya dispuesto, antes de la celebración del contrato, de la información necesaria sobre las condiciones contractuales y las consecuencias de dicha celebración, está comprendido dentro del ámbito de aplicación de la Directiva en general y del artículo 6, apartado 1, de ésta en particular».

La STJUE de 26 de enero de 2017, caso Banco Primus (C-421/14), explicita la consecuencia o efecto de que una determinada cláusula, referida al objeto principal del contrato o a la adecuación entre precio y retribución, no pase el control de transparencia:

---

69 "La apreciación del carácter abusivo de las cláusulas no se referirá a la definición del objeto principal del contrato ni a la adecuación entre precio y retribución, por una parte, ni a los servicios o bienes que hayan de proporcionarse como contrapartida, por otra, siempre que dichas cláusulas se redacten de manera clara y comprensible".

«62 (...) según el artículo 4, apartado 2, de la Directiva 93/13 , las cláusulas que se refieran a la definición del objeto principal del contrato o a la adecuación entre precio y retribución, por una parte, y los servicios o bienes que hayan de proporcionarle como contrapartida, por otra —cláusulas comprendidas en el ámbito regulado por esta Directiva—, sólo quedan exentas de la apreciación sobre su carácter abusivo cuando el tribunal nacional competente estime, tras un examen caso por caso, que han sido redactadas por el profesional de manera clara y comprensible (véanse, en este sentido, las sentencias de 30 de abril de 2014, Kásler y Káslerné Rábai, C-26/13, EU:C:2014:282, apartado 41, y de 9 de julio de 2015, Bucura, C-348/14, EU:C:2015:447, apartado 50).

[...]

«67 (...) En caso de que el órgano jurisdiccional remitente considere que una cláusula contractual relativa al modo de cálculo de los intereses ordinarios, como la controvertida en el litigio principal, no está redactada de manera clara y comprensible a efectos del artículo 4, apartado 2, de la citada Directiva, le incumbe examinar si tal cláusula es abusiva en el sentido del artículo 3, apartado 1, de esa misma Directiva (...)».

A la vista de esta jurisprudencia, podemos decir que se entiende que hay un «control de transparencia», que es autónomo con respecto al control de inclusión [de los arts. 5 LCGC y 80.1 b) TRLCU]

Por tanto y de acuerdo con la misma, el control de transparencia, en palabras de CARRASCO PERERA[70], "supone que no pueden utilizarse cláusulas que, pese a que gramaticalmente sean comprensibles y estén redactadas con caracteres legibles, impliquen inopinadamente una alteración del objeto del contrato o del equilibrio económico sobre el precio y la prestación, que pue-

---

70 CARRASCO PERERA, A: "Capítulo XVI: Régimen de condiciones generales de contratación en el contrato de crédito inmobiliario", ob. cit., p. 682.

de pasar inadvertida al adherente medio. Es decir, que provocan una alteración, no del equilibrio objetivo entre precio y prestación, que con carácter general no es controlable por el juez, sino del equilibrio subjetivo de precio y prestación, es decir, tal y como se lo pudo representar el consumidor en atención a las circunstancias concurrentes en la contratación".

Podemos concluir con F. PANTALEON[71], «la correcta descripción de *lege lata* del (mal) llamado "control de transparencia material" —en rigor, y aquí se reitera, un control de contenido o abusividad de condiciones generales o cláusulas no negociadas individualmente que definen el objeto principal del contrato— es, [...] en apretada síntesis:

(i) No se trata de un *tertium genus* de control, junto a los controles de incorporación o inclusión y de contenido o abusividad. En la Directiva 93/13, si una cláusula predispuesta no es abusiva según los parámetros de su artículo 3.1, la falta de transparencia material de la misma es irrelevante (salvo lo dispuesto, si se quiere hacer este matiz, en el artículo 5 de la propia Directiva sobre la interpretación más favorable al consumidor).

(ii) No es un control del consentimiento contractual. No existe un Derecho común europeo sobre los vicios (producidos por defectos de información) del consentimiento, ni siquiera para los contratos entre empresarios o profesionales y consumidores con condiciones generales o cláusulas no negociadas individualmente. Existe ciertamente un gran número de normas europeas sobre el alcance (la extensión y la profundidad) de la información precontractual que los empresarios deben proporcionar a los consumidores en determinados sectores de la contratación (productos financieros, crédito al consumo, crédito inmobiliario) y que, en ocasiones, establecen incluso las consecuencias jurídicas de su in-

---

71 F. PANTALEÓN: "Sobre la transparencia material de cláusulas predispuestas de lege lata y de lege ferenda", 16 de febrero de 2020, https://almacendederecho.org/sobre-la-transparencia-material-de-clausulas-predispuestas-de-lege-lata-y-de-lege-ferenda

cumplimiento. Pero las normas generales que rigen esas materias siguen siendo, en nuestro Derecho, los artículos 1265, 1266, 1269, 1270, 1301-1303 y 1307-1314 CC; y, como regla, la consecuencia jurídica de dichos defectos de información precontractual no es, ni razonablemente debe ser, una nulidad de orden público, apreciable de oficio e insanable. En fin, los referidos preceptos de nuestro Código Civil pueden y deben ya ser interpretados en el sentido de que no impongan al consumidor, contra sus intereses, el resultado de la anulación total del contrato. La norma del artículo 1270.II CC proporciona una excelente justificación para hacerlo; y puede utilizarse como cimiento, si se prefiere, para la construcción en nuestro Derecho de una general responsabilidad precontractual por defectos de información.

(iii) Es un genuino control de contenido o abusividad, que se caracteriza por aplicarse a condiciones generales o cláusulas no negociadas individualmente definitorias del objeto principal del contrato (excluidas, pues, en la terminología del artículo 4.2 de la Directiva 93/13, las referidas a la adecuación entre prestación y contraprestación, porque en una economía de mercado no cabe control judicial general de la justicia de los precios).

Un control de abusividad que se caracteriza por aplicarse, en concreto y en lo esencial: a las cláusulas que establecen, a favor del empresario, formulas claramente desequilibradas de determinación de su prestación o de la contraprestación del consumidor; a aquellas que atribuyen al empresario facultades exorbitantes de modificar unilateralmente en su beneficio la contraprestación a realizar por el consumidor o la prestación a realizar por él; y a aquellas que establecen limitaciones o excepciones inusitadas al que es, en el tipo de contrato de que se trata, el contenido natural o usual de las repetidas prestación o contraprestación (que son las que, cuando no son materialmente transparentes para el consumidor, suelen calificarse de "cláusulas sorprendentes").

(iv) En el ámbito de las condiciones generales o cláusulas no negociadas individualmente que definen el objeto principal del contrato, la competencia en el mercado funciona, en principio, de manera eficiente; en consecuencia, respecto de esas cláusulas, el mensaje que el legislador envía al consumidor es el famoso "busca, compara y, si encuentras algo mejor, cómpralo". Eso las distingue de las cláusulas llamadas "accesorias", respecto de las que el mensaje del legislador al consumidor es "no malgastes tu tiempo en leerlas y compararlas: confía en que las que sean abusivas se tendrán, sin más, por no puestas". Precisamente por ello, y como el artículo 4.2 de la Directiva 93/13 bien refleja, no sólo el especial control de contenido que ahora nos ocupa es excepcional; sino que la tacha de abusividad resulta excluida cuando la cláusula es materialmente transparente (y "no sorprendente", para quien prefiera distinguir eso de lo anterior). La tacha de abusividad queda así excluida cuando, al tiempo de contratar, el consumidor estuvo en condiciones de valorar correctamente las consecuencias económicas y jurídicas que para él podían derivarse de la cláusula en cuestión; incluyendo la expresa advertencia de la presencia de esta en el seno del clausulado predispuesto, en caso de que consumidor no pudiera esperar razonablemente que contuviera una cláusula de ese tenor. Por lo que respecta a las cláusulas accesorias, en cambio, la transparencia material no sirve para excluir la tacha de abusividad; por eso, conviene evitar frases tan socorridas como: lo que justifica el control de contenido o abusividad es la falta de verdadero consentimiento contractual del adherente que caracteriza a los contratos de adhesión, esto es, que la adhesión no sea verdadero consentimiento. Afirmar eso es una importante imprecisión: adhesión no es falta de consentimiento contractual, sino de negociación individual.

(v) Como genuino control de contenido o abusividad que es, en el Derecho español sólo es de aplicación a los contratos entre empresarios y consumidores; pero en la contratación entre empresarios el defecto de información precontractual sobre un elemento esencial del contrato puede constituir, naturalmente, error o dolo en el sentido de los artículos 1265, 1266 y 1269 CC, con las consecuencias jurídicas establecidas en los artículos 1270, 1301 a 1303 y 1307 a 1314 CC. Y será más fácil que ocurra, cuando el elemento esencial del que se trate esté definido en una condición general impuesta por un empresario al otro y encastrada en un formulario con multitud de condiciones generales accesorias sobre derechos y obligaciones de las partes.

(vi) En el especial control de contenido o abusividad que aquí nos ocupa, no sólo cabe el control concreto, mediante acciones individuales, sino también el abstracto, mediante acciones colectivas. En el control abstracto, el modelo de consumidor en orden a valorar la transparencia material ha de ser el del consumidor medio, normalmente informado y razonablemente atento y perspicaz. En cambio, para las acciones individuales parece más adecuado contemplar al concreto consumidor accionante, con las informaciones, acaso superiores a las normales, con las que el mismo cuente; con la consecuencia que ello comporta para la eficacia de cosa juzgada material de una sentencia estimatoria de una acción colectiva sobre las acciones individuales que vienen después a cuestionar la transparencia material de cláusulas del mismo tipo. Quizás la mejor respuesta sea la de sostener que, en las acciones individuales, el modelo abstracto de consumidor continúa valiendo para el consumidor concreto cuya información relevante sea inferior a la que quepa atribuir al consumidor estándar.

(vii) La valoración de la abusividad, o no, de la cláusula definitoria del objeto principal del contrato no debe ser confundida con la valoración de su falta, o no, de transparencia material, ni disolverse en esta última: aquella ha de efectuarse según los parámetros de los artículos 3.1 de la Directiva 93/13 y 82.1 TRLGDCU. Y al carecer, en este ámbito, de la directriz de que la cláusula comporte, o no, una separación significativa de las normas del Derecho dispositivo, la valoración sobre la abusividad tendrá por objeto dilucidar si el empresario o profesional podía estimar razonablemente que, tratando de una manera leal y equitativa con el consumidor, este aceptaría la cláusula en cuestión en el marco de una negociación individual.

(viii) En fin, la norma que reza "las condiciones incorporadas de modo no transparente en los contratos en perjuicio de los consumidores serán nulas de pleno derecho", que las disposiciones finales cuarta y octava de la Ley 5/2019, de 15 de marzo, reguladora de los contratos de crédito inmobiliario, han introducido, respectivamente, en los artículos 5.5 LCGC y 83.II TRLGDCU, debe ser interpretada de conformidad con lo expuesto en los apartados anteriores. Y no sólo porque resulta difícilmente concebible que el legislador español de 2019 haya querido apartarse de la que era y es doctrina bien establecida del TJUE al respecto, fielmente seguida por la Sala Primera del Tribunal Supremo. Se trata, sobre todo, de que hacer relevante la transparencia material, no sólo de las condiciones generales o cláusulas no negociadas individualmente que definen el objeto principal del contrato, sino de todas ellas, también la de las llamadas cláusulas accesorias, sólo puede tener sentido razonable si se asume que la referida transparencia puede excluir la tacha de abusividad. Y, por lo que a las cláusulas accesorias respecta, tal asunción comportaría —me parece obvio— una flagrante vulneración de la Directiva 93/13».

Queda concluir que sí podría hablarse de un cierto "control de transparencia" distinto al creado por la jurisprudencia del Tribunal Supremo y más coherente que ha ido siendo creado por la jurisprudencia del TJUE. Como señala SÁNCHEZ GARCÍA[72], "la Directiva 93/13 no preveía expresamente el control de transparencia de una forma autónoma, habiendo desarrollado el TJUE a través del principio del deber de información, para que la cláusula sea clara y comprensible (arts. 4,2 y 5 de la Directiva 93/13), ese nuevo principio de transparencia, adquiriendo carta de categoría jurídica a través de la propia doctrina jurisprudencial del TJUE, mediante un proceso evolutivo y vertebrador de esos principios durante los últimos años, tanto del fundamento de buena fe, como del desequilibrio o cláusula desproporcionada (art. 3

---

72 SÁNCHEZ GARCÍA, Jesús Mª: "Auto TJUE de 3 de marzo: nuevo revés a la doctrina del TS sobre el control de transparencia en su sentencia de 11 de abril de 2018 respecto de los acuerdos novatorios". *Revista de Derecho vLex*, núm. 202, marzo 2021.

Directiva 93/13), que ya conocíamos y desarrollando, no obstante, en toda su extensión el principio de transparencia, que lo ha incluido dentro del principio de buena fe, que desemboca su incumplimiento en la sanción de abusividad.

Y es un proceso evolutivo porque el propio TJUE señaló que la Directiva 93/13 era de principios y los ha desarrollado de forma autónoma, ligado al principio de buena fe, como un control autónomo, cuya sanción conduce a la abusividad de la cláusula, bien por incumplir el predisponente el principio de transparencia (arts. 4,2 y 5 de la Directiva 93/13), bien por incumplir el justo equilibrio de las prestaciones (art. 3 de la Directiva 93/13).

Ambos comportamientos (falta de transparencia o justo —*sic*— equilibrio de las prestaciones) son vulneradores del principio de buena fe, que, en última instancia, justifica la calificación de la cláusula predispuesta como abusiva.

Lo que fundamenta el control de abusividad es el quebranto del principio de buena fe, bien porque la cláusula no es clara y comprensible o porque provoca un desequilibrio entre las dos partes, pudiendo llevar cualquiera de ellos a la abusividad.

En definitiva, el TJUE ha configurado un nuevo paradigma del control de abusividad de una cláusula predispuesta, como resultado de calificar antijurídicamente la conducta del predisponente, bien por falta de información, exigido por el control de transparencia (que la cláusula sea clara y comprensible arts. 4,2 y 5 Directiva 93/13), bien por haber quebrantado un deber de guardar el equilibrio en la cláusula desproporcionada (art. 3 Directiva 93/13), siendo la abusividad la sanción de la conducta del predisponente".

D) La llamada "transparencia material"

Frente a la que podría llamarse "transparencia literal o formal", la "transparencia material" exigiría disponer, antes de la celebración de un contrato, de información sobre las condiciones contractuales y las consecuencias de dicha celebración. El adherente decide si desea quedar vinculado por las condiciones redactadas de antemano por el profesional basándose principalmente en esa información previa. Puede así evaluar, basándose en criterios precisos y comprensibles, las consecuencias jurídicas y económicas derivadas a cargo del adherente.

Implicaría así la comprensibilidad real de la importancia de cada cláusula en el desarrollo razonable del contrato. Todo esto implicaría que, en nuestro caso, el prestatario *comprende y acepta* el contenido de los documentos de información precontractual. Luego habrá que ver qué dicen los tribunales.

Como señala CORDERO LOBATO[73], "junto al control de incorporación o inclusión de los arts. 5 y 7 LCGC y al control de abusividad, la STS de 9 de mayo de 2013 creó un nuevo control llamado de transparencia material, cognoscibilidad o comprensibilidad real.

En definición ampliamente repetida desde entonces, el control de transparencia material es un "parámetro abstracto de validez de la cláusula predispuesta" que "tiene por objeto que el adherente conozca o pueda conocer con sencillez tanto la 'carga económica' que realmente supone para él el contrato celebrado, esto es, la onerosidad o sacrificio patrimonial realizada a cambio de la prestación económica que se quiere obtener, como la 'carga jurídica' del mismo, es decir, la definición clara de su posición jurídica tanto en los presupuestos o elementos típicos que configuran el contrato celebrado, como en la asignación o distribución de los riesgos de la ejecución o desarrollo del mismo"[74].

---

73 CORDERO LOBATO, E.: "La LCCI en el contexto normativo y judicial de la transparencia y protección hipotecaria", *Comentario a la Ley de Contratos de Crédito Inmobiliario.* Thomson Reuters Aranzadi, Cizur Menor (Navarra), 1ª ed., junio 2019, pp. 82 y ss.

74 Continúa esta autora señalando que esta tesis de la transparencia material no es novedosa, sino que constituye un trasunto desfigurado de la doctrina alemana sobre cláusulas sorprendentes, plasmada hoy en el §

Siguiendo a esta misma autora, veamos las aplicaciones concretas que ha tenido la doctrina judicial de la transparencia:

"A) No basta que la entidad haya cumplido con las obligaciones de información establecidas en la normativa reglamentaria sobre transparencia. En particular, la cláusula puede ser intransparente aunque se haya informado conforme a lo exigido en la normativa aplicable, pues la debida separación entre cláusulas financieras y el uso de negritas no determinan transparencia cuando la cláusula es extensa y farragosa.

B) El incremento del número de extremos sobre los que informar y de los documentos a entregar al consumidor no tienen como efecto mayor transparencia. Precisamente, uno de los reproches que formulados por el TS es que no son transparentes las cláusulas que "se ubican entre una abrumadora cantidad de datos entre los que quedan enmascaradas y que diluyen la atención del consumidor".

C) Tampoco es transparente la cláusula por el hecho de que el consumidor haya tenido acceso al borrador de escritura pública

---

307 (1) del Código Civil alemán, de cuya aplicación puede derivarse (no es una consecuencia automática) la expulsión del contrato de cláusulas que no sean claras y comprensibles, si causan un perjuicio desproporcionado. Como correctamente ha observado la doctrina, en España, este pretendido control independiente de transparencia material no debería ser considerado un control distinto al de inclusión o incorporación, pues lo que exigen las normas que disciplinan la información que ha de facilitarse al consumidor es que la misma sea clara y comprensible para ser incorporada al contrato. Como dice el TJUE, "la exigencia de transparencia, prevista en el artículo 4, apartado 2, de la Directiva 93/13, debe entenderse referida a la observancia no sólo de un aspecto formal sino también de un aspecto material, con el mismo alcance que la exigencia contemplada en el artículo 5 de la misma Directiva y relacionado con el carácter suficiente de la información que se facilita a los consumidores, en el momento de la celebración del contrato, acerca de las consecuencias jurídicas y económicas derivadas para ellos de la aplicación de las cláusulas relativas, en particular, al objeto principal del contrato".

con antelación a la firma (de 3 días, conforme a lo entonces exigido en la Orden de 1994).

D) No hay transparencia por el solo hecho de que en el momento de la firma el notario lea al consumidor las cláusulas de la escritura. El TS considera que "el momento en que se produce la intervención del notario, al final del proceso que lleva a la concertación del contrato, en el momento de la firma de la escritura de préstamo hipotecario... no parece la más adecuada para que el prestatario revoque su decisión de concertar el préstamo".

E) En fin, el cumplimiento de formalidades no comporta de por sí comprensibilidad real del consumidor.

F) Lo único que, según parece, el consumidor no ha de comprender son los índices de variación de intereses que estén definidos y regulados legalmente (no por el predisponente). Así pues, el consumidor ha de comprender el coste financiero del crédito, pero no necesariamente cómo se forma si el mismo se determina por aplicación de un índice oficial".

2. NORMATIVA GENERAL DE PROTECCIÓN DE CONSUMIDORES Y USUARIOS

Con carácter previo a la normativa general de condiciones generales, se reguló en nuestro Derecho la contratación con consumidores y usuarios a través de la Ley 26/1984, de 19 de julio, General para la Defensa de los Consumidores y Usuarios (LGDCU) y, dentro de ésta, el régimen de las condiciones generales con consumidores y usuarios (art. 10). La LCGC de 1998 dio nueva redacción al art. 10 LGDCU e introdujo en esta norma el art. 10 bis y la disposición adicional primera regulando las cláusulas abusivas. La LGDCU ha sido derogada y sustituida por el Real Decreto Legislativo 1/2007, de 16 de noviembre, por el que se aprueba el texto refundido de la Ley General para la Defensa de los Consumidores y Usuarios y otras leyes complementarias (TRLCU).

De acuerdo con el art. 1 TRLCU, en desarrollo del artículo 51.1 y 2 de la Constitución española que, de acuerdo con el artículo 53.3 de la misma, tiene el carácter de principio informador del ordenamiento jurídico, esta norma tiene por objeto establecer el régimen jurídico de protección de los consumidores y usuarios en el ámbito de las competencias del Estado.

Es de aplicación a las relaciones entre consumidores o usuarios y empresarios, entendiéndose por los primeros "las personas físicas o jurídicas que actúan en un ámbito ajeno a una actividad empresarial o profesional", en la redacción del art. 3 vigente hasta su reforma por la Ley 3/2014, de 27 de marzo[75] y, a partir de ella, "las personas físicas que actúen con un propósito ajeno a su actividad comercial, empresarial, oficio o profesión", si bien, "son también consumidores a efectos de esta norma las personas jurídicas y las entidades sin personalidad jurídica que actúen sin ánimo de lucro en un ámbito ajeno a una actividad comercial o empresarial"[76].

Por otra parte se considera empresario a "toda persona física o jurídica que actúa en el marco de su actividad empresarial o profesional, ya sea pública o privada" (art. 4 TRLCU en su redacción anterior) y hoy, tras la reforma del TRLCU por la Ley 3/2014, "toda persona física o jurídica, ya sea privada o pública, que actúe directamente o a través de otra persona en su nombre o siguiendo sus instrucciones, con un propósito relacionado con su actividad comercial, empresarial, oficio o profesión".

---

[75] Esta Ley modifica otras varias, entre ellas el TRLCU, y trae causa en la Directiva 2011/83/UE del Parlamento Europeo y del Consejo, de 25 de octubre de 2011, sobre los derechos de los consumidores, por la que se modifican la Directiva 93/13/CEE del Consejo y la Directiva 1999/44/CE del Parlamento Europeo y del Consejo y se derogan la Directiva 85/577/CEE del Consejo y la Directiva 97/7/CE del Parlamento Europeo y del Consejo.

[76] Puede verse respecto a este cambio legislativo M.J. MARÍN LÓPEZ: "El «nuevo» concepto de Consumidor y Empresario tras la Ley 3/2014, de reforma del TRLGDCU", Revista CESCO de Consumo 9/2014.

Observamos un cambio en la definición de consumidor y usuario del TRLCU respecto a la dada por la versión original de la LGDCU: "personas físicas o jurídicas que adquieren, utilizan o disfrutan como destinatarios finales, bienes muebles o inmuebles, productos, servicios, actividades, funciones, cualquiera que sea la naturaleza pública o privada, individual o colectiva de quienes los producen, facilitan, suministran o expiden. No tendrán la consideración de consumidores o usuarios quienes, sin constituirse en destinatarios finales, adquieran, almacenen, utilicen o consuman bienes o servicios, con el fin de integrarlos en procesos de producción, transformación, comercialización o prestación a terceros". De aquí se deducía que el elemento fundamental que caracterizaba la noción de consumidor era la de ser destinatario final del bien o servicio y aunque no lo dijera la definición legal era claro que esta adquisición, utilización o disfrute se producía en el mercado, de manera que no había consumo frente a la Administración cuando ésta actuaba sometida al Derecho Administrativo, ni cuando se producían actuaciones fuera de las condiciones de mercado, es decir, en condiciones especiales en atención, por ejemplo, a la relación laboral existente entre cliente y empresa como es el caso de los préstamos a interés inferior al de mercado que conceden las entidades de crédito a sus empleados[77]. Resta añadir que, aunque tampoco lo decía la definición legal sólo había consumidores cuando enfrente había empresarios ya que carecería de sentido someter a régimen especial las relaciones entre particulares.

La definición del art. 3 hasta su reforma por la Ley 3/2014, pone el acento en la actuación "en un ámbito ajeno a una actividad empresarial o profesional". Tal como señalaba la Exposi-

---

77 Así el art. 2 nº 2 de la Directiva 87/102/CEE sobre crédito al consumo entonces vigente permitía a los Estados miembros excluir de su ámbito de aplicación los créditos que se concedían a tipos de interés inferiores a los de mercado y que no se ofrecían al público en general. Hoy están excluidos directamente por el art. 2.2.g) de la vigente Directiva 2008/48/CE y en coherencia con ello por el art. 3.g) LCCC.

ción de Motivos del TRLCU, este concepto "se adapta a la terminología comunitaria, pero respeta las peculiaridades de nuestro ordenamiento jurídico en relación con las «personas jurídicas». El consumidor y usuario, definido en la ley, es la persona física o jurídica que actúa en un ámbito ajeno a una actividad empresarial o profesional. Esto es, que interviene en las relaciones de consumo con fines privados, contratando bienes y servicios como destinatario final, sin incorporarlos, ni directa, ni indirectamente, en procesos de producción, comercialización o prestación a terceros, se adapta a la terminología comunitaria, pero respeta las peculiaridades de nuestro ordenamiento jurídico en relación con las «personas jurídicas»"[78]. De esta forma se pretende cohonestar ambas definiciones, la comunitaria[79] y la autóctona[80].

Es totalmente indiferente que el consumidor sea persona física o jurídica si bien sólo son imaginables estas últimas como consumidores en el sentido que le da la Ley cuando, "sin finalidad de lucro, transmitan a título gratuito los bienes y servicios adquiridos (como p.e. fundaciones o asociaciones que adquieren bienes o

---

78 Esta modificación del concepto legal se hace al amparo de la habilitación conferida por la disp. final 5ª de la Ley 44/2006, de 29 de diciembre, de mejora de la protección de los consumidores y usuarios para "regularizar, aclarar y armonizar" los textos legales refundidos.

79 En el Derecho comunitario, el concepto de consumidor siempre ha sido el mismo: "toda persona física que, en los contratos contemplados en la presente Directiva, actúe con un propósito ajeno a su actividad profesional". Valgan de ejemplo las derogadas Directivas 85/577/CEE del Consejo y la 97/7/CE del Parlamento Europeo y del Consejo y el art. 2.2 de la vigente Directiva 2011/83/UE del Parlamento Europeo del Consejo, de 25 de octubre de 2011, sobre los derechos de los consumidores, por la que se modifican la Directiva 93/13/CEE del Consejo y la Directiva 1999/44/CE del Parlamento Europeo y del Consejo y se derogan la Directiva 85/577/CEE del Consejo y la Directiva 97/7/CE del Parlamento Europeo y del Consejo.

80 Véase a este respecto el "Comentario al art. 3 TRLCU" de S. CÁMARA LAPUENTE en *Comentarios a las Normas de Protección de los Consumidores* (Dir. Sergio Cámara Lapuente), Colex, Madrid, 2011, pág. 102 y ss.

servicios para que sean utilizados por los miembros de la entidad)"[81]. En este sentido el legislador español se ha separado del concepto doctrinal de consumidor como persona física, así como del concepto utilizado por las Directivas comunitarias ya que una de las razones fundamentales que justifican la protección del consumidor estriba en que, a diferencia de los empresarios, carecen de una organización que les permite "autoprotegerse". Luego, en la LCC-1995 y en la vigente LCCC y por coherencia con las sucesivas Directivas de Crédito al consumo[82], se ha definido consumidor como persona física.

Entre los derechos básicos de los consumidores y usuarios recogidos en el art. 8 TRLCU están: "b) La protección de sus legítimos intereses económicos y sociales; en particular, frente a la inclusión

---

81 BERCOVITZ RODRÍGUEZ-CANO, A: "Ámbito de aplicación y derechos de los consumidores en la Ley General para la Defensa de los Consumidores y Usuarios" en *Estudios sobre Consumo*, 3. 1984, pág. 32.

82 Art. 1.2.a) de la derogada Directiva 87/102/CEE del Consejo de 22 de diciembre de 1986 relativa a la aproximación de las disposiciones legales, reglamentarias y administrativas de los Estados Miembros en materia de crédito al consumo y art. 3.a) de la vigente Directiva 2008/48/CE del Parlamento Europeo y del Consejo, de 23 de abril de 2008, relativa a los contratos de crédito al consumo y por la que se deroga la Directiva 87/102/CEE del Consejo. Vigente Directiva 2023/2225/UE del Parlamento Europeo y del Consejo de 18 de octubre de 2023 relativa a los contratos de crédito al consumo y por la que se deroga la Directiva 2008/48/CE.

La Directiva 2014/17/UE del Parlamento Europeo y del Consejo de 4 de febrero de 2014 sobre los contratos de crédito celebrados con los consumidores para bienes inmuebles de uso residencial y por la que se modifican las Directivas 2008/48/CE y 2013/36/UE y el Reglamento (UE) nº 1093/2010, para la definición de consumidor se remite al de la Directiva 2008/48/CE.

La LCCI no da ningún concepto de consumidor dado que aun siendo transposición de la Directiva 2014/17/UE, su ámbito de aplicación subjetivo es más amplio: que el prestatario, el fiador o garante sea una persona física. Y ello, aunque menciona en un determinado supuesto al consumidor.

de cláusulas abusivas en los contratos", "d) La información correcta sobre los diferentes bienes o servicios [...]" y "f) La protección de sus derechos mediante procedimientos eficaces, en especial ante situaciones de inferioridad, subordinación e indefensión".

Dentro del Libro segundo ("Contratos y garantías") del TRLCU se contiene el Título II ("Condiciones generales y cláusulas abusivas") que regula las "Cláusulas no negociadas individualmente" (Capítulo I) y las "Cláusulas abusivas" (Capítulo II).

3. NORMATIVA SECTORIAL BANCARIA DE TRANSPARENCIA Y PROTECCIÓN DE LA CLIENTELA

La normativa sectorial bancaria, siguiendo a RAMOS HERRANZ[83], regula aspectos de los contratos tales como su forma, la información contractual precontractual, las comisiones, la obligatoriedad de que conste la tasa anual equivalente, la liquidación de las operaciones... La aplicación a la clientela de esta normativa ha sido objeto de amplio debate doctrinal, transformándose en una cuestión ciertamente controvertida:

De un lado, se ha estimado aplicable a la relación banco-cliente: a la cabeza de tal postura se encuentra el profesor ILLESCAS[84], que sostiene que la normativa sectorial se incluye dentro de los límites de la libertad contractual establecidos en el art. 1.255 CC; en particular, dentro de la ley como límite de la autonomía de la voluntad. En consecuencia, por aplicación del artículo 63 CCom se producirá la nulidad, total o parcial,

---

83 RAMOS HERRANZ, I.: "Lección 17ª. Contratos bancarios celebrados con consumidores" en *Curso sobre Protección Jurídica de los Consumidores* (Coord. G. Botana García y M. Ruiz Muñoz), McGraw Hill,, Madrid, 1999, págs. 365-366.

84 ILLESCAS ORTIZ, R.: "Los contratos bancarios: reglas de información, documentación y ejecución", RDBB 1989, núm. 34, págs. 261-289.

de los contratos bancarios contrarios a las leyes (normas sectoriales o de disciplina bancaria). Esta misma línea sigue PETIT LAVALL[85] y BETANCOR[86] quien, analizando la sentencia del Tribunal Supremo de 11 de julio de 1994, en la que se estimó no admisible en casación la infracción de Circulares del Banco de España ha entendido que la negativa a admitir el carácter de normas integrantes del ordenamiento jurídico, cuya infracción por las entidades de crédito podría fundamentar el recurso de casación, impediría su eficacia.

De otro lado, se ha estimado que no es aplicable a la relación banco-cliente. Así lo entiende el profesor ARAGÓN REYES[87] para quien las circulares del Banco de España no pueden dictar normas que afecten a la contratación bancaria, al carecer de habilitación legal al efecto, por ello, sólo podrían crear normas que afecten a relación Banco de España-entidades de crédito; sería necesaria una habilitación legal expresa por ser materia sometida a reserva de ley. De lo que puede deducirse que entonces la Orden Ministerial de 12 diciembre de 1989 y hoy la Orden EHA/2899/2011 sí podrían regular la relación de entidades de crédito-clientela al estar amparadas en su momento por el art. 48.2 la LDIEC y hoy por el art. 5 de la LOSSEC. Por su parte, la LCC-1995, en su Exposición de Motivos, se pronunció sobre la aplicación de tales normas a la relación contractual, estableciendo que son de carác-

---

85 PETIT LAVALL, Mª.V.: *La protección del consumidor a crédito: las condiciones abusivas de crédito,* Valencia, 1996, págs. 181-195.

86 BETANCOR RODRÍGUEZ, A.: "La infracción de Circulares del Banco de España no es motivo en que pueda fundarse el recurso de casación. Crítica a la negativa a reconocerles el carácter de norma jurídica-sustantiva", RDBB 1995, núm. 58, págs. 533-544.

87 ARAGÓN REYES, M.: "Las fuentes. En particular los Estatutos de los Bancos y Cajas de Ahorros y las Circulares del Banco de España" en *Instituciones del Mercado Financiero,* Vol. I (Fuentes, Protección de los Consumidores, Responsabilidad y Nuevos sistemas de Contratación), Dir. A. Alonso Ureba y J. Martínez Simancas, La Ley-Actualidad, Madrid, 1997, pág. 11 y ss.

ter administrativo y, por ello, no afectaban al régimen de las obligaciones y contratos; sin embargo, tal afirmación no se realizaba en su articulado por lo que carecía de eficacia.

Algún autor[88], desde su perspectiva de abogado de entidad de crédito, entendía que era necesario "reaccionar frente a la proliferación de normas, el exceso de regulación de la vida económica, el exceso de regulación y la judicialización de la vida económica que de modo tan visible se produce en el ámbito del sector financiero, alcanzando cotas exageradas, y muchas veces inútiles, de intervencionismo administrativo. Con algunas excepciones, la autorregulación, es decir, la adopción por los propios operadores privados de sistemas voluntarios de control y, en este caso, de garantía de los intereses de los clientes, constituye un recurso mucho más eficaz que la acumulación de normas imperativas alejadas muchas veces de la realidad del mercado".

Sin embargo, en materia de regulación de la contratación bancaria "se han producido cambios muy significativos en la política legislativa". "En una situación anterior, ya superada, la autonomía de la voluntad y el contrato se conjugaban con una posición intervencionista cuyos extremos fundamentales eran la política de represión de la usura, el control y las limitaciones de los tipos de interés practicables en los diferentes contratos y, finalmente, el favorecimiento de ciertas actividades crediticias [...]. En la actualidad, con independencia de la vigencia de la Ley de Represión de la Usura, el énfasis legislativo se ha desplazado desde el intervencionismo a la competencia, y desde el trato de favor a alguna finalidad o sector de actividad a la transparencia del mercado y de las condiciones practicadas por las entidades de crédito. Además, se ha percibido que ni siquiera el aseguramiento de esas condiciones previas necesarias (competencia y transparencia) es suficiente para lograr que, en algunos supuestos, el contrato, instrumento,

---

88 MATEU DE ROS, R.: "El sector financiero y la legislación española sobre consumidores y competencia" en RDBB nº 72, octubre-diciembre 1998, pág. 1.017.

como decimos, privilegiado de ordenación de la materia, garantice una composición eficiente y ponderada de los intereses, habida cuenta del carácter profesional de las entidades de crédito y la fortaleza de su posición negociadora, por lo que, en ocasiones, se precisa un plus normativo adicional para asegurar la protección de la «parte débil» del contrato, esencialmente cuando es «consumidora de crédito», de conformidad con la orientación y principios fijados por el Derecho comunitario"[89].

Esta regulación sectorial se encuentra recogida fundamentalmente en la Orden EHA/2899/2011, de 28 de octubre, de transparencia y protección del cliente de servicios bancarios, modificada por las Órdenes ECE/482/2019, de 26 de abril, ECE/1263/2019, de 26 de diciembre y por la Orden ETD/699/2020, de 24 de julio.

En desarrollo de la misma se dicta la Circular 5/2012, de 27 de junio, del Banco de España, a entidades de crédito y proveedores de servicios de pago, sobre transparencia de los servicios bancarios y responsabilidad en la concesión de préstamos, modificada a su vez por las Circulares 4/2015, de 29 de julio, 5/2017, de 22 de diciembre, 2/2019, de 29 de marzo, 1/2021, de 28 de enero, 3/2021 de 13 de mayo de 2021 y por la Circular 3/2022, de 30 de marzo.

A) La Orden EHA/2899/2011, de 28 de octubre

La motivación de esta norma comienza poniendo el acento en la concepción económica de la "transparencia" como venía ocurriendo hasta la fecha. Así, nos recuerda que "la transparencia en el funcionamiento de los mercados ha supuesto históricamente uno de los objetivos más perseguidos por el ordenamiento jurídico de cualquier sector económico. La correcta asignación de los recursos no puede producirse de manera auténtica, ni es factible garantizar plenamente la competencia, si no existe un marco ade-

---

89 CORTÉS, L.J.: "Capítulo 1. Los Contratos Bancarios: ideas generales" en *El Contrato Bancario. Tiempos Revueltos*, Aranzadi, 2012, pág. 17 y 18.

cuado de protección para los clientes que, limitando los efectos de la asimetría de información, les permita adoptar sus decisiones económicas de la forma más conveniente".

Sin perjuicio de la protección derivada de la existencia de fondos de garantía de depósitos, la defensa de la clientela ha pivotado tradicionalmente sobre dos ejes. "De un lado, la normativa prudencial y de solvencia de las entidades de crédito, aunque orientada en primer término a la estabilidad de los mercados, tiene un efecto directo y muy valioso sobre la protección de los clientes". Así, las entidades de crédito están sometidas a un estatuto profesional muy exigente, lo que "favorece rotundamente su solidez y fiabilidad dentro del tráfico financiero".

Por otro lado, "la legislación financiera cuenta también con un sistema especial de protección directa del cliente". Al margen de la protección de los usuarios de servicios de inversión y de seguro, y sin perjuicio de la normativa general de defensa de los consumidores y usuarios, "la protección del cliente de servicios bancarios trata de paliar los efectos que produce la desventaja informativa, fomentando la transparencia en las relaciones entidad-cliente a lo largo de todo el tracto de la negociación bancaria".

Sin perjuicio de la habilitación ya vista del art. 48 LDIEC, la Ley 2/2011, de 4 de marzo, de Economía Sostenible, trató de llevar a cabo un avance sustancial en materia de transparencia bancaria. Sin perjuicio de haber introducido en nuestro ordenamiento un nuevo enfoque de intervención regulatoria hasta el momento ajeno a nuestro Derecho como es "el fomento de la responsabilidad en el préstamo"[90], facultó expresamente a la entonces Ministra de Economía y Hacienda, concediéndole un plazo de seis meses,

---

90 Para ello, la citada ley estableció no solo la obligatoriedad de llevar a cabo una adecuada evaluación de la solvencia de los clientes (práctica, por otro lado, completamente extendida entre las entidades de crédito españolas), sino también la necesidad de fomentar activamente todo un elenco de prácticas, dirigidas a garantizar la concesión responsable de los préstamos.

para "aprobar las normas necesarias para garantizar el adecuado nivel de protección de los usuarios de servicios financieros en sus relaciones con las entidades de crédito".

Esta Orden viene a cumplir un triple objetivo. "De un lado, concentrar en un único texto la normativa básica de transparencia de modo que, de manera sistemática e ilustrativa, la propia codificación de la materia mejore por sí misma su claridad y accesibilidad para el ciudadano, superando la actual dispersión normativa.

En segundo lugar, la norma trata de actualizar el conjunto de las previsiones relativas a la protección del cliente bancario, al objeto de racionalizar, mejorar y aumentar donde resultaba imprescindible, las obligaciones de transparencia y conducta de las entidades de crédito". A este respecto, en línea con las reformas acometidas en buena parte del Derecho comparado, se mejoran las exigencias en materias tales como información relativa a tipos de interés y comisiones, comunicaciones con el cliente, información (pre)contractual, servicios financieros vinculados, etc. La orden incluye, asimismo, una mención expresa al asesoramiento, con el fin de garantizar que la prestación de este servicio bancario se realice siempre en mejor interés del cliente.

"Y, finalmente, la norma desarrolla los principios generales previstos en la Ley de Economía Sostenible en lo que se refiere al préstamo responsable, de modo que se introducen las obligaciones correspondientes para que el sector financiero español, en beneficio de los clientes y de la estabilidad del mercado, mejore los niveles prudenciales en la concesión de este tipo de operaciones".

Adicionalmente, la norma aborda otras cuestiones también sustanciales: el desarrollo específico de la normativa de transparencia del préstamo hipotecario para la adquisición de vivienda a efectos de sustituir la regulación anterior, de 1994 (hoy ampliada y mejorada por la LCCI); en materia de la llamada "hipoteca inversa", la orden viene a ejecutar el desarrollo de lo previsto en la disposición adicional primera de la Ley 41/2007, de 7 de diciembre; y, por último, la norma también regula los que serán tipos de interés oficiales conforme a la habilitación incluida en el ya mencionado artículo 48.2 LDIEC adaptándolos a una integración de los mercados a escala europea y nacional cada vez mayor y a la necesidad de aumentar las alternativas de elección de tipos, al tiempo que se ajustan estos al coste real de obtención de recursos por las entidades de crédito.

Por último, la propia Orden reconoce que la normativa general de transparencia española (Órdenes ministeriales de 1989 y 1994 y Circular 8/1990 del Banco de España que las desarrolla) había quedado obsoleta, debido a los avances de la regulación sectorial acometidos en áreas como el crédito al consumo, los servicios de pago o la publicidad y a causa de "la enorme transformación que la comercialización de servicios bancarios ha experimentado desde los primeros años noventa hasta la actualidad. Transformación estrechamente vinculada a circunstancias como la enorme expansión del crédito, especialmente hipotecario, al aumento y completa generalización del acceso minorista a los servicios bancarios, la aparición de nuevos instrumentos financieros de creciente complejidad, la difusión del empleo de las nuevas tecnologías en las relaciones con los clientes y, no cabe duda, debido también a la profunda crisis del sector financiero durante los años más recientes".

Algún autor enmarca esta Orden en el ámbito de la nueva gobernanza del sistema financiero en la Unión Europea al considerar que la transparencia, la confianza del consumidor, y la estabilidad financiera son las bases sobre las que se apoya aquélla. "La crisis económica ha enfatizado las deficiencias que persisten en este ámbito y que dificultan el mejor aprovechamiento por parte de los ciudadanos europeos de las ventajas del mercado interior en lo que se refiere a los servicios financieros. Se trata de un mercado aún muy fragmentado que la UE opta por armonizar mediante Directivas y en el que los Estados por tanto tienen un papel decisivo"[91].

---

91 TOMÁS MARTÍNEZ, G: y GÓMEZ URQUIJO, L: "La protección al cliente bancario en el nuevo marco de gobernanza financiera europea.

Por otra parte, la Orden aborda diversas materias que en su momento estaban siendo objeto de debate en el seno de la Unión Europea, apuntando algún autor[92] la conveniencia de que no se recogiese estas materias en tanto no se adoptaran las decisiones europeas correspondientes. Sin duda, la iniciativa más avanzada era la entonces propuesta de Directiva del Parlamento Europeo y del Consejo, de 31 de marzo de 2011, sobre los contratos de crédito para bienes inmuebles de uso residencial, en la que se adoptan numerosas medidas relacionadas especialmente con la información precontractual y contractual, sobre evaluación de solvencia y sobre asesoramiento. Pero, a mi juicio, no se podía esperar y había que avanzar. La entonces propuesta, hoy ya Directiva, ha sido también objeto de transposición al Derecho interno a través de la LCCI lo que ha provocado la consiguiente modificación de la propia Orden.

a) Ámbito de aplicación

La Orden cuyo objeto es garantizar el adecuado nivel de protección de los clientes de entidades de crédito, mediante la implantación de medidas de transparencia en la prestación de servicios financieros bancarios se aplica, de acuerdo con su art. 2, "a los servicios bancarios dirigidos o prestados a clientes, o clientes potenciales, en territorio español por entidades de crédito españolas o sucursales de entidades de crédito extranjeras. Se entenderá, a estos efectos, por clientes y clientes potenciales a las personas físicas".

Desde el punto de vista *objetivo*, la Orden es de aplicación a los *servicios bancarios* entendiendo por tales "aquellos que compren-

Breve comentario a la Orden EHA/2899/2011, de 28 de octubre, de transparencia y protección del cliente de servicios bancarios", Diario La Ley, Nº 7842, Sección Doctrina, 20 abril 2012, pág. 1.

92 MARTÍNEZ ESPÍN, P.: "El régimen de transparencia y protección del cliente de servicios bancarios". Revista CESCO de Derecho de Consumo nº 5/2013, pág. 94.

den los servicios de caja, la captación de fondos reembolsables, especialmente depósitos, la concesión de crédito y préstamo, los servicios de pago y las demás actividades incluidas en el artículo 52 de la Ley 26/1988, de 29 de julio, sobre Disciplina e Intervención de las Entidades de Crédito, excepto las mencionadas en las letras h) a m)"[93] hoy derogado y sustituido por el Anexo de la

---

93 La relación que hacía el art. 52 LDIEC de las actividades y, por tanto, de las operaciones y contratos que pueden realizar en España cualquier entidad de crédito autorizada en otro Estado miembro de la Unión Europea era la siguiente:
a) Las de captación de depósitos u otros fondos reembolsables, según lo previsto en el artículo primero del Real Decreto legislativo 1298/1986, de 28 de junio, sobre adaptación del derecho vigente en materia de entidades de crédito al de las Comunidades Europeas.
b) Las de préstamo y crédito, incluyendo crédito al consumo, crédito hipotecario y la financiación de transacciones comerciales.
c) Las de "factoring" con o sin recurso.
d) La de arrendamiento financiero.
e) Los servicios de pago, tal y como se definen en el artículo 1 de la Ley de servicios de pago.
f) la emisión y gestión de otros medios de pago, tales como tarjetas de crédito, cheques de viaje o cheques bancarios, cuando esta actividad no esté recogida en el apartado e).
g) La concesión de avales y garantías y suscripción de compromisos similares.
h) La intermediación en los mercados interbancarios.
i) Las operaciones por cuenta propia o de su clientela que tengan por objeto: Valores negociables, instrumentos de los mercados monetarios o de cambios, instrumentos financieros a plazo, opciones y futuros financieros y permutas financieras. Para realizar las operaciones citadas las entidades de crédito comunitarias podrán ser miembros de los mercados organizados correspondientes establecidos en España, siempre que ello esté permitido por las normas reguladoras de éstos.
j) La participación en las emisiones de valores y mediación por cuenta directa o indirecta del emisor en su colocación, y aseguramiento de la suscripción de emisiones.
k) El asesoramiento y prestación de servicios a empresas en las siguientes materias: Estructura de capital, estrategia empresarial, adquisiciones, fusiones y materias similares.
l) La gestión de patrimonios y asesoramiento a sus titulares.

LOSSEC al que se remite el art. 12.1 y, por tanto, de las operaciones y contratos que pueden realizar en España cualquier entidad de crédito autorizada en otro Estado miembro de la Unión Europea por lo que hay que entender tales actividades exceptuando las que figuran en los números 7 a 13[94].

Por tanto:

1. Recepción de depósitos o de otros fondos reembolsables.

2. Préstamos, incluidos, en particular, el crédito al consumo, los contratos de crédito relativos a bienes inmuebles, la factorización con o sin recurso y la financiación de transacciones comerciales (incluido el forfaiting).

3. Arrendamiento financiero.

---

ll) La actuación, por cuenta de sus titulares como depositarios de valores representados en forma de títulos, o como administradores de valores representados en anotaciones en cuenta.
m) La realización de informes comerciales.
n) El alquiler de cajas fuertes.
ñ) La emisión de dinero electrónico.

94 A saber:
7. Transacciones por cuenta propia o por cuenta de clientes que tengan por objeto cualquiera de los siguientes instrumentos:
a) Instrumentos del mercado monetario (cheques, efectos, certificados de depósito, etcétera).
b) Divisas.
c) Futuros financieros y opciones.
d) Instrumentos sobre divisas o sobre tipos de interés.
e) Valores negociables.
8. Participación en las emisiones de valores y prestación de los servicios correspondientes.
9. Asesoramiento a empresas en materia de estructura del capital, de estrategia empresarial y de cuestiones afines, así como asesoramiento y servicios en el ámbito de las fusiones y de las adquisiciones de empresas.
10. Intermediación en los mercados interbancarios.
11. Gestión o asesoramiento en la gestión de patrimonios.
12. Custodia y administración de valores negociables.
13. Informes comerciales.

4. Servicios de pago, tal como se definen en el artículo 1 de la Ley 16/2009, de 13 de noviembre, de servicios de pago.

5. Emisión y gestión de otros medios de pago, tales como tarjetas de crédito, cheques de viaje o cheques bancarios, cuando dicha actividad no esté recogida en el punto 4.

6. Concesión de garantías y suscripción de compromisos.

7. Alquiler de cajas fuertes (la 14 del Anexo).

8. Emisión de dinero electrónico (la 15 del Anexo).

Quedan excluidos del ámbito de esta Orden ministerial los servicios, operaciones y actividades comprendidos en el ámbito del texto refundido de la Ley del Mercado de Valores, aprobado por el Real Decreto Legislativo 4/2015, de 23 de octubre, hoy derogado y sustituido por la Ley 6/2023, de 17 de marzo, de los Mercados de Valores y de los Servicios de Inversión; de la Ley 35/2003, de 4 de noviembre, de Instituciones de Inversión Colectiva; del texto refundido de la Ley de Ordenación y Supervisión de los Seguros Privados, aprobado por el Real Decreto Legislativo 6/2004, de 29 de octubre, hoy derogado y sustituido por la Ley 20/2015, de 14 de julio, de ordenación, supervisión y solvencia de las entidades aseguradoras y reaseguradoras; del texto refundido de la Ley de Regulación de los Planes y Fondos de Pensiones, aprobado por Real Decreto Legislativo 1/2002, de 29 de noviembre; y de la Ley 26/2006, de 17 de julio, de Mediación de Seguros y Reaseguros Privados hoy derogada y sustituida por el Real Decreto-ley 3/2020, de 4 de febrero, de medidas urgentes por el que se incorporan al ordenamiento jurídico español diversas Directivas de la Unión Europea en el ámbito de la contratación pública en determinados sectores; de seguros privados; de planes y fondos de pensiones; del ámbito tributario y de litigios fiscales. Por tanto, las actividades en las que las entidades de crédito actúan como intermediarios en los ámbitos del Mercado de Valores y del seguro.

Desde el punto de vista *subjetivo* la Orden es de aplicación cuando esos servicios bancarios son prestados por entidades de crédito españolas o sucursales de entidades de crédito extranjeras (y por las entidades aseguradoras en los supuestos de hipoteca inversa) y cuando el cliente sea una persona física. Incluye este ámbito a los clientes potenciales habida cuenta que establece unas obligaciones de información previa a la formalización de los contratos y, por tanto, antes de que exista ninguna vinculación que permita calificar a la otra parte de cliente.

El cliente debe ser persona física por lo que *a priori* se excluyen las personas jurídicas. En todo caso, cuando el cliente actúe en el ámbito de su actividad profesional o empresarial, las partes podrán acordar que no se aplique total o parcialmente lo previsto en esta orden, con la excepción de lo establecido en el capítulo II del título III, esto es, las normas referentes a los préstamos y créditos hipotecarios. En definitiva, dado que los contratos bancarios son de adhesión, difícilmente un profesional, un empresario o una persona jurídica de carácter mercantil serán beneficiarios de las normas de transparencia incluidas en esta orden. Vemos así que para que la presente norma sea de total aplicación se requiere que el cliente sea persona física y actúe fuera de su ámbito de actividad profesional o empresarial, lo que coincide con el concepto en nuestro Derecho de consumidor. Quedan fuera, en todo caso, las personas jurídicas[95].

---

95 Como señala Pascual MARTÍNEZ ESPÍN ("Nuevo régimen de transparencia y protección del cliente de servicios bancarios. Análisis de la Orden EHA/2899/2011, de 28 de octubre, de transparencia y protección del cliente de servicios bancarios", *Diario La Ley*, Nº 7778, Sección Doctrina, 18 Ene. 2012, Año XXXIII, Ref. D-21, pág. 1), "podía haberse previsto la posibilidad de extender en análogos términos potestativos la aplicación de la Orden a determinadas personas jurídicas, en función de sus características y dimensión económica; y ello con independencia de que algunas de sus previsiones se apliquen en todo caso únicamente a las personas físicas (como es el caso de los arts. 20 y siguientes, relativos a los créditos y préstamos hipotecarios). Por ejemplo, podría preverse su aplicación a las PYMES, tomando como base los criterios que la legislación mercantil emplea para su definición".

Hasta la entrada en vigor de esta Orden, en la mayoría de los casos, la normativa de disciplina bancaria se refería al "cliente bancario" sin mayores distinciones, de tal manera que podría entenderse como tal, cualquier persona que concertara un contrato bancario con una entidad de crédito. Este es el caso de la Orden EHA 1718/2010, de 21 de junio, de regulación y control de la publicidad de servicios bancarios y de la Orden Ministerial de 12 de diciembre de 1989 derogada por la Orden EHA 2899/2011. Como señala ROY PÉREZ[96], el concepto de "cliente bancario" que introduce esta Orden rompe con la noción anterior y cambia de criterio no sólo porque restringe que debe entenderse por cliente, sino porque ni siquiera lo hace para situarse en el mismo plano que la normativa de consumo. Así, la normativa de transparencia sólo se aplicará a los clientes personas físicas, excluyéndose en todo caso a las personas jurídicas. Además, se aplicará siempre que la persona física esté actuando en su ámbito privado o familiar; y, por último, su aplicación a la persona física que actúe en el ámbito profesional o empresarial, dependerá de la voluntad de las partes, que podrán acordar que los aplique total o parcialmente lo dispuesto por el, todo ello con excepción de la regulación relativa a créditos y préstamos hipotecarios a los promotores y constructores inmobiliarios que sean una persona física, es decir, que a estos últimos la normativa se aplicará en todo caso.

No se entiende muy bien la razón de esta exclusión habida cuenta que un profesional o un empresario se encuentran en igual situación de desequilibrio frente a la entidad de crédito que un consumidor. Este será merecedor de un *plus* de protección, exigido, por otra parte, por la legislación europea y nacional, pero, en todo caso, parecería lógico que las normas de transparencia fueran exigibles sea quien sea el cliente. Como señala ALCALÁ

---

96 ROY PÉREZ, C.: "El régimen de protección del consumidor de productos bancarios y financieros" en *Revista de Derecho Mercantil* 287, enero-marzo 2013, pág. 157.

DÍAZ[97], la "OM se sitúa en la orientación propia de la normativa comunitaria de protección de los consumidores", lo que parece correcto cuando el cliente tenga este carácter, pero no a costa de excluir de protección a los que no reúnan esta condición.

En todo caso, la solución sería, como ya hemos señalado en otras ocasiones[98], una Ley de Transparencia bancaria que sería aplicable a todo cliente bancario, sea persona física o jurídica y en ella deberían extenderse a todos muchas reglas tuitivas, incluidas las recogidas en la LCCC aplicables a los consumidores.

B) La Circular 5/2012, de 27 de junio, del Banco de España

a) Antecedentes. La Circular BE 8/1990, de 7 de septiembre

La disposición final primera de la Orden Ministerial de 12 de diciembre de 1989 facultaba con amplitud al Banco de España para que desarrollase y ejecutase la Orden. En su desarrollo se aprobó la Circ. 8/1990, de 7 de septiembre, del Banco de España a Entidades de Crédito sobre transparencia de las operaciones y protección de la clientela.

La extensión al conjunto de las Entidades de crédito de las normas que, en materia de tipos de interés, comisiones, normas de actuación e información a clientes, se habían establecido ya para las Entidades de depósito mediante la Orden de 3 de marzo de 1987, y la refundición de su contenido con el de la Orden de 16 de junio de 1988 hacía necesaria la modificación de las subsiguientes circulares del Banco de España y, en concreto, de

---

97 ALCALÁ DÍAZ, M.A.: *La Protección del Deudor Hipotecario*, Aranzadi, Cizur Menor, 2013, pág. 66.

98 Véase NIETO CAROL, U: *Transparencia y protección de la clientela bancaria...*, pág. 27 y "La necesidad de una ley de transparencia bancaria", *Vías extrajudiciales de protección del inversor e instrumentos en la financiación de empresas*, (Dir: Beatriz Belando Garín y Carmen Boldó Roda. Coord: Belén Andrés Segovia y Elisabet González Pons), Thomson Reuters-Aranzadi, 2018.

las Circulares 15/1988, de 5 de diciembre, y 24/1987, de 21 de julio,

Además, conforme a lo previsto en la Orden de 12 de diciembre de 1989, en la Circular 8/1990 se introduce, “como principal novedad del procedimiento de tramitación de las reclamaciones, su previa formulación ante el defensor del cliente u órgano equivalente de la entidad de crédito”, cuya general implantación se estimaba de gran interés.

Este nuevo trámite se justificaba en la motivación de la Circ. 5/1990, “de un lado, en la propia experiencia del Servicio de Reclamaciones, la cual ha puesto de manifiesto un elevado número de allanamientos de las entidades ante las pretensiones de los reclamantes, y de otro, en la estimable proporción de reclamaciones resueltas a satisfacción de los clientes por los defensores del cliente que ya vienen operando en algunas entidades”. En definitiva, se pretendía con ello agilizar la resolución de numerosas reclamaciones que con gran probabilidad podrían ser atendidas sin necesidad de una actuación administrativa que, en cualquier caso, resultaría “beneficiada por este trámite previo, al recibir la reclamación más documentada”.

Esta Circular fue objeto de numerosas modificaciones. Así la Circular 22/1992, de 18 de diciembre, que reforma la de transparencia en materia de publicidad de tipos de cambio sobre billetes y divisas, la Circular 13/1993, de 23 de diciembre, por la que se adecua el código de conducta de las entidades de crédito a las Directivas comunitarias dictadas en materia de crédito al consumo, la Circular 5/1994, de 22 de julio que pretende adaptar la Circular 8/90 a la Ley sobre subrogación y modificación de préstamos hipotecarios, y sobre todo a la Orden Ministerial sobre transparencia de las condiciones financieras de los préstamos hipotecarios, la Circular 3/1996, de 27 de febrero que adapta la circular de transparencia a la Ley de Crédito al Consumo, la Circular 4/1998, de 27 de enero, la Circular 3/1999, de 24 de marzo, Circular 3/2001, de 24 de septiembre, la Circular 4/2002, de 25 de junio y la Circular 6/2010, de 28 de septiembre. Y, finalmente, fue derogada y sustituida por la vigente Circ. B.E. 5/2012.

b) Ámbito de aplicación

En el capítulo I (objeto y ámbito de aplicación), se empieza señalando que la Circular tiene por objeto dictar las normas precisas para el desarrollo y ejecución de las disposiciones de la Orden EHA/2899/2011, de 28 de octubre, de transparencia y protección del cliente de servicios bancarios en los términos que esta atribuye al Banco de España, así como las obligaciones de información de los proveedores de servicios de pago que ofrezcan los servicios de cambio de divisa, de conformidad con lo dictado por el artículo 3 de la Orden EHA/1608/2010, de 14 de junio, sobre transparencia de las condiciones y requisitos de información aplicables a los servicios de pago.

A este respecto, la Circular reproduce el principio establecido en la Orden, que sigue los enfoques más actuales en cuanto al ámbito de protección preferente: el de las personas físicas, aunque la Circular lo extiende a las comunidades de bienes, como es el caso de las comunidades de propietarios, comunidades de herederos, herencias yacentes y similares, siempre que estén mayoritariamente constituidas por personas físicas.

Así, cuando el cliente actúe en el ámbito de su actividad profesional o empresarial, las partes podrán acordar que no se aplique total o parcialmente lo previsto en la Circular, salvo en lo que se refiere al cálculo de la tasa anual equivalente (TAE), a los tipos de interés oficiales y a los índices o tipos de referencia aplicables para el cálculo del valor de mercado en la compensación por riesgo de tipo de interés en los préstamos hipotecarios.

Sin perjuicio de las referencias que haremos a la misma a lo largo de esta obra, en cuanto a su contenido general y eficacia jurídica nos remitimos a la ya dicho en otro lugar[99].

---

[99] Véase NIETO CAROL, U: *Transparencia y protección de la clientela bancaria…* págs. 203 y ss.

Capítulo IV

El contrato de crédito al consumidor. Generalidades

SUMARIO: 1. CONSIDERACIONES PREVIAS. 2. ANTECEDENTES. 3. ÁMBITO DE APLICACIÓN DE LA LEY DE CONTRATOS DE CRÉDITO AL CONSUMO. A) Ámbito objetivo: contrato de crédito al consumidor. B) Ámbito subjetivo. C) Contratos excluidos. E) Ámbito temporal. F) Aplicabilidad de la LCCC a los contratos bancarios.

1. CONSIDERACIONES PREVIAS

La relación entre el consumo y el crédito se explica desde dos puntos de vista. Por un lado, el consumo provoca —entre otros efectos— la necesidad de atender a la financiación de un ámbito de la realidad económica, propiciando así la competencia masiva de una pluralidad de empresarios o profesionales organizados para conceder crédito. Desde una perspectiva general del proceso económico, podría afirmarse que incluso el crédito que se concede a los empresarios en las primeras etapas de la producción, si bien mediatamente, también facilita la colocación final de los productos. Y, por otro lado, dadas las condiciones anteriores, el crédito facilita el consumo, pues permite un mayor y rápido acceso a los bienes y servicios[100].

Ya hemos señalado que hay una normativa que protege a todo adherente y, por tanto, al cliente bancario en tanto en cuanto los contratos bancarios son contratos de adhesión, así como la exis-

---

100 ÁLVAREZ MARTÍNEZ, G.I: "El consumo y el crédito". Forma parte del libro *"Los grupos de Contratos en el crédito al consumo"*, Editorial LA LEY, (formato electrónico —Base de datos La Ley—) Madrid, abril 2009, pág. 1.

tencia de una normativa específica de protección para aquellos contratantes que reúnan la condición de consumidor o usuario en relación con las cláusulas no negociadas individualmente. Pero lo que ahora interesa es estudiar la regulación de los contratos de crédito bancario celebrados con consumidores.

2. ANTECEDENTES

En la década de los años setenta surge una preocupación jurídica por el consumo y el consumidor (valgan de ejemplo las Leyes suecas de 29 de junio de 1970 y 15 de diciembre de 1975, Ley francesa de 27 de diciembre de 1973, *Consume Protection Act* de 1971, *Fair Trading Act* de 1973, Programa de Acción para la información y protección de los consumidores sancionado por el Consejo de Ministros de la CEE de 14 de abril de 1975, etc.). Hasta entonces se entendía el consumo como un fenómeno estrictamente económico de forma que si se regulaba convenientemente la libre circulación de bienes y servicios se garantizaba la libre competencia y el consumidor tendría plenamente resueltas sus aspiraciones, demandas e intereses. Sin embargo, "la necesidad de que el consumidor sea protegido es consecuencia del reconocimiento de que existe una gran masa —la inmensa mayoría— de personas que al realizar las operaciones normales de la vida diaria, referidas principalmente a la adquisición de bienes y servicios, no están en condiciones de conseguir por sí solas las calidades y precios adecuados"[101], o dicho de otro modo, no existe equilibrio entre la posición que ocupa el consumidor en el mercado y la que ocupa la empresa organizada[102].

---

101 BERCOVITZ RODRÍGUEZ-CANO, A.: "La protección de los consumidores, la Constitución española y el Derecho Mercantil", en *Lecturas sobre la Constitución*. U.N.E.D. 1978, volumen II, pág. 10.

102 Especial trascendencia tuvo el discurso que pronunció el Presidente de los Estados Unidos, John F. Kennedy, en el Mensaje al Congreso el 15 de marzo de 1962, en el que puso de manifiesto los aspectos que posteriormente sustentaron la protección de los derechos de los consu-

Esta preocupación por el consumidor tiene acceso a diversas constituciones como es el caso de la portuguesa de 1976 y de la Constitución española de 1978 que en su art. 51 establece que "los poderes públicos garantizarán la defensa de los consumidores y usuarios, protegiendo mediante procedimientos eficaces, la seguridad, la salud y los legítimos intereses económicos de los mismos". Asimismo, promoverán su información y educación, fomentarán sus organizaciones y las oirán en las cuestiones que puedan afectarles.

En desarrollo de este precepto constitucional surge la Ley 26/1984, de 19 de julio, General para la defensa de los consumidores y usuarios (LGDCU)[103] cuyos objetivos se concretaban en: 1°. Establecer, sobre bases firmes y directas, los procedimientos eficaces para la defensa de los consumidores y usuarios; 2°. Disponer del marco legal adecuado para favorecer un desarrollo óptimo del movimiento asociativo en este campo; 3°. Declarar los principios, criterios y obligaciones y derechos que configuran la defensa de los consumidores y usuarios y que, en el ámbito de sus

---

midores como categoría específica: «Los consumidores, todos nosotros por definición, representan el grupo económico más importante y se hallan interesados en casi todas las decisiones económicas, públicas y privadas. Sus gastos representan las dos terceras partes de los gastos económicos totales. Sin embargo, constituye el único grupo que no está organizado realmente y cuya opinión casi nunca es tenida en cuenta.» Desde entonces, se empezó a conferir un estatuto específico al consumidor, concretado en la descriptiva y conocida frase: «consumidores somos todos». Este discurso fue especialmente significativo porque sirvió para dar dimensión social a la esfera de protección de los derechos de los consumidores y usuarios, al poner de relieve que su defensa atañe personal y directamente a todos los individuos y a toda la comunidad (REYES LÓPEZ, M.J.: *Manual de Derecho privado de consumo*, Editorial LA LEY, Madrid, Junio 2009 —www.laleydigital-es—).

103 Hoy derogada y sustituida por el Real Decreto Legislativo 1/2007, de 16 de noviembre, por el que se aprueba el texto refundido de la Ley General para la Defensa de los Consumidores y Usuarios y otras leyes complementarias (TRLCU).

competencias habrán de ser tenidos en cuenta por los poderes públicos en las actuaciones y desarrollos normativos futuros en el marco de la doctrina sentada por el Tribunal Constitucional.

Además, de acuerdo con el art. 53,3 CE y el art. 1º TRLCU, la protección de los consumidores y usuarios tiene el carácter de principio general del ordenamiento jurídico, lo que nos obliga a reinterpretar a la luz de la misma muchas de las normas que se promulgaron con anterioridad.

Por su parte, la Ley 7/1995, de 23 de marzo, de Crédito al Consumo (LCC-1995) supuso la primera norma jurídica no sectorial de nuestro Ordenamiento relativa a la financiación del consumo. Tuvo por objeto la incorporación al Derecho español de la Directiva del Consejo de las Comunidades Europeas 87/102/CEE, de 22 de diciembre de 1986, relativa a la aproximación de las disposiciones legales, reglamentarias y administrativas de los Estados miembros en materia de crédito al consumo, y su posterior modificación por la Directiva 90/88/CEE, de 22 de febrero de 1990. La denominación de la Directiva en español sigue la de las versiones francesa ("*crédit à la consommation*"), italiana ("*crédito al consumo*") y portuguesa ("*crédito ao consumo*"). Sin embargo, nos parece más adecuada la de la versión inglesa de la Directiva que habla de "*consumer credit*", crédito al consumidor ya que éste es el destinatario del mismo.

Como señalaba ARRANZ[104] en relación con el proyecto de esta Ley [y en mayor medida se podía decir de la propia Ley] se contienen soluciones no previstas en la Directiva (oferta vinculante, cobro indebido): "La Directiva es claramente una norma de mínimos y se ha considerado conveniente regular de forma más completa el régimen jurídico del crédito al consumo".

Algunos artículos presentaban cierto grado de intervencionismo y era dudoso que sirvieran a la finalidad de proteger al

---

104 ARRANZ PUMAR, G.: *Análisis del Proyecto de Ley de Crédito al Consumo.* Crédito Cooperativo, núm. 71, 1994, pág. 32.

consumidor. Así, la ley limitaba el tipo de interés aplicable a los descubiertos en cuenta corriente y las comisiones de cancelación anticipada y algunos preceptos, contenidos en los artículos 14 y 15, tenían en común, como señalaba ALFARO[105], su objetivo de «impedir la existencia de contratos de financiación y contratos de adquisición anudados entre sí». Es obvio que en estos casos la entidad bancaria pretende vender crédito, y no el producto. Si se tienen por no puestas las cláusulas en las que el proveedor exija que el crédito para su financiación únicamente pueda ser otorgado por un determinado concedente (art 14.1,II), si el consumidor dispone «de la opción de no concertar el contrato de crédito» (art 14.3,II) o puede acordar la operación con otro prestamista (art 15.1,b), las entidades de crédito dejarán de efectuar estas operaciones.

Con posterioridad, la Directiva 2008/48/CE del Parlamento Europeo y del Consejo de 23 de abril de 2008, relativa a los contratos de crédito al consumo, deroga la Directiva 87/102/CEE del Consejo con efectos 12 de mayo de 2010, que fue modificada por la Directiva 2011/90/UE, de la Comisión de 14 de noviembre de 2011, concretamente la parte II de su Anexo I, estableciendo supuestos adicionales para calcular la tasa anual equivalente. A su vez, aquella Directiva ha sido derogada con efectos 20 de noviembre de 2026 por la Directiva 2023/2225/UE del Parlamento Europeo y del Consejo de 18 de octubre de 2023 relativa a los contratos de crédito al consumo y por la que se deroga la Directiva 2008/48/CE (art. 47). Los Estados miembros tienen un plazo para adoptar las oportunas medidas legislativas y reglamentarias que finaliza el 20 de noviembre de 2025 que se aplicarán a partir del 20 de noviembre de 2026 (art. 48). Obviamente seguiremos haciendo mención a la Directiva 2008/48/CE dada su vigencia y que es la que se transpone al Derecho interno por la Ley 16/2011, de 24 de junio, de contratos de crédito al consumo (LCCC).

---

105 ALFARO ÁGUILA-REAL, J: *Proyecto de Ley de Crédito al Consumo.* Revista de Derecho Bancario y Bursátil, núm. 56. Diciembre, 1994, págs. 1.046 a 1.052.

Como señala el propio preámbulo de la Ley para esta incorporación al ordenamiento jurídico interno de esta Directiva han sido determinantes dos criterios: de una parte, respetar la vocación de la Directiva, que impone una armonización total, de forma que los Estados miembros no pueden mantener o introducir disposiciones nacionales distintas a las disposiciones armonizadas establecidas en esta norma europea, si bien tal restricción no impide mantener o adoptar normas nacionales en caso de que no existan disposiciones armonizadas. La información normalizada europea sobre el crédito al consumo y, en particular, la tasa anual equivalente correspondiente al crédito, calculada de idéntica forma en toda la Unión Europea, dotan al mercado crediticio de una mayor transparencia, permite que las distintas ofertas puedan compararse y aumentan las posibilidades de los consumidores de acogerse al crédito al consumo transfronterizo. Vemos así, como una de las piedras maestras sobre las que descansa la protección del consumidor en los contratos de crédito es la Tasa Anual Equivalente (TAE) cuya forma de cálculo debe ser idéntica en toda la Unión Europea.

Como segundo criterio se ha pretendido conservar aquellas previsiones de nuestro Derecho interno que ofrecían una mayor protección en el ámbito del crédito al consumidor sin que vengan exigidas por la normativa comunitaria. Por ello, esta Ley recoge las previsiones de la Ley 7/1995 relativas a la oferta vinculante, a la eficacia de los contratos vinculados a la obtención de un crédito, al cobro indebido y a la penalización por falta de forma y por omisión de cláusulas obligatorias en los contratos. Asimismo, se mantiene la aplicación parcial de la Ley a los contratos de crédito cuyo importe total es superior a 75.000 euros[106].

---

106 El art. 2.2.c) de la Directiva excluye de su ámbito de aplicación los contratos de crédito cuyo importe sea inferior a 200 euros y superior a 75.000 euros. La Directiva 87/102/CEE excluía los de importe inferior 200 ECUS o superior a 20.000 ECUS.
La Directiva 2023/2225/UE (art. 2.2.c) si bien eleva el importe superior del ámbito de exclusión a 100.000 euros, luego establece (art. 2.3) que sí se aplicará a los contratos "que no estén garantizados por una

La norma de transposición tiene rango de Ley, como no podía ser de otra forma, dado que en ella se establecen preceptos que afectan y modulan el régimen de perfeccionamiento, eficacia y ejecución de los contratos, en materias reguladas por los Códigos Civil y de Comercio; al régimen de las ventas a plazos de bienes muebles, objeto de la Ley 28/1998, de 13 de julio, y a la Ley de Enjuiciamiento Civil.

3. ÁMBITO DE APLICACIÓN DE LA LEY DE CONTRATOS DE CRÉDITO AL CONSUMO

Como señala ORDÁS ALONSO[107], "el primer gran problema que plantea la Ley 16/2011, de 24 de junio, de Contratos de Crédito al Consumo es la determinación de su ámbito de aplicación". Veámoslo nosotros.

A) Ámbito objetivo: contrato de crédito al consumidor

El art. 1 LCCC define el "contrato de crédito al consumo" (*sic*) como aquél por el que "un prestamista concede o se compromete a conceder a un consumidor un crédito bajo la forma de pago aplazado, préstamo, apertura de crédito o cualquier medio equivalente de financiación".

Como vemos una vez más, aunque se habla de "crédito al consumo", en su concepto, como no podía ser de otra forma, se dice "conceder a un consumidor".

---

hipoteca o por cualquier otra garantía equivalente sobre bienes inmuebles habitualmente utilizada en un Estado miembro, ni con un derecho relativo a un bien inmueble, cuando dichos contratos de crédito tengan por objeto la renovación de un bien inmueble de uso residencial".
En cuanto a "los contratos de crédito cuyo importe total sea inferior a 200 EUR" no quedan excluidos del ámbito de aplicación de la Directiva, pero su art. 2.8 faculta a los Estados miembros a que puedan determinar la no aplicación de determinados preceptos.

107 ORDÁS ALONSO, M.: *Los Contratos de Crédito al Consumo en la Ley 16/2011, de 24 de junio*, Thomson Reuters, Cizur Menor, 2013, pág. 43.

Siguiendo la línea del art. 1 de la LCC-1995, la vigente Ley incluye dentro de su ámbito de aplicación no sólo la concesión de crédito sino también el compromiso de concesión, aunque, a este respecto, era más correcta, a mi juicio, la utilización del término "empresario" que hacía la Ley derogada frente al de "prestamista" que hace la vigente. Y ello, porque en nuestro Derecho el préstamo es un contrato de naturaleza real[108] y no casa bien con el carácter consensual que exige el comprometerse a la concesión de crédito.

Esta consideración del contrato de crédito al consumidor como aquél que se refiere tanto a los contratos de crédito consensual como a los de carácter real es la que mantienen autores como DÍEZ PICAZO[109], refrendada, a mi juicio, por la enumeración *ad exemplum* que contiene el mismo precepto (bajo la forma de... préstamos, apertura de crédito...).

Sin embargo, ORDÁS ALONSO[110] entiende que esta expresión contempla tanto la concesión como la oferta vinculante. Lo que justifica señalando que la apertura de crédito no está explícitamente contemplada por la Directiva 2008/48/CE, aunque en ningún caso entiende que este tipo de contrato quedaría excluido "del ámbito protector de la disciplina reguladora del crédito al consumo, puesto que quedaría englobado en la locución «cualquier medio equivalente de financiación»".

Como señala MARÍN LÓPEZ[111], la doctrina ha interpretado la expresión "concede o se compromete a conceder" de muy dis-

---

108 Sin embargo, el art. 573-1 APCM define el contrato mercantil de préstamo como aquél por el que "el prestamista se obliga a entregar al prestatario una determinada suma de dinero, para que éste le devuelva, dentro del plazo pactado, la cantidad recibida, incrementada con el correspondiente interés".

109 DÍEZ PICAZO, L.: *Fundamentos de Derecho Civil Patrimonial, IV. Las particulares relaciones obligatorias*, Civitas, Madrid, 2011, pág. 568.

110 ORDÁS ALONSO, M.: *Los Contratos de Crédito al Consumo en la Ley 16/2011, de 24 de junio...*, pág. 43.

111 MARÍN LÓPEZ, M.J.: "Comentario al art. 1. Contrato de crédito al consumo" en *Comentarios a la Ley de Contratos de Crédito al Consumo* (Dir.

tinta manera. "Para unos[112], se alude al precontrato de crédito al consumo. Otros[113] estiman que puede entenderse como la manifestación unilateral de voluntad hecha por el empresario de conceder un crédito a cualquier consumidor que lo solicite; pero que en tal caso se confunde con la oferta vinculante del art. 8 LCCC. Ninguna de estas interpretaciones me parece adecuada".

Con esta expresión, continúa este autor, "la norma se refiere a los contratos definitivos y firmes (y no simples precontratos) que no suponen una inmediata concesión de crédito, sino que obligan al empresario a concederlo en el futuro en la forma y tiempo pactados. Por eso se afirma que el prestamista no concede crédito, sino que «se compromete» (se obliga) a concederlo en el futuro. Así sucede, en primer lugar, en el contrato de préstamo bancario, que no es un contrato real, sino consensual; esto es, la entidad de crédito no entrega al capital prestado al tiempo de celebrarse el contrato, sino que lo debe entregar en un momento posterior. Lo mismo ocurre, en segundo lugar, con el contrato de apertura de crédito o con el contrato de tarjeta de crédito. La perfección del contrato no supone en estos casos la inmediata entrega de capital al consumidor, sino que éste dispone de la posibilidad de recibir dinero en el futuro, hasta el límite máximo que se haya pactado".

El art. 1.1 LCCC recoge tres modalidades típicas de concesión de crédito: el préstamo, el pago aplazado y la apertura de crédito.

Manuel Jesús Marín López), Aranzadi, 2014, pág. 61.

112 AGUILAR RUIZ, L., *La protección legal del crédito*, Valencia, Tirant lo Blanch, 2001, pág. 181.

113 ORDÁS ALONSO, M.: "El ámbito de aplicación de la Directiva 2008/48/CE del Parlamento Europeo y del Consejo, de 23 de abril de 2008, relativa a los contratos de crédito al consumo y por la que se deroga la Directiva 87/102/CEE del Consejo", *AC*, 2008-3, pág. 2679; MARÍN LÓPEZ, J. J.: "El ámbito de aplicación de la Ley de Crédito al Consumo», en *Crédito al consumo y transparencia bancaria* (Dir. U. Nieto Carol), Civitas, Madrid, 1998, pág. 97.

La primera y la más habitual y sencilla es el préstamo que consiste en la entrega por el prestamista de una cantidad de dinero al prestatario, que se obliga a restituirla en los plazos pactados, más los correspondientes intereses, en su caso. Como señala MARÍN LÓPEZ[114] "la referencia al «préstamo» en el art. 1.1 LCCC debe entenderse realizada a cualquier contrato que satisfaga estos caracteres básicos: concesión de un dinero, con obligación de devolverlo en las fechas pactadas".

La Ley 16/2011 se aplica al contrato de simple préstamo o mutuo regulado en los arts. 1753 y ss. CC. En el Código Civil el préstamo se configura como un contrato de naturaleza real, de modo que se perfecciona únicamente cuando el prestamista entrega el capital prestado al prestatario (así se deduce del concepto de préstamo del art. 1740 CC). Por eso el préstamo es, en el Código, un contrato unilateral, pues sólo se generan obligaciones para una de las partes (el prestatario).

También se aplica la Ley 16/2011 al préstamo personal, esto es, al contrato por el que una persona (prestamista) se obliga a entregar a otra (prestatario) una cantidad de dinero, que ésta queda obligada a restituir en las fechas pactadas. Se trata de un préstamo de carácter consensual, no previsto en el Código Civil, pero que se basa en el principio de autonomía de la voluntad, en el que la entrega del capital no es un elemento necesario para la perfección del contrato, sino una obligación que surge a cargo del prestamista tras la celebración del contrato. Al margen de la disputa doctrinal sobre la validez del préstamo de carácter consensual, esta posibilidad se consagra en el art. 1.1 LCCC. De hecho, algún autor[115] ha afirmado que la mención al «compromiso» de conceder un crédito, contemplada en este precepto, se refiere precisamente al préstamo de naturaleza consensual.

---

114 MARÍN LÓPEZ, M.J. "Comentario al art. 1. Contrato de crédito al consumo"... pág. 63.

115 PRATS ALBENTOSA, L., *Préstamo de consumo, crédito al consumo,* Valencia, Tirant lo Blanch, 2001, pág. 35.

La referencia a la "apertura de crédito" constituye una novedad del legislador español en relación a la Directiva europea (art. 3.c). Pero ello no supone ningún incumplimiento de la Directiva y, en todo caso, aunque la ley española no hubiera mencionado expresamente este contrato, quedaría igualmente sometido a su ámbito de aplicación, al tratarse de "otro medio equivalente de financiación"[116]. Y como nos recuerda MARÍN LÓPEZ[117], las leyes de otros Estados miembros no aluden de manera expresa a la apertura de crédito, y sin embargo se considera este contrato como una modalidad de concesión de crédito.

La tercera operación típica de concesión de crédito contemplada expresamente en el art. 1.1 LCCC es el "pago aplazado". Desde el punto de vista histórico, ésta es la primera forma de concesión crediticia desde el antiguo Egipto, Grecia y, especialmente, en el Imperio Romano, pasando por la Edad Media, la revolución industrial hasta llegar a la vigente sociedad de consumo.

En la actualidad, el pago aplazado constituye una forma poco habitual de financiar la adquisición de bienes de consumo. El acceso generalizado a los bienes de consumo, el alto precio de los mismos y el mayor volumen de demanda de crédito hacen que, a partir de un determinado momento histórico (que coincide con la aparición del automóvil), el vendedor no pueda seguir asumiendo su función de financiación y que aparezca un tercer sujeto, el financiador, que asume en exclusiva esta labor. Aparece así la compraventa financiada, que es una operación en la que intervienen tres sujetos: un consumidor, un vendedor (que celebra un contrato de venta con el consumidor con pago al contado), y un prestamista (que celebra

---

116 De hecho la STJCE de 4 de octubre de 2007 (TJCE 2007, 259 http://curia.europa.eu/juris/document/document.jsf?text=apertura%2Bde-%2Bcredito&docid=71795&pageIndex=0&doclang=ES&mode=req&-dir=&occ=first&part=1&cid=349569#ctx1) somete la concesión de crédito mediante apertura de crédito a la Directiva 87/102/CEE, a pesar de que la norma comunitaria no la mencionaba expresamente.

117 MARÍN LÓPEZ, M.J. "Comentario al art. 1. Contrato de crédito al consumo"... pág. 66.

un contrato de préstamo con el consumidor, quien obtiene así el dinero con el que abonar el precio de la compraventa).

El "pago aplazado" al que se refiere el art. 1.1 LCCC es el aplazamiento en el pago del precio que pactan el proveedor de bienes y servicios y el consumidor, en el marco de un contrato bilateral. No hay pago aplazado cuando el consumidor obtiene de una entidad de crédito el dinero que precisa para pagar (al contado) un bien o servicio. En este caso el crédito obtenido de la misma sí está sometido a la Ley 16/2011, y puede ser un préstamo, una apertura de crédito u otro medio equivalente de financiación (pero no un pago aplazado). Y el contrato celebrado con el proveedor al ser un contrato con pago al contado, no es un crédito al consumo.

Después de enumerar las tres modalidades típicas de concesión de crédito (préstamo, apertura de crédito y aplazamiento en el pago), el art. 1.1 LCCC establece que también tiene la consideración de crédito al consumo "cualquier medio equivalente de financiación". Se trata de una expresión ya utilizada en otras normas, como en la Ley 2/2009, en su art. 1.1.a).

La inclusión de esta fórmula tiene enorme importancia, por dos razones fundamentales. En primer lugar, porque las tres modalidades típicas descritas en la Ley no agotan todos los casos de concesión de crédito. Así, también se concede crédito, por ejemplo, en los casos de utilización de una tarjeta de crédito, o en el leasing al consumo. Además, y, en segundo lugar, porque permite la inclusión en el ámbito de la Ley de modalidades contractuales que quizás hoy todavía no existen, pero que pueden crearse en el futuro.

B) Ámbito subjetivo

Dos son los elementos subjetivos de este contrato: el "consumidor" y el "prestamista". A efectos de esta Ley, se entenderá por consumidor "la persona física que, en las relaciones contractuales reguladas por esta Ley, actúa con fines que están al margen de su actividad comercial o profesional".

Como señala PAISANT[118] en relación con el art. 3.a) de la Directiva 2008/48/CE del que es copia literal el art. 2.1 LCCC, tal definición resulta a la vez clara y ambigua:

Clara en el sentido de que el texto no es de aplicación a los créditos consentidos a las personas jurídicas cualesquiera que sean, aun asociaciones sin actividad económica alguna. Tal exclusión puede ser criticable a razón de su carácter sistemático, pues numerosas asociaciones sin ánimo de lucro, en especial culturales o de protección del medio ambiente, son representadas por personas benévolas que sufren las mismas debilidades que los consumidores. Sin embargo, proporciona la seguridad jurídica.

"Ambigua porque plantea, por lo menos, dos problemas de interpretación. La primera dificultad concierne a la persona que suscribe el crédito a la vez con fines domésticos y profesionales [p.e. un crédito para adquirir un vehículo para sus desplazamientos profesionales y de ocio]. Una respuesta puede encontrarse en una sentencia del TJCE de 20 de enero de 2005[119] juzgando que, en este caso, no se puede invocar la calidad de consumidor «salvo que el uso profesional sea marginal hasta el punto de tener un papel insignificante en el contexto global de la operación de que se trate, siendo irrelevante a este respecto el hecho de que predomine el aspecto no profesional». Es decir que, en tal circunstancia, el Tribunal de Justicia no aplica la teoría del principal y del accesorio.

Sobre el segundo punto, la dificultad resulta más controvertida y la solución incierta. Se manifiesta, en especial, cuando un profesional contrata para proporcionarse un material de equipo o un servicio relacionado; por ejemplo, el médico que se compromete para la informatización de su consultorio, es decir, la gestión de las citas, de la contabilidad y de sus ficheros [y para ello concierta un crédito]. Según una primera opinión, se puede sostener que

---

118 PAISANT, G.: "La Directiva de 23 de abril de 2008, sobre el crédito al consumo", Boletín del Ministerio de Justicia nº 2.150, enero 2013, pág. 8.

119 http://curia.europa.eu/juris/showPdf.jsf?text=&docid=49857&pageIndex=0&doclang=ES&mode=lst&dir=&occ=first&part=1&cid=48001

el médico no es el consumidor protegido por la ley porque, tratándose de equipar su consultorio, actúa con fines relacionadas a su actividad profesional. Pero, con la misma lógica, se puede abogar que la actividad profesional de un médico consiste en prestar asistencia a sus pacientes, lo que no se hace con tal material y que, consecuentemente, dicho médico actúa «al margen de su actividad profesional», es decir como consumidor[120]".

En cuanto al "prestamista", es "la persona física o jurídica que concede o se compromete a conceder un crédito en el ejercicio de su actividad comercial o profesional". Y, en nuestro caso, la entidad de crédito y el establecimiento financiero de crédito, cumplen este requisito.

C) Contratos excluidos

Quedan excluidos de la LCCC a tenor de su art. 3 que sigue lo establecido en el art. 2.2 Directiva 2008/48/CE:

a) Los contratos de crédito garantizados con hipoteca inmobiliaria.

b) Los contratos de crédito cuya finalidad sea adquirir o conservar derechos de propiedad sobre terrenos o edificios construidos o por construir.

Los dos supuestos anteriores están sujetos a la Directiva 2014/17/UE y en el Derecho interno a la LCCI.

---

120 A este respecto el considerando 12 de la Directiva 2014/17/UE: "La definición de «consumidor» debe incluir a las personas físicas que actúen con fines ajenos a sus actividades comerciales o empresariales o a su profesión. No obstante, en el caso de los contratos con doble finalidad, si el contrato se celebra con un objeto en parte relacionado y en parte no relacionado con las actividades comerciales o empresariales o con la profesión de la persona en cuestión y dichas actividades comerciales o empresariales, o dicha profesión son tan limitadas que no predominan en el contexto general del contrato, dicha persona debe ser considerada un consumidor".

c) Los contratos de crédito cuyo importe total sea inferior a 200 euros.

A estos efectos, se entenderá como única la cuantía de un mismo crédito, aunque aparezca distribuida en contratos diferentes celebrados entre las mismas partes y para la adquisición de un mismo bien o servicio, aun cuando los créditos hayan sido concedidos por diferentes miembros de una agrupación, tenga o no personalidad jurídica.

A diferencia de la Directiva 2008/48/CE que excluye de su ámbito de aplicación los contratos de crédito de más de 75.000 euros, la LCCC, como veremos después, establece para estos contratos una aplicación limitada de la misma.

d) Los contratos de arrendamiento o de arrendamiento financiero en los que no se establezca una obligación de compra del objeto del contrato por el arrendatario ni en el propio contrato ni en otro contrato aparte. Se considerará que existe obligación si el prestamista así lo ha decidido unilateralmente.

e) Los contratos de crédito concedidos en forma de facilidad de descubierto y que tengan que reembolsarse en el plazo máximo de un mes, sin perjuicio de lo dispuesto en el apartado 7 del artículo 12[121] y en el artículo 19[122].

---

121 "La descripción de las principales características del servicio financiero incluirá al menos los elementos indicados en las letras c), e) y g) del apartado 2", esto es, c) El importe total del crédito; e) El tipo deudor, las condiciones de aplicación de dicho tipo, los índices o tipos de referencia aplicables al tipo deudor inicial, los recargos aplicables desde la suscripción del contrato de crédito y, en su caso, las condiciones en las que puedan modificarse; y g) una indicación de que podrá exigirse al consumidor el reembolso de la totalidad del importe del crédito en cualquier momento.

122 Deberá informarse de: a) El período preciso al que se refiere el extracto de cuenta; b) Los importes de los que se ha dispuesto y la fecha de disposición; c) La fecha y el saldo del extracto anterior; d) El nuevo saldo; e) La fecha y el importe de los pagos efectuados por el consumidor; f)

f) Los contratos de crédito concedidos libres de intereses y sin ningún otro tipo de gastos, y los contratos de crédito en virtud de los cuales el crédito deba ser reembolsado en el plazo máximo de tres meses y por los que sólo se deban pagar unos gastos mínimos.

A estos efectos, los gastos mínimos no podrán exceder en su conjunto, excluidos los impuestos, del 1 por ciento del importe total del crédito.

En los contratos vinculados a que se refiere el artículo 29 de esta Ley, se presumirá, salvo pacto en contrario, que el prestamista y el proveedor de bienes o de servicios han pactado una retribución por la que éste abonará a aquél una cantidad por la celebración del contrato de préstamo. En tal caso, el contrato de crédito al consumo no se considerará gratuito.

g) Los contratos de crédito concedidos por un empresario a sus empleados a título subsidiario y sin intereses o cuyas tasas anuales equivalentes sean inferiores a las del mercado, y que no se ofrezcan al público en general.

A estos efectos se entenderá por tasas anuales equivalentes inferiores a las del mercado las que sean inferiores al tipo de interés legal del dinero.

h) Los contratos de crédito celebrados con empresas de servicios de inversión o con entidades de crédito con la finalidad de que un inversor pueda realizar una operación relativa a uno o más de los instrumentos financieros enumerados en el artículo 2 de la Ley 24/1988, de 28 de julio, del Mercado de Valores, cuando la empresa de inversión o la entidad de crédito que concede el crédito participe en la operación. Hoy hay que remitirse al mismo

---

El tipo deudor aplicado; g) Los recargos que se hayan aplicado; h) En su caso, el importe mínimo que deba pagarse; Además, el consumidor será informado de los incrementos del tipo deudor o de los recargos que deba pagar antes de que las modificaciones en cuestión entren en vigor.

artículo de la Ley 6/2023, de 17 de marzo, de los Mercados de Valores y de los Servicios de Inversión.

i) Los contratos de crédito que son el resultado de un acuerdo alcanzado en los tribunales.

j) Los contratos de crédito relativos al pago aplazado, sin intereses, comisiones ni otros gastos, de una deuda existente.

k) Los contratos de crédito para cuya celebración se pide al consumidor que entregue un bien al prestamista como garantía de seguridad y en los que la responsabilidad del consumidor está estrictamente limitada a dicho bien.

D) Aplicación parcial de la Ley

El art. 4 LCCC establece en relación con el *descubierto*, entendiendo por tal aquel "contrato de crédito explícito mediante el cual un prestamista pone a disposición de un consumidor fondos que superen el saldo en la cuenta a la vista del consumidor", cuando éste deba reembolsarse previa petición o en el plazo máximo de tres meses, solo serán aplicables los artículos 1 a 7, el apartado 1 y las letras a) y b) del apartado 2 del artículo 9, los artículos 12 a 15, los apartados 1 y 4 del artículo 16 y los artículos 17, 19, 29 y 31 a 36 LCCC.

En los *descubiertos tácitos* entendidos como "aquel descubierto aceptado tácitamente mediante el cual un prestamista pone a disposición de un consumidor fondos que superen el saldo de la cuenta a la vista del consumidor o la posibilidad de descubierto convenida", sólo serán aplicables los artículos 1 a 7, 20 y 34 a 36 LCCC.

Los *excedidos tácitos* sobre los límites pactados en cuenta de crédito que son aquellos excedidos aceptados tácitamente "mediante el cual un prestamista pone a disposición de un consumidor fondos que superen el límite pactado en la cuenta de crédito del consumidor", sólo serán aplicables los artículos 1 a 7, 20 y 34 a 36 LCCC.

"A los contratos de crédito que prevean que el prestamista y el consumidor pueden establecer acuerdos relativos al *pago aplazado* o los métodos de reembolso cuando el consumidor ya se encuentre en situación de falta de pago del contrato de crédito inicial, siempre que tales acuerdos puedan evitar la posibilidad de actuaciones judiciales relativas al impago y el consumidor no se vea sometido a condiciones menos favorables que las establecidas en el contrato de crédito inicial, sólo serán aplicables los artículos 1 a 7, 9, 12, 13 y 15, el apartado 1 del artículo 16, las letras a) a i), l) y r) del apartado 2 del artículo 16, el apartado 4 del artículo 16, los artículos 18, 20, 27 y 30 y los artículos 32 a 36" LCCC.

Por último, "en los contratos de crédito cuyo *importe* total sea *superior a 75.000 euros* sólo serán aplicables los artículos 1 a 11, 14, 15 y 32 a 36" LCCC[123].

E) Ámbito temporal

En lo que se refiere al ámbito de aplicación temporal de la LCCC, la disp. final 7ª establece que la ley entraría en vigor a los tres meses de su publicación en el BOE, lo que tuvo lugar el 25 de junio de 2011, por lo que la entrada en vigor fue el 25 de septiembre.

Como señala la disp. trans., la Ley no se aplica a los contratos de crédito en curso en la fecha de su entrada en vigor y, por tanto, a los contratos celebrados antes del 25 de septiembre

---

[123] Este precepto debería haber ser objeto de modificación habida cuenta que el art. 46 de la Directiva 2014/17/UE modifica la Directiva 2008/48/CE añadiéndole el art. 2 bis por el que se declara aplicable la Directiva de Contratos de Crédito al Consumo a los contratos de crédito no garantizados cuyo importe exceda de 75.000 euros cuando tengan por finalidad la renovación de un bien inmueble de uso residencial (en lugar de excluirlos con carácter general como hasta ahora aunque el legislador nacional aplicó parcialmente sus preceptos a los contratos de crédito cuyo importe exceda de 75.000 euros). Sin embargo, lo que ha hecho la LCCI es someterlos a la propia Ley sin perjuicio de su cuantía.

de 2011; con una salvedad: los contratos de crédito de duración indefinida. Para éstos que se establecen dos previsiones: les serán de aplicación los arts. 18, 19, 27, 31, 20.2 y 20.3 y se exige que su adaptación a lo previsto en la LCCC en el plazo de doce meses contados desde la fecha de la entrada en vigor de la LCCC.

F) Aplicabilidad de la LCCC a los contratos bancarios

Como ya hemos visto, el art. 2.2 LCCC define el prestamista como la persona física o jurídica que concede o se compromete a conceder un crédito en el ejercicio de su actividad comercial o profesional.

La Ley 10/2014, de 26 de junio, de ordenación, supervisión y solvencia de entidades de crédito (LOSSEC) ha derogado la Ley de Ordenación bancaria de 1946, la Ley 26/1988, de 29 de julio, sobre Disciplina e Intervención de las Entidades de Crédito (LDIEC) y el RDLeg 1298/1986, de 28 de junio. De acuerdo con su art. 1.1 "son entidades de crédito las empresas autorizadas cuya actividad consiste en recibir del público depósitos u otros fondos reembolsables y en conceder créditos por cuenta propia". Por tanto, en nuestro Derecho la "empresa bancaria" en sentido económico recibe el término jurídico de "entidad de crédito" y su actividad típica es la de concesión de créditos.

La LCCC no resuelve en qué supuestos el concedente del crédito lo hace en el ejercicio de su actividad comercial o profesional, pero es obvio que los créditos concedidos por las entidades de crédito son una de las operaciones que están dentro del ámbito profesional de estas entidades y, por tanto, esta Ley es plenamente aplicable a todas las operaciones de crédito en todas sus modalidades, siempre que el beneficiario sea un consumidor en los términos del art. 2.1 de la propia Ley.

Capítulo V

Fases del contrato bancario de crédito al consumidor

SUMARIO: 1. FASE PRECONTRACTUAL. A) Publicidad. B) Información precontractual. a) Información Normalizada Europea. b) Otra información. c) Explicaciones adecuadas. C) OBLIGACIÓN DE EVALUAR LA SOLVENCIA DEL CONSUMIDOR. 2. FASE CONTRACTUAL. 3. FASE DE EJECUCIÓN.

En todo contrato bancario en general y en este en particular podemos distinguir tres fases: precontractual, de formalización contractual y de ejecución.

1. FASE PRECONTRACTUAL

La fase precontractual incluye todo aquello que es previo a la formalización del contrato bancario de crédito al consumidor. Así lo dice la Exposición de Motivos de la LCCC al señalar que "la Ley incide en las actuaciones previas a la contratación del crédito. En concreto, regula de forma detallada la información básica que ha de figurar en la publicidad y las comunicaciones comerciales y en los anuncios de ofertas que se exhiban en los locales comerciales en los que se ofrezca un crédito o la intermediación para la celebración de un contrato de crédito".

A) Publicidad

Dentro de esta información precontractual hay que empezar por la publicidad entendida como el conjunto de medios que se emplean para divulgar o extender las características y condiciones del crédito al consumidor. El art. 9 LCCC establece la información básica que deberá incluirse en la publicidad y las comunicaciones comerciales, así como en los anuncios y ofertas exhibidos en los locales comerciales, en los que se ofrezca un crédito o la intermediación para la celebración de un contrato de crédito, siempre que indiquen el tipo de interés o cualesquiera cifras relacionadas con el coste del crédito para el consumidor.

Concretamente se especificarán "los elementos siguientes de forma clara, concisa y destacada mediante un ejemplo representativo:

a) El tipo deudor fijo o variable, así como los recargos incluidos en el coste total del crédito para el consumidor.

b) El importe total del crédito.

c) La tasa anual equivalente, salvo en el caso de los contratos en los que el crédito se conceda en forma de posibilidad de descubierto y que deban reembolsarse previa petición o en el plazo de tres meses.

d) En su caso, la duración del contrato de crédito.

e) En el caso de los créditos en forma de pago aplazado de un bien o servicio en particular, el precio al contado y el importe de los posibles anticipos.

f) En su caso, el importe total adeudado por el consumidor y el importe de los pagos a plazos".

Y si se condicionara la concesión del crédito en las condiciones ofrecidas a la celebración de un contrato relativo a un servicio accesorio vinculado con el contrato de crédito, en particular un seguro, y el coste de ese servicio no pudiera determinarse de antemano, dicha condición deberá mencionarse de forma clara, concisa y destacada, junto con la tasa anual equivalente.

Esta información básica deberá publicarse con una letra que resulte legible y con un contraste de impresión adecuado.

B) Información precontractual

Asimismo, la LCCC, como afirma su Exposición de Motivos, "establece una lista de las características del crédito sobre las que el prestamista y, en su caso, el intermediario de crédito ha de informar al consumidor antes de asumir éste cualquier obligación en virtud de un contrato u oferta de crédito, información precontractual que deberá ser facilitada en un impreso normalizado en los términos previstos en la Directiva" que transcribe la propia Ley.

Tal como reconoce BUSTO LAGO[124], "con carácter general se afirma que la función de las obligaciones precontractuales de información, traigan éstas causa en las exigencias de la actuación de las partes de un contrato conforme a la buena fe objetiva *ex* art. 1.258 del CC —aplicable ya en la fase precontractual—, o de una norma jurídica que las imponga expresamente, como acontece en el caso de la contratación de créditos al consumo, es la de compensar, en la medida de lo posible, el desequilibrio de conocimiento entre los contratantes".

Este desequilibrio deriva de dos circunstancias: La técnica contractual utilizada habitualmente en los contratos de consumo y, especialmente en el ámbito bancario, la de los contratos de adhesión, en los que el clausulado está redactado de manera previa y unilateral por el empresario o profesional, de manera que su contenido no es objeto de negociación individual, siendo el empresario el que conoce exclusivamente las vicisitudes propias del modelo contractual y de las implicaciones concretas, tanto en sus aspectos estrictamente económicos, como jurídicos, de su aceptación por el consumidor que se adhiere al mismo. Y, por otra parte, el desequilibrio objetivo que existe ordinariamente entre el empresario o profesional, máxime el bancario, y el consumidor medio, en cuanto al régimen jurídico de la relación contractual

---

124 BUSTO LAGO, J.M.: "Artículo 7", en *Comentarios a la Ley de Contratos de Crédito al Consumo* (Dir. M. J. Marín López). Aranzadi, Cizur Menor, 2014, pág. 356.

que se plasma en el modelo contractual ofrecido. A compensar este desequilibrio están también prestablecidas las normas sobre transparencia en la contratación con entidades de crédito, en tanto que su finalidad es la expresión clara de las obligaciones asumidas por el cliente, consumidor o no, que concierta un contrato con una entidad financiera o de crédito[125].

Esta información precontractual, de acuerdo con el art. 10.3 LCCC, "deberá especificar:

a) El tipo de crédito.

b) La identidad y el domicilio social del prestamista, así como en su caso la identidad y el domicilio social del intermediario del crédito implicado.

c) El importe total del crédito y las condiciones que rigen la disposición de fondos.

d) La duración del contrato de crédito.

e) En caso de créditos en forma de pago diferido por un bien o servicio y de contratos de crédito vinculados, el producto o servicio y su precio al contado.

f) El tipo deudor y las condiciones de aplicación de dicho tipo, y, si se dispone de ellos, los índices o tipos de referencia aplicables al tipo deudor inicial, así como los períodos, condiciones y procedimientos de variación del tipo deudor.

Si se aplican diferentes tipos deudores en diferentes circunstancias, la información arriba mencionada respecto de todos los tipos aplicables.

g) La tasa anual equivalente y el importe total adeudado por el consumidor, ilustrado mediante un ejemplo representativo que incluya todas las hipótesis utilizadas para calcular dicha tasa.

---

125 GIMÉNEZ VILLANUEVA, T., "Normas de transparencia en la contratación bancaria", en *Crédito al consumo y transparencia bancaria* (Dir. U. Nieto Carol), Ed. Civitas, Madrid, 1998, págs. 655 y ss.

Cuando el consumidor haya informado al prestamista sobre uno o más componentes de su crédito preferido, como por ejemplo la duración del contrato de crédito y su importe total, el prestamista deberá tener en cuenta dichos componentes.

Si el contrato de crédito prevé diferentes formas de disposición de fondos con diferentes tasas o tipos de préstamo, y el prestamista se acoge al supuesto contemplado en la parte II, letra b), del anexo I, deberá indicar que, para ese tipo de contrato de crédito, la tasa anual equivalente podría ser más elevada con otros mecanismos de disposición de fondos.

h) El importe, el número y la periodicidad de los pagos que deberá efectuar el consumidor y en su caso el orden en que deben asignarse los pagos a distintos saldos pendientes sometidos a distintos tipos deudores a efectos de reembolso.

i) En su caso, los gastos de mantenimiento de una o varias cuentas, si fuera necesario para registrar a la vez las operaciones de pago y de disposición del crédito, salvo que la apertura de la cuenta sea facultativa, los gastos relativos a la utilización de un medio de pago que permita efectuar a la vez las operaciones de pago y de disposición del crédito, así como cualquier gasto derivado del contrato de crédito y las condiciones en que dichos gastos podrán modificarse.

j) En su caso, la existencia de costes adeudados al notario por el consumidor al suscribir el contrato de crédito.

k) Los servicios accesorios al contrato de crédito, en particular de seguro, cuando la obtención del crédito o su obtención en las condiciones ofrecidas estén condicionadas a la suscripción del servicio accesorio. Deberán también facilitarse las condiciones que alternativamente se aplicarían al contrato de crédito al consumo si no se contrataran los servicios accesorios y, en particular, pólizas de seguros.

l) El tipo de interés de demora, así como las modalidades para su adaptación y, cuando procedan, los gastos por impago.

m) Una advertencia sobre las consecuencias en caso de impago.

n) Cuando proceda, las garantías exigidas.

o) La existencia o ausencia de derecho de desistimiento.

p) El derecho de reembolso anticipado y, en su caso, información sobre el derecho del prestamista a una compensación y sobre la manera en que se determinará esa compensación con arreglo al artículo 30.

q) El derecho del consumidor a ser informado de forma inmediata y gratuita del resultado de la consulta de una base de datos para la evaluación de su solvencia, conforme al artículo 15, apartado 2.

r) El derecho del consumidor a recibir gratuitamente, previa solicitud, una copia del proyecto del contrato de crédito, salvo que en el momento de la solicitud el prestamista no esté dispuesto a celebrar el contrato de crédito con el consumidor.

s) En su caso, el período de tiempo durante el cual el prestamista queda vinculado por la información precontractual".

Dicha información debe suministrarse en papel o en cualquier otro soporte duradero y se facilitará mediante la Información normalizada europea sobre el crédito al consumo que figura en el anexo II de la LCCC y que es transcripción de la que consta en la Directiva 2008/48/CE.

Por *soporte duradero* se entiende, de acuerdo con el inciso segundo del art. 7.1 LCCC[126] "todo instrumento que permita al con-

---

[126] Este inciso segundo del art. 7.1 LCCC acoge el concepto de soporte duradero de la letra *m)* del art. 3 de la Directiva 2008/48/CE que, a su vez, es idéntico al acogido en el art. 2.10 de la Directiva 2011/83/UE y similar al que resulta de la letra *f)* del art. 2 de la Directiva 2002/65/CE. Por otra parte, y también por influjo de las Directivas comunitarias, el concepto de «*soporte duradero*» se acoge también en el art. 6.1 de la Ley 22/2007, de 11 de julio, sobre comercialización a distancia de servicios financieros destinados a los consumidores; en la disp. adic. 1ª de la Ley

sumidor conservar la información que se le transmita personalmente de forma que en el futuro pueda recuperarla fácilmente durante un periodo de tiempo adaptado a los fines de dicha información, y que permita la reproducción idéntica de la información almacenada" como ha señalado BUSTO LAGO[127].

De acuerdo con este autor, "*«soporte duradero»* lo es todo instrumento que permita almacenar la información de modo que pueda recuperarse fácilmente y permita su reproducción sin cambios, como son los disquetes informáticos, CD, DVD y discos duros de ordenador, o mensajes de «SMS» —y que constituyen sistemas típicos y de bajo coste para el almacenamiento que permite la reproducción de las comunicaciones electrónicas recibidas por el consumidor y emitidas por el proveedor de los servicios, al menos durante un periodo de tiempo adecuado para los fines a los que la información remitida está preordenada (*ex* art. 6.1 de la LCDSFC)—; así como servidores comunes, sistemas de *«back up»* en otros terminales informáticos y servicios de archivo electrónico prestados por terceros. De conformidad con la previsión del Considerando 20 de la Directiva 2002/65/CE, se excluye expresamente que una dirección de Internet pueda considerarse, como regla general, como soporte duradero y ello por motivo de su temporalidad, dado que pueden desaparecer sin dejar rastro si el proveedor no cumple determinadas exigencias o formalidades administrativas, como pueden ser, *v.gr.*, el pago de determinadas tasas o precios a los prestadores de servicios de alojamiento o la renovación de nombres de dominio, etc."

50/1980, de 8 de octubre, del Contrato del Seguro; y en el 98.2 del TRLCU, en relación, en este último caso, con la regulación de la confirmación en forma escrita de la información que el empresario ha de facilitar al consumidor en el caso de contratos celebrados a distancia.

127 BUSTO LAGO, J.M: "Artículo 7" en *Comentarios a la Ley de Contratos de Crédito al Consumo* —Dir. M. J. Marín López—. Aranzadi, Cizur Menor, 2014, págs. 373 y 374.

La Sent. TJUE de 5 de julio de 2012[128] no se considera tal el acceso mediante un hipervínculo a un sitio de internet. En efecto, como señala su fallo, "el artículo 5, apartado 1, de la Directiva 97/7/CE del Parlamento Europeo y del Consejo, de 20 de mayo de 1997, relativa a la protección de los consumidores en materia de contratos a distancia, debe interpretarse en el sentido de que una práctica comercial que consiste en dar acceso a la información prevista en esta disposición sólo mediante un hipervínculo a un sitio de Internet de la empresa en cuestión no cumple lo exigido por dicha disposición, ya que tal información no es ni «facilitada» por esa empresa ni «recibida» por el consumidor, en el sentido de esta misma disposición, y un sitio de Internet como del que se trata en el litigio principal no puede considerarse un «soporte duradero» a efectos de dicho artículo 5, apartado 1".

a) Información Normalizada Europea

Como ya se ha señalado, la Información Normalizada Europea (INE) está recogida en el Anexo II de la LCCC que es copia literal del Anexo II de la Directiva 2008/48/CE. Debe incluirse la siguiente información:

1. Identidad y detalles de contacto del prestamista y/o del intermediario.

Necesariamente la identidad del prestamista y su dirección social para uso del consumidor y, con carácter facultativo, su número de teléfono, correo electrónico, número de fax y dirección de página web.

Y, si ha lugar, es decir, si es pertinente, los mismos datos respecto al intermediario del crédito.

2. Descripción de las características principales del producto de crédito.

Concretamente:

---

[128] http://eur-lex.europa.eu/legal-content/es/TXT/PDF/?uri=uriserv%3AOJ.C_.2012.287.01.0008.01.SPA

— Tipo de crédito

— Importe total del crédito, es decir, el importe máximo o la suma de todas las cantidades puestas a disposición del consumidor en el marco de un contrato de crédito.

— Las condiciones que rigen la disposición de fondos: cuándo y cómo el consumidor obtendrá el dinero.

— Duración del contrato de crédito.

— Los plazos y, en su caso, el orden en que se realizarán los pagos a plazos: el importe, el número y la frecuencia de los pagos que ha de hacer el consumidor. La manera en la que el consumidor deberá pagar los intereses y/o gastos.

— El importe total que deberá pagar el consumidor, es decir, el importe del capital prestado más los intereses y posibles gastos relacionados con el crédito.

Por otra parte, si ha lugar:

— Si el crédito se concede en forma de pago diferido por un bien o servicio o está relacionado con el suministro de bienes específicos o con la prestación de un servicio, el nombre del producto/servicio y su precio al contado.

— Si se requieren garantías en relación con el contrato de crédito, su descripción.

— Los reembolsos no suponen la inmediata amortización del capital.

3. Costes del crédito.

Debe incluirse:

— El tipo deudor o, si ha lugar, los diferentes tipos deudores que se aplican al contrato de crédito en forma de porcentaje anual. Y concretamente si el tipo es fijo o variable (con el índice o tipo de referencia aplicable al tipo deudor inicial) así como los períodos en los que se aplican.

— La Tasa anual equivalente (TAE) haciendo constar que esta es el coste total del crédito expresado en forma de porcentaje anual del importe total del crédito y que la TAE sirve para comparar diferentes ofertas. Debe expresarse en porcentaje y figurar, además, un ejemplo representativo que incluya todos los supuestos utilizados para calcularla.

— Si es obligatorio para obtener el crédito en sí o en las condiciones ofrecidas tomar una póliza de seguros que garantice el crédito y, en este caso, qué tipo de seguro. O si es necesario contratar otro servicio accesorio, indicándose cuál. Si los costes de estos servicios no son conocidos del prestamista, no se incluyen en la TAE.

— Otros costes relacionados, si ha lugar:

- Para mantener una o varias cuentas se requiere registrar tanto las transacciones de pago como la disposición del crédito;
- El importe de los costes por utilizar un medio de pago específico (por ejemplo, una tarjeta de crédito)
- Demás costes derivados del contrato de crédito.
- Condiciones en que pueden modificarse los gastos antes mencionados relacionados con el contrato de crédito.
- Honorarios obligatorios de notaría.

— Costes en caso de pagos atrasados. En concreto, el tipo de interés aplicable y acuerdos para su ajuste y, si procede, gastos por impago.

Debe hacerse constar que la no realización de un pago podrá acarrearle al consumidor graves consecuencias (por ejemplo, la venta forzosa) y dificultar la obtención de un crédito.

4. Otros aspectos jurídicos importantes.

Debe mencionarse:

— Derecho de desistimiento: si el consumidor tiene derecho o no a desistir del contrato de crédito en el plazo de 14 días naturales.

— Reembolso anticipado: derecho a reembolsar anticipadamente el crédito total o parcialmente en cualquier momento.

— Si ha lugar, si el prestamista tiene derecho a compensación en caso de reembolso anticipado y el método de cálculo para su determinación de acuerdo con el art. 30 LCCC.

— Consulta de una base de datos: el prestamista tiene que informar al consumidor de inmediato y sin cargo del resultado de una consulta de una base de datos si se rechaza la solicitud de crédito sobre la base de dicha consulta. Esto no se aplica si la difusión de esa información está prohibida por una ley o por el Derecho de la Unión Europea o es contraria a los objetivos de orden público o de la seguridad pública.

— Derecho a un proyecto del contrato de crédito. El consumidor tiene derecho, previa petición, a obtener de forma gratuita una copia del proyecto de contrato de crédito. Esta disposición no se aplicará si en el momento de la solicitud el prestamista no está dispuesto a celebrar el contrato de crédito.

— Si ha lugar, período durante el cual el prestamista está vinculado por la información precontractual, utilizando la fórmula: "Esta información será válida desde ... hasta ..."

5. Información adicional en caso de comercialización a distancia de servicios financieros.

a) Relativa al prestamista

Si ha lugar, el representante del prestamista en su Estado miembro de residencia, necesariamente identidad y dirección social para uso del consumidor y, con carácter facultativo, su número de teléfono, correo electrónico, número de fax y dirección de página web.

Si ha lugar, el registro comercial en que está inscrito el prestamista y su número de registro o un medio de identificación equivalente en el mismo.

Y, por último, si ha lugar, la autoridad de supervisión.

b) Relativa al contrato de crédito

Si ha lugar, el ejercicio del derecho de desistimiento. Instrucciones prácticas para ejercer el derecho de desistimiento indicando, entre otras cosas, el período para el ejercicio de dicho derecho; la dirección a la que debe enviarse la notificación del derecho de desistimiento; las consecuencias de no ejercer el derecho de desistimiento.

También, si ha lugar, la legislación que el prestamista acepta como base para el establecimiento de relaciones con el consumidor antes de la celebración del contrato de crédito.

Si ha lugar, igualmente, la cláusula sobre la legislación aplicable que rige en relación con el contrato de crédito y/o tribunal competente, con su redacción concreta.

Por último, si ha lugar, el régimen lingüístico. En qué lengua concreta se facilitarán la información y los términos contractuales. Y la advertencia que, con el consentimiento del consumidor, durante la duración del contrato de crédito el prestamista se comunicará con él en determinada lengua o lenguas.

c) Relativa al recurso

Existencia y acceso a los procedimientos extrajudiciales de reclamación y recurso. Si existe o no acceso a procedimientos extrajudiciales de reclamación y recurso para el consumidor que es parte en el contrato a distancia, y, de ser así, cómo puede el consumidor tener acceso a ellos.

Por otra parte, por aplicación de lo dispuesto en el art. 11.2 Orden EHA/2899/2011 y desarrollado por la norma séptima Circ. B.E. 5/2012 que se remite a su Anejo 3, determinada información de la I.N.E. deberá destacarse[129].

---

[129] Se resaltarán los siguientes conceptos (en la columna izquierda) y datos correlativos (en la columna derecha):
a) El importe total del crédito.

Como señala PEÑA LÓPEZ[130], "tanto en EE.UU. como en Europa, hasta el momento presente, se ha confiado intensamente en el dogma de que un consumidor bien informado siempre adopta decisiones de consumo racionales. La información normalizada europea que acompaña como anexo II a la LCCC es el último paso de esta forma de abordar el problema del crédito irresponsable. Sin perjuicio de que asegurarse de que el consumidor se encuentre

---

b) La duración del contrato de crédito.
c) El importe total que deberá pagar el prestatario, entendido como la suma del importe total del crédito y de los gastos totales del crédito.
d) Las garantías requeridas, en su caso.
e) El tipo deudor o, si ha lugar, los diferentes tipos deudores que se aplican al contrato de crédito.
f) La tasa anual equivalente (TAE).
g) La circunstancia de si la obtención del crédito, o su obtención en las condiciones ofrecidas, está o no condicionada a la suscripción de uno o varios servicios accesorios, así como, en su caso, cada uno de esos servicios accesorios cuya contratación se requiera.
h) En su caso, el importe de los costes por utilizar un medio de pago específico (por ejemplo, una tarjeta de crédito).
i) Los costes en caso de pagos atrasados.
j) El derecho del prestatario a reembolsar anticipadamente el crédito y, en su caso, la información sobre el derecho del prestamista a una compensación y sobre la manera en que se determinará esa compensación.
k) El derecho del consumidor a recibir gratuitamente, previa solicitud, una copia del proyecto del contrato de crédito.
l) En su caso, el período de tiempo durante el cual el prestamista queda vinculado por la información precontractual.
m) La existencia o ausencia de derecho de desistimiento por parte del consumidor.
n) En su caso, el régimen lingüístico.
o) Si la entidad prestamista se hubiese adherido a algún sistema arbitral de consumo o a otro sistema de resolución extrajudicial de reclamaciones, distinto en este caso de los órganos previstos en el apartado 2 del artículo 30 de la Ley 44/2002, de 22 de noviembre, de Medidas de Reforma del Sistema Financiero, podrá destacar dicha adhesión.

130 PEÑA LÓPEZ, F.: "Artículo 22" en *Comentarios a la Ley de Contratos de Crédito al Consumo* (Dir. M. J. Marín López). Aranzadi, Cizur Menor, 2014, pág. 835.

plenamente informado de las obligaciones y derechos que está contrayendo con el contrato constituye una buena política legislativa, hoy resulta difícil negar que se trate de un mecanismo suficiente para garantizar que el crédito se contrate responsablemente".

Continúa este autor señalando que "los estudios llevados a cabo en el sector del mercado crediticio por la corriente de la economía conductista (*behavioral economics*) pone de manifiesto que, pese a su sencillez y correcto diseño, la «información normalizada europea» no es capaz de garantizar de por sí —por más que cumpla perfectamente con su contenido— que el consumidor adopte siempre decisiones responsables. Esta corriente crítica ha identificado una serie de barreras psicológicas, que afecta a los consumidores —especialmente a los menos sofisticados—, y que producen desviaciones o sesgos indeseables en la toma de decisiones, pese a la correcta y completa información recibida.

Lo que se busca con la I.N.E. es dotar de más transparencia el contenido del crédito al consumidor para que éste pueda decidir contratarlo o no. Lo que ocurre es que, al final, la información "resumida" y "esquemática" que contiene es excesiva y que debidamente cumplimentada ocupa varias páginas. Por eso, la Directiva 2023/2225/UE que no incrementa en mucho la información precontractual respecto a la contenida en la Directiva 2008/48/CE que es la que copia literalmente nuestra LCCC, lo que sí hace es "reestructurarla" y clasificarla de mayor a menor importancia. Así distingue qué información debe ir en la primera parte del formulario de la I.N.E. (art. 10.3) y cual debe ir separadamente (art. 10.5). Y se establece que aquella debe ir "en una página" y en caso de que no se pueda se mostrará en dos páginas como máximo, pero distingue qué información debe ir en la primera (art. 10.4).

b) Otra información

Tal y como establece el art. 10.8 LCCC, "además de la Información normalizada europea sobre el crédito al consumo, se facilitará gratuitamente al consumidor, previa petición, una copia del proyecto del contrato de crédito, salvo cuando el prestamista no esté dispuesto, en el momento de la solicitud, a celebrar el contrato de crédito con el consumidor".

Igualmente, el prestamista que ofrezca un crédito a un consumidor estará obligado a entregarle antes de la celebración del contrato, si el consumidor así lo solicita, un documento con todas las condiciones del crédito en términos idénticos a lo establecido en el artículo 10 para la información previa al contrato, como *oferta vinculante* que deberá mantener durante un plazo mínimo de catorce días naturales[131] desde su entrega, salvo que medien circunstancias extraordinarias o no imputables a él.

Esta previsión normativa no hace sino atribuir al consumidor una mera facultad, facilitándole, si así lo desea, la obtención de un documento "en firme" donde se detallen, íntegramente, todos los elementos que conforman la proposición contractual a fin de poder compararla sosegadamente con las de otras entidades y contando con un plazo mínimo suficiente para realizar la referida comparación sin temor a que las condiciones varíen[132].

Si esta oferta se hace al mismo tiempo que se comunica la información previa al contrato prevista en el artículo 10, deberá facilitarse al consumidor en un documento separado que podrá adjuntarse a la Información Normalizada Europea sobre crédito al consumo.

Como señala SERRANO DE NICOLÁS[133], "el precedente más inmediato, en la legislación interna, de este art. 8 LCCC, debe buscarse en el art. 16 de la anterior, y ya derogada, Ley 7/1995, de 23 de marzo, de Crédito al Consumo (LCC), que, aunque con idéntica

---

131 La LCC-1995 fijaba un plazo de diez días hábiles.

132 ÁLVAREZ RUBIO, J.: "Información y actuaciones previas a la celebración del contrato en la nueva Ley de Contratos de Crédito al Consumo", Boletín del Ministerio de Justicia, núm. 2152, marzo 2013, pág. 6.

133 SERRANO DE NICOLÁS, A: "Artículo 8", en *Comentarios a la Ley de Contratos de Crédito al Consumo* —Dir. M. J. Marín López—, Aranzadi, Cizur Menor, 2014, pág. 418.

denominación, tenía menor protección para el consumidor, al no contemplar la necesidad de suministrar la información básica. Así, únicamente contenía —y no con idéntico texto, ni protección— lo que es parte del actual primer párrafo. Entonces se hablaba de «empresario» y ahora de «prestamista»". Esta regulación del art. 8 LCCC es el desarrollo voluntario, por nuestro legislador nacional, de la Directiva 2008/48/CE. Y lo es dado que no se regula la oferta contractual, que, en determinadas circunstancias, será vinculante, por lo que, aun siendo una Directiva de máximos, se deja —en esta fase previa de información precontractual y tratos preliminares— libertad de regulación al legislador nacional.

En efecto, como indica M.J. MARÍN LÓPEZ[134], la armonización total no impide que el Estado español incluya en la Ley propia regulación sobre materias que no son objeto de armonización en la Directiva, como ocurre p.e. con la oferta vinculante, la eficacia de los contratos vinculados a la obtención de un crédito, el cobro de lo indebido y la utilización de títulos-valores.

La LCCC, respecto a la LCC-1995, contiene una regulación mucho más exhaustiva en cuanto a la determinación del contenido de la información que el prestamista ha de suministrar al consumidor, tanto a través de la publicidad (art. 9) como especialmente la que se le proporciona con carácter previo a la celebración del contrato (art. 10 LCCC).

A tenor del art. 12.2 LCCC, dicha información deberá especificar:

a) El tipo de crédito.

b) La identidad y el domicilio social del prestamista, así como, en su caso, la identidad y el domicilio social del intermediario del crédito implicado.

---

134 MARÍN LÓPEZ, M.J: "Los derechos del consumidor en la fase de ejecución del contrato, según la Ley 16/2001, de 24 de junio, de Contratos de Crédito al Consumo (1)", *Diario La Ley*, núm. 7693, Sección Doctrina, de 13 de septiembre de 2011 —formato electrónico—, págs. 1-2.

c) El importe total del crédito.

d) La duración del contrato de crédito.

e) El tipo deudor, las condiciones de aplicación de dicho tipo, los índices o tipos de referencia aplicables al tipo deudor inicial, los recargos aplicables desde la suscripción del contrato de crédito y, en su caso, las condiciones en las que puedan modificarse.

f) Las condiciones y procedimiento para poner fin al contrato de crédito.

g) (No aplicable).

h) El tipo de interés de demora, así como las modalidades para su adaptación y, cuando proceda, los gastos por impago.

i) El derecho del consumidor a ser informado de forma inmediata y gratuita del resultado de la consulta de una base de datos para la evaluación de su solvencia.

j) (No aplicable).

k) Cuando proceda, el período de tiempo durante el cual el prestamista queda vinculado por la información precontractual.

Además, tal como exige el apartado 3 del art. 12:

a) la tasa anual equivalente ilustrada mediante un ejemplo representativo que mencione todas las hipótesis utilizadas para calcularla;

b) el importe, el número y la periodicidad de los pagos que deberá efectuar el consumidor y, cuando proceda, el orden en que deben asignarse los pagos a distintos saldos pendientes sometidos a distintos tipos deudores a efectos de reembolso, y

c) el derecho de reembolso anticipado y, en su caso, información sobre el derecho del prestamista a una compensación y sobre la manera en que se determinará esa compensación.

En los contratos de crédito que prevean que el prestamista y el consumidor pueden establecer acuerdos relativos al pago aplazado o los métodos de reembolso cuando el consumidor ya se encuentre en situación de falta de pago del contrato de crédito inicial, y siempre que tales acuerdos puedan evitar la posibilidad de actuaciones judiciales relativas al impago y el consumidor no se vea sometido a condiciones menos favorables que las establecidas en el contrato de crédito inicial, se deberá proporcionar a éste determinada información específica[135] que se facilitará en papel o en cualquier otro soporte duradero, y figurará toda ella de ma-

---

[135] A tenor del art. 12.2 LCCC, dicha información deberá especificar:

a) El tipo de crédito.

b) La identidad y el domicilio social del prestamista, así como, en su caso, la identidad y el domicilio social del intermediario del crédito implicado.

c) El importe total del crédito.

d) La duración del contrato de crédito.

e) El tipo deudor, las condiciones de aplicación de dicho tipo, los índices o tipos de referencia aplicables al tipo deudor inicial, los recargos aplicables desde la suscripción del contrato de crédito y, en su caso, las condiciones en las que puedan modificarse.

f) Las condiciones y procedimiento para poner fin al contrato de crédito.

g) (No aplicable).

h) El tipo de interés de demora, así como las modalidades para su adaptación y, cuando proceda, los gastos por impago.

i) El derecho del consumidor a ser informado de forma inmediata y gratuita del resultado de la consulta de una base de datos para la evaluación de su solvencia.

j) (No aplicable).

k) Cuando proceda, el período de tiempo durante el cual el prestamista queda vinculado por la información precontractual.

Además, tal como exige el apartado 3 del art. 12:

a) la tasa anual equivalente ilustrada mediante un ejemplo representativo que mencione todas las hipótesis utilizadas para calcularla;

b) el importe, el número y la periodicidad de los pagos que deberá efectuar el consumidor y, cuando proceda, el orden en que deben asignarse los pagos a distintos saldos pendientes sometidos a distintos tipos deudores a efectos de reembolso, y

c) el derecho de reembolso anticipado y, en su caso, información sobre el derecho del prestamista a una compensación y sobre la manera en que se determinará esa compensación.

nera igualmente destacada. También podrá facilitarse mediante la Información normalizada europea sobre el crédito al consumo.

c) Explicaciones adecuadas

Por otra parte, en esta fase previa al contrato hay que dar una asistencia especial al consumidor tal y como establece el art. 11 LCCC al decir que "los prestamistas y, en su caso, los intermediarios de crédito facilitarán al consumidor explicaciones adecuadas de forma individualizada para que éste pueda evaluar si el contrato de crédito propuesto se ajusta a sus intereses, a sus necesidades y a su situación financiera, si fuera preciso explicando la información precontractual, las características esenciales de los productos propuestos y los efectos específicos que pueden tener sobre el consumidor, incluidas las consecuencias en caso de impago por parte del mismo".

En efecto, a tenor de la Exposición de Motivos de la Ley, además de la información precontractual que deberá ser facilitada "se obliga a los prestamistas, y en su caso a los intermediarios, a ayudar al consumidor en la decisión sobre el contrato de crédito que, de entre los productos propuestos, responde mejor a sus necesidades y situación financiera. Esta asistencia se concreta en la obligación de explicar al consumidor de forma personalizada las características de los productos propuestos, así como la información precontractual correspondiente, y de advertirle de los riesgos en caso de impago o de endeudamiento excesivo, a fin de que éste pueda comprender las repercusiones del contrato de crédito en su situación económica".

Como señala ÁLVAREZ LATA[136], esta obligación se configura, en primer término, como una *obligación imperativa.* En efecto, la LCCC, siguiendo a la Directiva 48/2008/CE deja claro en el art. 5 el carácter imperativo de la misma. "Es así que será nula la renuncia previa del consumidor a la prestación de la asistencia por parte del prestamista

---

136 ÁLVAREZ LATA, N.: "Artículo 10" en *Comentarios a la Ley de Contratos de Crédito al Consumo* (Dir. M. J. Marín López), Aranzadi, Cizur Menor, 2014, págs. 535 y ss.

o del intermediario, como lo será la cláusula contractual por la que prestamista o intermediario se exoneren de esa obligación. Ello no es incompatible con que, dependiendo del consumidor, las explicaciones sean más o menos profusas; pero el prestamista ha de asegurarse de que aquél entienda el significado del contrato".

Desde un punto de vista subjetivo, se diseña como "una *obligación compleja* que afecta a prestamista e intermediario, pero que involucra en su cumplimiento asimismo al consumidor, quien debe tomar una postura activa y hacer notar a la entidad de crédito sus dudas acerca de la información suministrada previamente y su nivel de conocimiento acerca del producto de crédito que se le ofrece. Información detallada y personalizada que sirva para que el consumidor, según su situación financiera, le permita evaluar ese producto de acuerdo con sus circunstancias". Entiende esta autora que "ésta es la clave de la obligación de asistencia: formar y ayudar a la opinión y decisión del consumidor acerca de la contratación del crédito".

No se trata de un deber de consejo o de asesoramiento en sentido estricto. "El prestamista o intermediario de crédito no está aconsejando acerca de los productos de los que dispone ni tampoco realizando una actividad de marketing sino informando particular e individualizadamente sobre las condiciones del crédito para que el consumidor pueda llevar a cabo una comparativa adecuada entre las posibilidades de financiación y pueda tener criterio acerca de si las condiciones financieras del crédito —con especial incidencia en las consecuencias del impago— se adaptan a las suyas patrimoniales, familiares, etc. en orden a controlar su capacidad de endeudamiento".

El art. 11 LCCC no le impone al prestamista la responsabilidad de decidir si un producto es adecuado o no para el consumidor, sino que ha de ser el consumidor el que tome esta decisión de acuerdo con las explicaciones que le proporcionan; no hay, por tanto, en esta norma, base para una eventual responsabilidad del prestamista por consejos o asesoramiento negligente.

Estamos, por tanto, continúa ALVAREZ LATA, en el ámbito de la transmisión de la información precontractual al consumidor.

"En este sentido, la Directiva 48/2008/CE ha querido dar un paso más en el modo de suministrar la información. Hasta ahora, la forma escrita se venía entendiendo como el vehículo idóneo para garantizar que el consumidor tenía acceso a la misma. No hay que proporcionar muchos argumentos para poner de relieve que tal proceder, que ha consistido en muchos casos en una inflación de la documentación contractual, no ha resultado suficiente ni eficiente...": "a) la información precontractual por escrito es estandarizada, normalizada y no tiene en cuenta las circunstancias concretas del contratante ni su capacidad de entender; b) los productos financieros cada vez son más complejos y no es fácil para el consumidor medio entender su significado ni las obligaciones a las que se compromete [o si la] operación crediticia se ajusta a sus intereses y posibilidades; y c) el consumidor no lee los contratos".

Por estas razones, "la Directiva entendió que debía añadirse al deber objetivo de la información uno de explicación de carácter subjetivo. En términos generales, ha de valorarse positivamente que se consagre en la Ley el deber del prestamista de explicar el contrato al consumidor antes de celebrar el contrato". "La regla de las explicaciones adecuadas supone la ventaja de la flexibilidad, frente a otras maneras de suministrar la información, y de la adecuación al perfil concreto del consumidor: una información *ad hoc* para que *ese* consumidor entienda. Asimismo, reduce los efectos de la información excesiva, sobre todo por lo que se refiere al *not reading at all,* que echa por tierra la efectividad de las obligaciones de información que parten precisamente de la lectura".

Este autor distingue la obligación de asistencia del art. 11 LCCC y de los arts. 29.1 de la Ley 2/2011, de 4 de marzo, de Economía Sostenible y 9 de la Orden EHA/2899/2011 —incidiendo en su denominación o concepto de explicaciones adecuadas— del «*asesoramiento*» propiamente dicho, que, por otra parte, se regula en el art. 10 de la Orden. "El art. 10 de la Orden 2011 (asesoramiento en materia bancaria) establece que «cuando las entidades de crédito y los clientes decidan suscribir un contrato de servicio bancario de asesoramiento deberán informar expresamente a los clientes de esta circunstancia y, salvo que el servicio sea gratuito y así se le haga saber al cliente, habrán de recibir una remuneración independiente por este concepto. La prestación de este servicio estará sometida al régimen de transparencia previsto en esta orden ministerial e implicará la obligación de las entidades *de actuar en el mejor interés del cliente,* basándose en un análisis objetivo y suficientemente amplio de los servicios bancarios disponibles en el mercado, y considerando tanto la situación personal y financiera del cliente, como sus preferencias y objetivos. A los efectos del presente artículo se entenderá por *asesoramiento toda recomendación personalizada que la entidad haga para un cliente concreto respecto a uno o más servicios bancarios disponibles en el mercado*». Se trata, pues, de una obligación específica de recomendación o asesoramiento o consejo personalizado derivada de un contrato de servicio bancario *diferente* que, como dice la norma, generalmente será oneroso para el consumidor o cliente, con remuneración distinta e independiente por este concepto. En definitiva, se distingue tal servicio de la directa comercialización por parte de las entidades de sus propios productos, actividad ésta, sometida al régimen general de transparencia y explicaciones adecuadas".

De todas maneras, añade: "la línea que separa en esta normativa las obligaciones de información, especialmente la que concierne a las explicaciones adecuadas, y el asesoramiento es demasiado fina y fácilmente traspasable. Por un lado, el cliente tiene derecho a que se le den las explicaciones adecuadas para que pueda evaluar si el contrato de crédito propuesto se ajusta a sus intereses, a sus necesidades y a su situación financiera, pero, por otro, se faculta a las entidades de crédito para que cobren a los clientes cuando vayan a pedirles información sobre sus productos o servicios. Como se ha señalado, lo que estaría haciendo la Orden EHA/2899/2011 es poner precio a una obligación que deben ya cumplir inexorablemente. Máxime si tenemos en cuenta que el TRLCU exige que la información sea veraz y completa (artículos 17 y 18, donde en general se habla de información comprensible sobre el adecuado uso y consumo de los bienes y servicios puestos a su disposición en el mercado)".

C) *Obligación de evaluar la solvencia del consumidor*

Dentro de esta fase precontractual incluye la LCCC un aspecto muy importante y novedoso, siguiendo lógicamente la Directiva 2008/48/CE, que no se recogía en la LCC-1995 como tampoco lo hacía la Directiva 87/102/CEE. Me refiero a *la obligación de evaluar la solvencia del consumidor* (art. 14)[137]. Es lo que se conoce como *préstamo responsable*[138].

---

[137] Como señala N. ÁLVAREZ LATA ("Artículo 14" en *Comentarios a la Ley de Contratos de Crédito al Consumo* —Dir. M. J. Marín López—. Aranzadi, Cizur Menor, 2014, pág. 579), este artículo forma parte del núcleo de preceptos de la Ley 16/2011 "que traducen el denominado principio de crédito responsable en el ámbito de los contratos de crédito al consumo. Se trata de un principio que ha asumido un papel destacado en las iniciativas legislativas de la Comisión europea dentro de las medidas destinadas al crédito al consumo y al crédito inmobiliario". "Es claro reflejo de esa tendencia que, tras los implacables efectos del sobreendeudamiento del consumidor, en mucha medida auspiciada por el fomento del crédito fácil, se hace ahora pilar de las nuevas intervenciones en materia de regulación de acceso al crédito de los consumidores. El principio de crédito al consumo se desdobla en su doble faceta de *responsible borrowing* y *responsible lending*, que exige la participación de todos los agentes que intervienen en el proceso de concesión del crédito. Por un lado, se ha de procurar implantar una serie de reglas por las que el consumidor sea responsable de su propia decisión de endeudamiento, de la toma de decisiones informadas acerca de las condiciones y efectos del contrato de crédito al que se accede". Paralelamente se "impone a las entidades concedentes de crédito el deber de prestar de manera prudente, honesta y transparente. Ello determina la necesidad de controlar los riesgos que se asumen para salvaguardar su estabilidad financiera, la del propio sistema y para evitar el sobreendeudamiento de los consumidores. La forma de proceder a este control es, entre otras medidas y sobre todo, obligándolo a la evaluación de la capacidad financiera y de la solvencia de su cliente".

[138] Véase a este respecto GALLEGO SÁNCHEZ, E.: "La obligación de evaluar la solvencia del deudor. Consecuencias derivadas de su cumplimiento" en *Préstamo responsable y ficheros de solvencia* (Coords. L. Prats Albentosa y M. Cuenca Casas), Thomson Reuters, Cizur Menor, 2014.

La crisis financiera mundial de 2008 ha mostrado las conexiones entre el endeudamiento personal y una crisis sistémica. La mayoría de los estudios realizados sobre la crisis financiera mundial han coincidido en la conclusión de que el endeudamiento de las personas naturales (y jurídicas) y la falta de mecanismos adecuados para tratar con él ha tenido graves repercusiones sociales y económicas.

Sin perjuicio de que las entidades de crédito son las primeras interesadas en la concesión de préstamos responsables ya que soportan en primera persona el riesgo de impago, no lo es menos que ha quedado demostrado cómo a través de mecanismos, entre los que se encuentra titulización, pueden lograr la externalización del mismo, convirtiendo el riesgo individual en riesgo sistémico que, en definitiva, será soportado por la ciudadanía a través de las vías impuestas a la misma por los Estados. Es imprescindible, por ello, contar con una legislación que controle la concesión de préstamos y créditos irresponsables como mecanismo de garantía de estabilidad del esquema financiero e incluso de prevención del sobreendeudamiento.

Esta concepción del "préstamo responsable" se introduce en España por el art. 29.1 de la Ley 2/2011, de 4 de marzo, de Economía Sostenible y luego es desarrollado por el art. 18 de la Orden EHA/2899/2011 y el Anejo 6 de la Circ. B.E. 5/2012.

De esta forma, se obliga al prestamista, antes de que se celebre el contrato de crédito[139], a evaluar la solvencia del consumidor, sobre la base de una información suficiente obtenida por los medios adecuados a tal fin, entre ellos, la información facilitada por el consumidor, a solicitud del prestamista o intermediario en la concesión de crédito. Con igual finalidad, puede consultar los fi-

---

139 Incluso después de celebrado el contrato, en el momento en el que se acuerde modificar el importe total del crédito el prestamista deberá actualizar la información financiera de que disponga sobre el consumidor y evaluar su solvencia antes de aumentar significativamente el importe total del crédito.

cheros de solvencia patrimonial y crédito, a los que se refería el artículo 29 de la Ley Orgánica 15/1999, de 13 de diciembre, de Protección de Datos de Carácter Personal, hoy en el artículo 20 de la Ley Orgánica 3/2018, de 5 de diciembre, de Protección de Datos Personales y garantía de los derechos digitales, en los términos y con los requisitos y garantías previstos en dicha Ley Orgánica y su normativa de desarrollo[140].

En el caso específico de las entidades de crédito, para la evaluación de la solvencia del consumidor se tendrán en cuenta, además, las normas específicas sobre gestión de riesgos y control interno que les son aplicables según su legislación específica (concretamente el art. 18 Orden EHA/2899/2011[141] y la norma duodécima y anejo 6 de la Circ. B.E. 5/2012).

---

140 Aquí pueden incluirse la Central de Información de Riesgos del Banco de España (CIRBE) y el Registro de Aceptaciones e Impagados (RAI). Puede verse a este respecto: PRATS ALBENTOSA, L.: "Régimen jurídico de los ficheros de solvencia" en *Préstamo responsable y ficheros de solvencia* (Coords. L. Prats Albentosa y M. Cuenca Casas), Thomson Reuters, Cizur Menor, 2014; y SANTILLÁN FRAILE, R.: "Reglas de funcionamiento de la Central de Información de Riesgos del Banco de España (CIRBE)" en *Préstamo responsable y ficheros de solvencia* (Coords. L. Prats Albentosa y M. Cuenca Casas), Thomson Reuters, Cizur Menor, 2014.

141 Artículo 18. Evaluación de la solvencia en el préstamo responsable.
1. Las entidades, antes de que se celebre cualquier contrato de crédito o préstamo, deberán evaluar la capacidad del cliente para cumplir con las obligaciones derivadas del mismo, sobre la base de la información suficiente obtenida por medios adecuados a tal fin, entre ellos, la información facilitada por el propio cliente a solicitud de la entidad.
A estos efectos, las entidades deberán contar con procedimientos internos específicamente desarrollados para llevar a cabo la evaluación de solvencia mencionada en el párrafo anterior. Estos procedimientos serán revisados periódicamente por las propias entidades, que mantendrán registros actualizados de dichas revisiones.
2. Los procedimientos a los que se refiere el apartado anterior, además de ajustarse a la normativa específica sobre gestión de riesgos y control interno que resulte aplicable a las entidades, deberán contemplar, al menos, los siguientes aspectos:

a) La adecuada evaluación de la situación de empleo, ingresos, patrimonial y financiera del cliente, para lo cual:
1.º Se exigirá cuanta documentación sea adecuada para evaluar la variabilidad de los ingresos del cliente.
2.º Se consultará el historial crediticio del cliente, para lo cual se podrá acudir a la Central de Información de Riesgos del Banco de España, así como a los sistemas de información crediticia a los que se refiere el artículo 20 de la Ley Orgánica 3/2018, de 5 de diciembre, de Protección de Datos Personales y garantía de los derechos digitales, con los requisitos y garantías previstos en el Reglamento (UE) 2016/679 del Parlamento Europeo y del Consejo, de 27 de abril de 2016, relativo a la protección de las personas físicas en lo que respecta al tratamiento de datos personales y a la libre circulación de estos datos y por el que se deroga la Directiva 95/46/CE, en la citada Ley Orgánica 3/2018, de 5 de diciembre, y su normativa de desarrollo.
3.º Se tendrá en cuenta el nivel previsible de ingresos a percibir tras la jubilación, en el caso de que se prevea que una parte sustancial del crédito o préstamo se continúe reembolsando una vez finalizada la vida laboral.
b) La valoración de la capacidad del cliente y de los garantes de cumplir con sus obligaciones de pago derivadas del crédito o préstamo, para lo que se tendrán en cuenta, además de sus ingresos, sus activos en propiedad, sus ahorros, sus obligaciones derivadas de otras deudas o compromisos, sus gastos fijos y la existencia de otras posibles garantías.
c) En el caso de créditos o préstamos a tipo de interés variable, y de otros en los que el valor de las cuotas pueda variar significativamente a lo largo de la vida de la operación, se deberá valorar cómo afectaría esta circunstancia a la capacidad del cliente de cumplir con sus obligaciones teniendo en cuenta lo regulado en las letras a) y b) anteriores.
d) En el caso de créditos o préstamos hipotecarios o con otras garantías reales, la valoración prudente de tales garantías mediante procedimientos que eviten influencias o conflictos de interés que puedan menoscabar la calidad de la valoración.
e) En el caso de créditos a los que se refiere el artículo 33 bis se valorará, en particular, si el cliente dispone de capacidad económica suficiente para satisfacer sus obligaciones a lo largo de la vida de la operación sin incurrir en sobreendeudamiento. A tal fin, el importe anual de las cuotas a pagar por el crédito al que se refiere el artículo 33 bis tendrá por objetivo amortizar una cuantía mínima anual del 25 % del límite del crédito concedido. Para la valoración de la capacidad económica

2. FASE CONTRACTUAL

La siguiente fase es la de formalización contractual. La LCCC regula tanto la forma como el contenido del contrato. En cuanto a la *forma*, el art. 16.1 establece que "se harán constar por escrito[142] en papel o en otro soporte duradero y se redactarán con una

---

prevista en esta letra se utilizarán cuotas calculadas en doce plazos mensuales iguales con arreglo al sistema de amortización de cuota constante, sin perjuicio de que contractualmente pueda pactarse cualquier otra forma de cálculo de las mismas.
Para ampliar el límite del crédito referido en el artículo 33 bis, la entidad deberá actualizar previamente la información financiera de que disponga sobre el cliente y evaluar nuevamente su solvencia con arreglo a lo previsto en este apartado.
3. En el supuesto de créditos o préstamos con garantía real, los criterios para determinar la concesión o no del crédito o préstamo, la cuantía máxima del mismo y las características de su tipo de interés y de su sistema de amortización deben fundamentarse, preferentemente, en la capacidad estimada del cliente para hacer frente a sus obligaciones de pago previstas a lo largo de la vida del crédito o préstamo, y no exclusivamente en el valor esperado de la garantía.
4. En el caso de suscripción de seguros de amortización de créditos o préstamos, tal suscripción no podrá sustituir, en ningún caso, la necesaria y completa evaluación de la solvencia del cliente y de su capacidad para cumplir con sus obligaciones de pago por sus propios medios.
5. En el supuesto de que una entidad rechace la concesión de un crédito o préstamo por considerar insuficiente la solvencia del cliente basándose en la consulta a los ficheros a los que se refiere el párrafo 2.° del apartado 2.a), la entidad informará al cliente del resultado de dicha consulta.
6. La evaluación de la solvencia prevista en este artículo se realizará sin perjuicio de la libertad de contratación que, en sus aspectos sustantivos y con las limitaciones que pudieran emanar de otras disposiciones legales, deba presidir las relaciones entre las entidades y los clientes y, en ningún caso afectará a su plena validez y eficacia, ni implicará el traslado a las entidades de la responsabilidad por el incumplimiento de las obligaciones de los clientes.

142 Como señala E. ARROYO AMAYUELAS ("Artículo 16" en *Comentarios a la Ley de Contratos de Crédito al Consumo* —Dir. M. J. Marín López, Aranzadi, Cizur Menor, 2014, pág. 654) "en los contratos de crédito al consu-

letra que resulte legible y con un contraste de impresión adecuado", para luego añadir que "todas las partes contratantes recibirán un ejemplar del contrato de crédito". El *contenido* que, "además de las condiciones esenciales del contrato"[143], debe recogerse de forma clara y concisa se encuentra recogido en el art. 16.2 de la

---

mo, que son de notoria complejidad, la forma escrita es un instrumento de protección del consumidor. Si se toma la escritura como un indicio de seriedad (*verba volant, scripta manent*), la forma puede cumplir una función preventiva, porque alerta al consumidor frente a los riesgos que asume. En tal hipótesis, la forma es requisito de conclusión del contrato: le da vida y, sin ella, el contrato es nulo. Ahora bien, junto a esa función, existe otra meramente informativa. En ese caso, la forma solo indica la manera de exteriorizar o dar a conocer al consumidor las cláusulas o condiciones del acuerdo, integrado por menciones legales obligatorias, condiciones generales de la contratación y declaraciones que no siempre tienen contenido negocial (*v. gr.* fórmulas matemáticas de cálculo de la TAE). La función informativa de la forma escrita permite al consumidor consultar de manera permanente y reiterada los acuerdos a que ha llegado con el prestamista, pero no opera como requisito de conclusión del contrato y, por tanto, lo único que puede sancionarse cuando se infringe es la falta de documentación de un contrato existente y concluido sin sujeción a requisito formal alguno".

143 Este mismo inciso se recogía en el artículo 6.2 LCC-1995. A este respecto decía J.L. GARCÍA-PITA Y LASTRES: "§ IV. Ley 7/1995, de 23 de marzo, de Crédito al Consumo. Capítulo II. De los contratos sujetos a la presente Ley (arts. 6-15)" en *Comentarios a las Normas de Protección de los Consumidores* —Dir. S. Cámara Lapuente—, Colex, 2011, pág. 1.527) lo siguiente: "implícitamente se viene a reconocer que deben figurar necesariamente en el documento contractual". "En nuestra opinión, estos términos deben interpretarse en el sentido de que esas condiciones esenciales del contrato se contendrán también necesariamente en el documento contractual; cosa lógica, por otra parte, ya que, si el contrato es formal, ello supone que el consentimiento se refleja en el escrito. Y, como quiera que el consentimiento es el «concurso de la Oferta y la Aceptación sobre la cosa y la causa que han de constituir el contrato» y, —además— la Oferta ha de ser completa...entonces es obvio que todo el contenido de la Oferta, que es —al mismo tiempo— todo el contenido del contrato: —la cosa y la causa que han de construirlo— debe constar en el documento contractual".

Ley, esto es, "además de las condiciones esenciales del contrato, el documento deberá especificar, de forma clara y concisa, los siguientes datos:

a) El tipo de crédito.

b) La identidad y el domicilio social de las partes contratantes, así como, si procede, la identidad y el domicilio social del intermediario de crédito.

c) La duración del contrato de crédito.

d) El importe total del crédito y las condiciones de disposición del mismo.

e) En el caso de créditos en forma de pago diferido de un bien o servicio o en el caso de contratos de crédito vinculados, el producto o servicio y su precio al contado.

f) El tipo deudor y las condiciones de aplicación de dicho tipo y, si se dispone de ellos, los índices o tipos de referencia aplicables al tipo deudor inicial, así como los períodos, condiciones y procedimientos de variación del tipo deudor y, si se aplican diferentes tipos deudores en diferentes circunstancias, la información arriba mencionada respecto de todos los tipos aplicables.

g) La tasa anual equivalente y el importe total adeudado por el consumidor, calculados en el momento de la suscripción del contrato de crédito. Se mencionarán todas las hipótesis utilizadas para calcular dicho porcentaje.

h) El importe, el número y la periodicidad de los pagos que deberá efectuar el consumidor y, cuando proceda, el orden en que deben asignarse los pagos a distintos saldos pendientes sometidos a distintos tipos deudores a efectos de reembolso.

i) En caso de amortización del capital de un contrato de crédito de duración fija, el derecho del consumidor a recibir gratuitamente un extracto de cuenta, en forma de cuadro de amortización, previa solicitud y en cualquier momento a lo largo de toda la duración del contrato de crédito.

El cuadro de amortización indicará los pagos adeudados, así como los períodos y las condiciones de pago de tales importes. Este cuadro deberá contener un desglose de cada reembolso periódico que muestre la amortización del capital, los intereses calculados sobre la base del tipo deudor y, en su caso, los costes adicionales.

Cuando el tipo de interés no sea fijo o los costes adicionales puedan variar en virtud del contrato de crédito, en el cuadro de amortización figurará de forma clara y concisa la indicación de que los datos del cuadro solo serán válidos hasta la siguiente modificación del tipo deudor o de los costes adicionales en virtud del contrato de crédito.

j) Si deben pagarse recargos e intereses sin amortización de capital, una relación de los períodos y las condiciones de pago de los intereses deudores y de los gastos conexos recurrentes y no recurrentes.

k) Cuando proceda, los gastos de mantenimiento de una o varias cuentas que registren a la vez operaciones de pago y de disposición del crédito, salvo que la apertura de la cuenta sea opcional, los gastos relativos a la utilización de un medio de pago que permita efectuar tanto operaciones de pago como de disposición del crédito, así como los demás gastos derivados del contrato de crédito y las condiciones en que dichos costes pueden modificarse.

l) El tipo de interés de demora aplicable en el momento de la celebración del contrato de crédito y los procedimientos para su ajuste y, cuando proceda, los gastos por impago.

m) Las consecuencias en caso de impago.

n) Cuando proceda, una declaración que establezca el abono de gastos de notaría.

o) Las garantías y los seguros a los que se condicione la concesión del crédito, cuya contratación se ajustará a la legislación específica de los mismos.

p) La existencia o ausencia de derecho de desistimiento y el plazo y demás condiciones para ejercerlo, incluida la información relativa a la obligación del consumidor de pagar el capital dispuesto y los intereses de conformidad con el artículo 28, apartado 2, letra b), y el importe del interés diario.

q) Información sobre los derechos derivados del artículo 29 [Si el consumidor ha ejercido su derecho de desistimiento respecto a un contrato de suministro de bienes o servicios financiado total o parcialmente mediante un contrato de crédito vinculado, dejará de estar obligado por este último contrato sin penalización alguna para el consumidor], así como las condiciones para el ejercicio de dichos derechos.

r) El derecho de reembolso anticipado, el procedimiento aplicable, así como en su caso información sobre el derecho del prestamista a una compensación y sobre la manera en que se determinará esa compensación. Para el caso de reembolso anticipado y en caso de que el contrato de crédito tenga vinculado uno de seguro, el derecho del prestatario a la devolución de la prima no consumida en los términos que establezca la póliza.

s) El procedimiento que deberá seguirse para ejercer el derecho de poner fin al contrato de crédito.

t) La existencia o no de procedimientos extrajudiciales de reclamación y recurso para el consumidor, y, en caso de que existan, la forma en que el consumidor puede acceder a ellos.

u) Las demás condiciones del contrato, cuando proceda.

v) En su caso, nombre y dirección de la autoridad de supervisión competente".

El incumplimiento de estas obligaciones acarrea distintas consecuencias de acuerdo con el art. 21 LCCC. Así, el incumplimiento de la forma escrita dará lugar a la anulabilidad del contrato[144]

---

144 "La exigencia de documentación del contrato es un requisito de validez impuesto por la LCCC (art. 21.1). Si el consumidor no impugna y quiere mantener la subsistencia y eficacia de un contrato viciado de crédito al consumo, la falta de documentación es reparable (ex art. 1279 CC)

(a diferencia de lo que se preveía en el art. 7.1 LCC-1995 que hablaba de nulidad).

En el supuesto de que el documento del contrato no contenga la mención a la tasa anual equivalente (letra g del apartado 2 del art. 16), la obligación del consumidor se reducirá a abonar el interés legal en los plazos convenidos. En el supuesto de que el documento del contrato no contenga la mención al importe, el número y la periodicidad de los pagos que deberá efectuar el consumidor (letra h del apartado 2 del art. 16) y siempre que no exista omisión o inexactitud en el plazo, la obligación del consumidor se reducirá a pagar el precio al contado o el nominal del crédito en los plazos convenidos. En el caso de omisión o inexactitud de los plazos, dicho pago no podrá ser exigido al consumidor antes de la finalización del contrato.

En el caso de que los datos exigidos en el apartado 2 del artículo 16 figuren en el documento contractual pero sean inexactos, se modularán, en función del perjuicio que debido a tal inexactitud sufra el consumidor, las consecuencias anteriormente vistas.

3. FASE DE EJECUCIÓN

La última fase del contrato es la de ejecución. En esta fase el prestamista informará al consumidor de toda modificación del tipo deudor antes de que el cambio entre en vigor (art. 18 LCCC).

---

y también puede imponerse judicialmente (art. 705 LEC). Si decide impugnar —siempre que ello no se vea impedido por la prohibición de contravenir los actos propios, por haber dispuesto ya del crédito— la anulabilidad tiene eficacia retroactiva y, además de una eficacia material (restitución de las prestaciones), tiene el efecto de borrar jurídicamente el contrato; es evidente, entonces, que, además del capital, el consumidor solo debería abonar el interés legal (*ex* art. 1303 CC), puesto que se entiende que el contrato ahora declarado nulo nunca produjo efectos" (ARROYO AMAYUELAS, E.: "Artículo 21" en *Comentarios a la Ley de Contratos de Crédito al Consumo* (Dir. M. J. Marín López). Aranzadi, Cizur Menor, 2014, pág. 814).

Salvo cuando la modificación en el tipo deudor se deba a una modificación de un tipo de referencia, siempre y cuando el nuevo tipo de referencia sea publicado oficialmente por el Ministerio de Economía y Hacienda o por el Banco de España y la información al respecto esté disponible también en los locales del prestamista, las modificaciones en el coste total del crédito deberán ser notificadas por el prestamista al consumidor de forma individualizada. Esa notificación, que deberá efectuarse con la debida antelación, incluirá el cómputo detallado, según el procedimiento de cálculo acordado, que da lugar a esa modificación, e indicará el procedimiento que el consumidor podrá utilizar para reclamar ante el prestamista en caso de que discrepe del cálculo efectuado (art. 22.4 LCCC).

En el caso de amortización del capital de un contrato de crédito de duración fija, el consumidor tiene derecho a recibir gratuitamente un extracto de cuenta, en forma de cuadro de amortización, previa solicitud y en cualquier momento a lo largo de toda la duración del contrato de crédito (arts. 16.2.j y 16.3 LCCC).

Hay que señalar que la Directiva 2023/2225/UE, y en su transposición hará lo propio el legislador español, amplía en su art. 22 la información relativa a la modificación del contrato de crédito que debe remitirse al consumidor antes de hacerlo, estableciendo la siguiente:

"a) una descripción clara de los cambios propuestos y, en su caso, de la necesidad del consentimiento del consumidor o una explicación de los cambios introducidos por imperativo legal;

b) el calendario para la aplicación de las modificaciones señaladas en la letra a);

c) los medios de reclamación a disposición del consumidor en relación con las modificaciones señaladas en la letra a);

d) el plazo para la presentación, en su caso, de dicha reclamación;

e) el nombre y la dirección de la autoridad competente ante la cual podrá presentarse la reclamación".

Por otra parte, si bien los contratos bancarios de crédito al consumidor suelen pactarse por plazo determinado cabe que lo sean por duración indefinida. En este supuesto, tal como establece el art. 27 LCCC, el consumidor podrá poner fin gratuitamente y en cualquier momento, por el procedimiento habitual o en la misma forma en que lo celebró, a menos que las partes hayan convenido un plazo de notificación, en cuyo caso el plazo de preaviso no podrá exceder de un mes.

Por su parte, el prestamista, si así ha sido pactado en el contrato de crédito, también podrá poner fin al contrato de crédito de duración indefinida dando al consumidor un preaviso de dos meses como mínimo, notificado mediante documento en papel o en otro soporte duradero. También, y si así ha sido pactado en el contrato de crédito, el prestamista podrá, por razones objetivamente justificadas, poner fin al derecho del consumidor a disponer de cantidades de un contrato de crédito de duración indefinida.

Estos supuestos van a ser objeto de análisis pormenorizado en el capítulo dedicado a los contratos de duración indefinida.

Por último, también dentro de esta fase de ejecución, hay que señalar otras formas de finalización del contrato distintas de la finalización del plazo. Nos referimos al ejercicio del derecho de desistimiento (art. 28 LCCC) y al reembolso anticipado que van a ser objeto de estudio en otros capítulos de este libro.

Capítulo VI

Contenido económico del contrato de crédito al consumidor

SUMARIO: 1. EL COSTE TOTAL DEL CRÉDITO PARA EL CONSUMIDOR. A) Componentes del coste total del crédito para el consumidor. a) Gastos del consumidor que son ingreso del concedente del crédito. a.1) Intereses. a.2) Comisiones. a.3) Coste de los servicios accesorios relacionados con el contrato de crédito. b) Gastos de consumidor que son ingresos para terceros. b.1) Impuestos. b.2) Otros gastos, con excepción de los gastos de notaría. 2. CÁLCULO DEL COSTE TOTAL DEL CRÉDITO PARA EL PROPÓSITO DE CALCULAR LA TASA ANUAL EQUIVALENTE. 3. IMPORTE TOTAL ADEUDADO POR EL CONSUMIDOR. 4. IMPORTE TOTAL DEL CRÉDITO. 5. TIPO DEUDOR. A) Tipo deudor fijo. B) Tipo deudor variable. a) Formas de determinación del tipo deudor variable. b) Tipo deudor variable limitado (cláusulas suelo y techo). 6. POSIBILIDAD DE MODIFICACIÓN DEL TIPO DEUDOR. A) Obligación de informar de toda modificación. a) Momento y forma de la información. b) Contenido de la información. B) Modificación producida por la variación del tipo de referencia. a) Tipos de referencia oficiales. 7. TASA ANUAL EQUIVALENTE (TAE). A) La Tasa Anual Equivalente en la Ley de Crédito al Consumo de 1995. B) LA TAE en la vigente Ley de Contratos de Crédito al Consumo. 8. LIMITACIONES A LOS TIPOS DEUDORES, LAS TASAS ANUALES EQUIVALENTES O LOS COSTES TOTALES DEL CRÉDITO.

El art. 6 LCCC tiene como denominación "contenido económico del contrato". Como veremos seguidamente su contenido es transcripción literal parcial del art. 3 Directiva 2008/48/CE que lleva como denominación "definiciones".

La tónica general en el Derecho comparado al trasponer la anterior Directiva al Derecho interno ha sido incorporar literalmente o con mínimas diferencias la redacción de ese art. 3 de la Directiva y, por ello, también han respetado la denominación del precepto. Así, siguiendo este criterio tenemos Irlanda en su *European Communities (Consumer Credit Agreements) Regulations 2010* que utiliza para la denominación del precepto el término "*inter-*

pretation"; Malta en su *Consumer Credit Regulations, 2010*, utiliza *"definitions"* al igual que Portugal en su *Decreto-Lei n.º 133/2009 de 2 de Junho* que usa *"Definições"*; también en Italia el artículo 121 (*Capo II —Credito ai consumatori* —del *Titolo VI—Trasparenza delle Condizioni Contrattuali e dei Rapporti con i Clienti*) del *Testo unico delle leggi in materia bancaria e creditizia (Decreto legislativo 1 settembre 1993, n. 385*[145]) se denomina *"Definizioni"*; Luxemburgo en su *Loi du 8 avril 2011 portant introduction d'un Code de la consommation* aunque no dé denominación al artículo sí se la da al capítulo que incluye el artículo traspuesto (*"Chapitre 1er. Champ d'application et définitions"*) de forma análoga a Bélgica que en su Ley de 21 de junio de 2011 (*Loi relative au crédit à la consommation*) denomina el capítulo *"definitions et champ d'application"* y a Francia que en su *Loi nº 2010-737 du 1er juillet 2010 portant réforme du crédit à la consommation* que modifica el *Code de la Consommation* denomina su *Chapitre Ier del Titre Ier (Credit a la Consommation) "Definitions et Champ d'Application"*.

Por tanto, somos el único país de los estudiados que altera la orientación terminológica de la Directiva aunque también es cierto que en la norma española se incluyen un menor número de definiciones y que todas las incluidas son de elementos de contenido económico. En efecto, a diferencia del art. 3 Directiva 2008/48/CE, no se incluyen determinados conceptos por mencionarlos en otros artículos de la Ley: en concreto "consumidor" (art. 2.1), prestamista (art. 2.2), contrato de crédito (art. 1), posibilidad de descubierto (art. 4.1), rebasamiento (sustituido por el de "descubierto tácito" en el art. 4.2 y "excedido tácito" en el art. 4.3, más utilizados en nuestra terminología jurídica), intermediario de crédito (art. 2.3), soporte duradero (art. 7.1) y contrato de crédito vinculado (art. 26).

---

145 Modificado a este respecto por el *Decreto Legislativo 13 agosto 2010, n. 141. Attuazione della Direttiva 2008/48/CE relativa ai contratti di credito ai consumatori, nonche' modifiche del titolo VI del testo unico bancario decreto legislativo n. 385 de 1993 in merito alla disciplina dei soggetti operanti nel settore finanziario, degli agenti in attivita' finanziaria e dei mediatori creditizi.*

Vemos pues que este art. 6 LCCC huye de la técnica propia de la legislación Comunitaria (y de otras de nuestro entorno jurídico próximo) muy proclive a introducir los conceptos al comienzo de la norma, siguiendo así, nuestra tradición legislativa, aunque, obviamente, respeta los conceptos de la Directiva que los va incluyendo en los correspondientes artículos de la LCCC. Tiene pues sentido que este artículo 6 adopte la denominación atribuida por el legislador; y ello, porque todos los conceptos a los que se hace mención son de "contenido económico". Además, nos permite poder delimitar los elementos de "contenido económico" que se incluyen en el contrato de crédito al consumidor.

De esta forma el legislador, no sé si consciente o inconscientemente, nos ha delimitado lo que entiende por contenido económico del contrato de crédito al consumo.

Sin embargo, sí que habría que hacer una precisión. Tales conceptos de "contenido económico" no lo son sólo del "contrato" de crédito al consumidor sino de toda la información dirigida al destinatario de este, tanto en la publicidad y en las comunicaciones comerciales, como en la información precontractual tal como se deduce de los arts. 9 y 10 LCCC, como veremos más adelante. Por ello, tal vez hubiera sido más precisa la denominación de este precepto como "contenido económico de la información del crédito al consumo" (realmente al consumidor).

Para finalizar estas consideraciones previas, la LCCC significa a este respecto un gran avance respecto a la LCC-1995 no solo agrupado y definiendo los elementos del contrato de carácter económico en un precepto legal sino ampliándolos y extendiendo la exigencia de su constancia, como ya hemos señalado, en la información que se suministre en momentos anteriores al contrato.

Veamos ahora pormenorizadamente los conceptos contenidos en este artículo que son: coste total del crédito, importe total adeudado por el consumidor, importe total del crédito, tasa anual equivalente y tipo deudor.

1. EL COSTE TOTAL DEL CRÉDITO PARA EL CONSUMIDOR

Según el art. 6.a) LCCC se entiende por "coste total del crédito para el consumidor: todos los gastos, incluidos los intereses, las comisiones, los impuestos y cualquier otro tipo de gastos que el consumidor deba pagar en relación con el contrato de crédito y que sean conocidos por el prestamista, con excepción de los gastos de notaría. El coste de los servicios accesorios relacionados con el contrato de crédito, en particular las primas de seguro, se incluye asimismo en este concepto si la obtención del crédito en las condiciones ofrecidas está condicionada a la celebración del contrato de servicios".

El precepto es transcripción literal del art. 3.g) Directiva 2008/48/CE con una pequeña modificación en el último inciso referente a que el coste de los servicios accesorios relacionados con el contrato de crédito se incluye asimismo en el concepto de coste total del crédito "si, además, la celebración del contrato de servicios es obligatoria para obtener el crédito o para obtenerlo en las condiciones ofrecidas", que veremos más adelante.

El coste total del crédito comprende así, todos los costes que el consumidor ha de pagar para tener acceso al crédito y para su uso, que se conocen por el acreedor, con excepción de los gastos notariales. Estos costes incluyen, por ejemplo, cargos por intereses, impuestos y comisiones derivados del contrato de crédito (con exclusión de los impuestos de servicio o bienes, por ejemplo), los costes a pagar por el consumidor por la intermediación en el crédito (ver artículo 33.1.c LCCC y art. 21.c Directiva 2008/48/CE), los costes administrativos (por ejemplo, preparación del crédito o examen y autorización del mismo), cuotas de ingreso o pertenencia (p.e, en nuestro ordenamiento jurídico las cooperativas de crédito sólo pueden conceder crédito a sus socios por lo que para ello hay que ser primero socio cooperativista), los costes para proporcionar estados de cuenta o para gastos de envío, etc.

Hay que destacar que todos los costes deben ser tenidos en cuenta con independencia de si se van a pagar al acreedor o a un tercero o si dan acceso a los servicios financieros o no financieros (por ejemplo, cuotas de ingreso o pertenencia).

Como veremos más adelante, el artículo 6.c) define tasa anual equivalente como "el coste total del crédito para el consumidor, expresado como porcentaje anual del importe total del crédito concedido, más los costes contemplados en el apartado 2 del artículo 32, si procede"; ambos conceptos están íntimamente relacionados de forma que tenemos así, además de lo que se entiende por "*coste total del crédito para el consumidor*", una forma en términos porcentuales de expresarlo que es la *"tasa anual equivalente"* de forma que el segundo nunca podrá existir sin haber definido el primero. Y ambos conceptos y su cálculo serán necesarios para dar cumplimiento a otros preceptos legales. Además, son los dos pilares sobre los que se asienta la transparencia en este sector del crédito.

Así, el artículo 9 LCCC establece cual es la información básica que debe incluirse en la publicidad y comunicaciones comerciales, así como en los anuncios y ofertas exhibidos en los locales comerciales, en los que se ofrezca un crédito o la intermediación para la celebración de un contrato de crédito, siempre que indiquen el tipo de interés o cualesquiera cifras relacionadas con el coste del crédito para el consumidor. Esa información básica especificará de forma clara, concisa y destacada mediante un ejemplo representativo, entre otros elementos, "el tipo deudor fijo o variable, así como los recargos incluidos en el coste total del crédito para el consumidor" (a) y la tasa anual equivalente (c).

El artículo 10 al referirse a la información que hay que suministrar al consumidor previa al contrato menciona "la tasa anual equivalente y el importe total adeudado por el consumidor, ilustrado mediante un ejemplo representativo que incluya todas las hipótesis utilizadas para calcular dicha tasa" (g).

El artículo 12.5.a) en relación a los acuerdos relativos al pago aplazado o los métodos de reembolso cuando el consumidor ya se encuentre en situación de falta de pago del contrato de crédito inicial, siempre que tales acuerdos puedan evitar la posibilidad de actuaciones judiciales relativas al impago y el consumidor no se vea sometido a condiciones menos favorables que las establecidas en el contrato de crédito inicial, exige que en estos se incluya "la tasa anual equivalente ilustrada mediante un ejemplo representativo que mencione todas las hipótesis utilizadas para calcularla".

Por su parte el artículo 16.2 exige en referencia al contrato de crédito con un consumidor: "además de las condiciones esenciales del contrato, el documento deberá especificar, de forma clara y concisa: ... g) La tasa anual equivalente y el importe total adeudado por el consumidor, calculados en el momento de la suscripción del contrato de crédito. Se mencionarán todas las hipótesis utilizadas para calcular dicho porcentaje". En el supuesto de que el documento del contrato no contenga la mención a la tasa anual equivalente, la obligación del consumidor se reducirá a abonar el interés legal[146] en los plazos convenidos (art. 21.2).

El artículo 17 LCCC, al regular la información que debe mencionarse en los contratos de crédito en forma de posibilidad de descubierto, exige que se especifique, de forma clara y concisa, entre otros datos "el coste total del crédito para el consumidor, calculados (*sic*) en el momento de la suscripción del contrato de crédito y de conformidad con la letra a) del artículo 6".

El artículo 20.4 en referencia a los descubiertos tácitos establece que "en ningún caso podrá aplicarse a los créditos que se concedan en forma de descubiertos a los que se refiere este artículo un tipo de interés que dé lugar a una tasa anual equivalente superior a 2,5 veces el interés legal del dinero".

---

146 De acuerdo con el artículo primero de la Ley 24/1984, de 29 de junio, sobre modificación del tipo de interés legal del dinero, éste "se determinará en la Ley de Presupuestos Generales del Estado". Desde el 2009 hasta 2014 este tipo está fijado en el 4%.

Y, en fin, el artículo 22 LCCC dice que el coste total del crédito no puede ser modificado en perjuicio del consumidor, "a no ser que esté previsto en acuerdo mutuo de las partes formalizado por escrito", y cuyas modificaciones deberán ajustarse a determinadas normas.

A) *Componentes del coste total del crédito para el consumidor*

El diccionario de la Real Academia de la Lengua Española (vigésima tercera edición, 2014 —actualización por internet 2022) define coste como el "gasto realizado para la obtención o adquisición de una cosa o de un servicio". Ahora bien, ese "gasto" realizado debería incluir, en principio, todos los desembolsos que se realizan, en nuestro caso por el consumidor, para que obtenga el crédito.

Pero, por raro que parezca, determinar cuáles son los gastos que se computan para determinar el "coste total del crédito" para el consumidor, ha sido un tema que ha experimentado una evolución en el tiempo. Obviamente esto implicará, como veremos más adelante, que también varían los desembolsos del consumidor que se utilizan para calcular la TAE.

Veamos cuáles son esos "gastos" así como las diferencias que existen entre los componentes del "coste total del crédito" para el consumidor en la LCCC vigente y en la LCC-1995[147].

El coste total del crédito comprende toda la gama de los costes que el consumidor ha de pagar para tener acceso al crédito o utilizarlo que se conocen (o que son comprobables) por el acreedor. Por tanto, sólo *costes* por lo que no se incluyen compensaciones

---

147 De acuerdo con el artículo 18 LCC-1995, "se entenderá que el coste total del crédito comprende los intereses y todos los demás gastos y cargas que el consumidor esté obligado a pagar para el crédito, incluidos los de seguros de amortización del crédito por fallecimiento, invalidez, enfermedad o desempleo del titular, que sean exigidos por el empresario para la concesión del mismo".

de ingresos o beneficios (por ejemplo, subsidiación de intereses o ayudas directas) y, por tanto, tampoco se tendrán en cuenta para el cálculo de la Tasa Anual Equivalente[148]. Estos no están cubiertos por el artículo 6 LCCC (siguiendo el art. 3 Directiva 2008/48/CE) aunque el acreedor puede informar de tales ingresos o beneficios por separado, siempre que esto no sea engañoso para el consumidor[149].

Dentro de tales costes podemos distinguir los gastos del consumidor que son ingreso del concedente del crédito de los que son ingresos para terceros.

a) Gastos del consumidor que son ingreso del concedente del crédito

Aquí incluimos intereses y comisiones, así como los costes de servicios complementarios, aunque en algún caso éstos pueden ser prestados por un tercero.

a.1) Intereses

El interés es la compensación natural del capital en el tiempo y, además, la principal contraprestación de la suma concedida a crédito, aunque no la única. El artículo 1.755 CC establece que en el contrato de "simple préstamo" (mutuo) "no se deberán intere-

---

148 A diferencia de los que se dispone en la norma decimotercera Circ. B.E. 5/2012 que señala que en aquellos casos en que la entidad reciba *ayudas, subsidios o subvenciones* de carácter público, sólo se tendrán en cuenta para el cálculo de la tasa anual equivalente los importes efectivamente reintegrados por el beneficiario, de forma que aquellas subvenciones resulten excluidas de sus costes.

149 *Guidelines on the Application of Directive 2008/48/EC (Consumer Credit Directive) in Relation to Costs and the Annual Percentage Rate of Charge (Commission Staff Working Document)*. Brussels, 8 de mayo de 2012, p. 15 http://ec.europa.eu/consumers/rights/docs/guidelines_consumer_credit_directive_swd2012_128_en.pdf

ses sino cuando expresamente se hubiesen pactado"[150] de forma análoga que para el préstamo mercantil[151]: el artículo 314 CCom dice que "los préstamos no devengarán interés del préstamo si no

---

150 No obstante, de acuerdo con el artículo 1.756 CC "el prestatario que ha pagado intereses sin estar estipulados, no puede reclamarlos ni imputarlos a capital" lo que parece admitir dicha retribución sin pacto, hasta el punto que algún autor ha llegado a considerar que pagar intereses es una obligación natural porque, no existiendo duda acerca del contenido patrimonial, inexigibilidad e irrepetibilidad de lo pagado voluntariamente, ese pago equivale a un deber moral cualificado porque el prestatario sabe y le consta que el impago de los intereses le reporta un lucro ilícito en perjuicio del prestamista que debe reparar en conciencia por inexistir un principio de justicia que lo impida, habiendo, en cambio, un principio de derecho natural que le constriñe al pago" (MARTÍNEZ CALCERRADA, L.: *Estudios de Derecho Patrimonial*, Montecorvo, Madrid, 1984, pág.. 134, citado en ORDÁS ALONSO, M.: "Artículo 1.756" en *Comentarios al Código* Civil… pág. 1986.

151 Podemos calificar de mercantil el préstamo/crédito al consumidor. De acuerdo con el artículo 1.1 LCCC, "contrato de crédito al consumo" es aquél por el que "un prestamista concede o se compromete a conceder a un consumidor un crédito bajo la forma de pago aplazado, préstamo, apertura de crédito o cualquier medio equivalente de financiación". Y el artículo 2.2 LCCC dice que "el prestamista es la persona física o jurídica que concede o se compromete a conceder un crédito en el ejercicio de su actividad comercial o profesional". Por su parte, el Código de Comercio en su art. 311 exige para que el préstamo sea mercantil que uno de los contratantes sea comerciante (hoy diríamos empresario), y que las cosas prestadas se destinen a actos de comercio. No exige habitualidad ni en el ejercicio profesional para calificar un acto como "acto de comercio" (art. 2), bastándole con que sólo uno de los contratantes sea comerciante para reputar mercantil el préstamo. En cuanto al requisito de que las cosas prestadas se dediquen a actos de comercio, no exige que sea precisamente el prestatario quien dé a las cosas prestadas dicho destino. Y no cabe duda de que las entidades que se dedican a la concesión de créditos destinan el dinero para realizar un "acto de comercio". Por otra parte, la Sentencia del Tribunal Supremo de 9 de mayo de 1944 señala que los contratos de préstamo, "siempre que revistan el carácter de operaciones bancarias" pueden ser considerados como mercantiles.

se hubiese pactado por escrito"[152] lo que podrá hacerse "sin tasa ni limitación alguna" (art. 315 CCom).

La LCCC, siguiendo la Directiva 2008/48/CE, no establece cómo deben calcularse esos intereses (interés simple o compuesto, con base año natural o año comercial), lo que deja a la libertad de pactos entre las partes. Por el contrario, sí establece, como veremos más adelante, una única forma, a través de una única fórmula matemática, para el cálculo de la TAE (capitalización compuesta y año natural).

Los intereses a computar para el cálculo del coste total del crédito para el consumidor son los intereses "remuneratorios", en ningún caso los "moratorios"[153] ya que los gastos a considerar son los que el consumidor "deba pagar en relación con el contrato de crédito" y, por tanto, por su obtención y disposición y no los pagos por incumplimiento de sus propias obligaciones. Así se deduce también del artículo 32.2 LCCC que establece que para calcular

---

152 Como ya hemos señalado anteriormente, por el contrario, el art. 573-1 APCM nos da una noción distinta: "Por el contrato mercantil de préstamo el prestamista se obliga a entregar al prestatario una determinada suma de dinero, para que éste le devuelva, dentro del plazo pactado, la cantidad recibida, incrementada con el correspondiente interés. Y el art. 573-3 al regular las obligaciones del prestatario establece: "El prestatario está obligado a devolver la suma recibida en el tiempo, lugar y condiciones convenidos. También ha de satisfacer el correspondiente interés, salvo pacto expreso en contrario".

153 Los intereses moratorios, previstos en el artículo 1108 CC, tienen "una finalidad indemnizatoria de los daños y perjuicios que pueden ser imputables a la demora en el cumplimiento de una prestación obligacional consistente en una cantidad de dinero" y, como señala VERDA Y BEAMONTE, J.R. ("Artículos 1755-1756" en *Comentarios al Código Civil* —Dir. R. Bercovitz Rodríguez-Cano—, Tomo VIII, Tirant lo Blanch, Valencia, 2013, p. 12.000) "este tipo de intereses tratan, pues, de compensar el perjuicio que experimenta el prestatario, por no poder disponer del capital prestado (más, en su caso, los intereses pactados), desde el mismo momento en que le debía haber sido restituido, privándole, por consiguiente, de la facultad de invertirlo o usarlo productivamente".

la tasa anual equivalente se determinará el coste total del crédito para el consumidor, "exceptuando los gastos que éste tendría que pagar por el incumplimiento de alguna de sus obligaciones con arreglo al contrato de crédito".

El cálculo de los intereses se realizará a través de la conocida fórmula matemática que algunos denominan "fórmula del carrete" multiplicando el capital recibido o adeudado por el tipo de interés y por el tiempo que medie entre la entrega del capital y el momento de su devolución o, si ésta se hace en varios pagos, por el tiempo que medie entre cada pago. A su vez, el tiempo se considerará por años, meses o días. En este último caso lo habitual en la práctica bancaria es que como el tipo de interés, que obligatoriamente debe expresarse en términos anuales, se divida por 360, lo que se conoce como "año comercial", en lugar de por 365 o 366 que son los días que tiene los años (según sean o no bisiestos), que es lo que se conoce como "año natural" o "año civil".

a.2) Comisiones

Las comisiones son contraprestaciones vinculadas a actuaciones concretas del concedente del crédito (servicios), vienen expresadas en porcentajes o en cantidad y pueden ser únicas o periódicas. Se pactan libremente entre las partes.

Son típicas de la contratación bancaria que es, lógicamente, aunque no la única, sí la más importante y forma más habitual del crédito al consumo. El artículo 3 de la Orden EHA/2899/2011 establece que "sólo podrán percibirse comisiones o repercutirse gastos por servicios solicitados en firme o aceptados expresamente por un cliente y siempre que respondan a servicios efectivamente prestados o gastos habidos".

Podríamos agrupar las distintas comisiones existentes en los créditos bancarios a consumidores de la siguiente forma:

— Gastos administrativos vinculados a los costes iniciales (comisión de apertura, de estudio, de expedición de tarjeta de crédito...) y a los costes de mantenimiento (comisión de mantenimiento de la cuenta corriente vinculada al préstamo, gastos de envío, comisión de renovación de tarjeta de crédito...)

Sin embargo, la comisión de disponibilidad en el contrato de apertura de crédito no se incluiría porque está vinculada a la no utilización del crédito[154]. Pero estos costes sí deben incluirse como parte de la información precontractual de acuerdo con los artículos 10.3.i y 12.2.e LCCC (siguiendo los artículos 5.1.i y 6.1.e Directiva 2008/48/CE) y de la información contractual por aplicación del artículo 16.2.k LCCC (siguiendo el artículo 10.2.k Directiva 2008/48/CE).

— Gastos vinculados a transacciones de pago (comisión por emisión de transferencia) y disposiciones (comisiones por disposición de efectivo en cajeros automáticos, por cargos de cheques) o comisiones de cambio de moneda (cuando se dispone en moneda distinta de la pactada).

— Gastos por reembolso anticipado (comisiones por amortización parcial o por cancelación anticipada del crédito)[155] y por modificaciones en los términos y condiciones del acuerdo de cré-

---

154 Guidelines on the Application of Directive 2008/48/EC (Consumer Credit Directive) in Relation to Costs and the Annual Percentage Rate of Charge (Commission Staff Working Document). Brussels, 8 de mayo de 2012, p. 15 http://ec.europa.eu/consumers/rights/docs/guidelines_consumer_credit_directive_swd2012_128_en.pdf.

155 De acuerdo con el art. 30.2 LCCC "en caso de reembolso anticipado del crédito, el prestamista tendrá derecho a una compensación justa y justificada objetivamente por los posibles costes directamente derivados del reembolso anticipado del crédito, siempre que el reembolso anticipado se produzca dentro de un período en el cual el tipo deudor sea fijo. Dicha compensación no podrá ser superior al 1 por 100 del importe del crédito reembolsado anticipadamente si el período restante entre el reembolso anticipado y la terminación acordada del contrato de crédito es superior a un año. Si el período no supera un año, la compensación no podrá ser superior al 0,5 por 100 del importe del crédito reembolsado anticipadamente".

dito a petición del consumidor (comisión de novación). No obstante, como veremos más adelante, dada la hipótesis establecida por el artículo 32.2 LCCC (para calcular la tasa anual equivalente se determinará el coste total del crédito para el consumidor, exceptuando los gastos que éste tendría que pagar por el *incumplimiento* de alguna de sus obligaciones con arreglo al contrato de crédito) y por el artículo 32.3 LCCC (el cálculo de la tasa anual equivalente se realizará partiendo del supuesto básico de que el contrato de crédito se mantendrá vigente durante el período de tiempo acordado y que el prestamista y el consumidor cumplirán sus obligaciones en las condiciones y en los plazos que se hayan acordado en el contrato de crédito), estos gastos no se incluirán para el cálculo del coste total del crédito. Pero sí deben incluirse como parte de la información precontractual de acuerdo con los artículos 10.3.i y 12.2.e y de la información contractual por aplicación del artículo 16.2.k LCCC.

— Gastos y cargos por incumplimiento de los términos del acuerdo (comisión de reclamación de impagado), comisión por excedido en el límite de crédito, cargos por devoluciones. No obstante, por las razones ya apuntadas, no se incluirán en el cálculo del coste total del crédito para el consumidor, pero deberán incluirse en la información precontractual y en la contractual.

a.3) Coste de los servicios accesorios relacionados con el contrato de crédito

En los servicios accesorios o complementarios al contrato de crédito hay que incluir los que se ofrecen en forma de "venta cruzada" (*cross-selling*). Ejemplos de estos servicios son los de la apertura de cualquier tipo de cuenta, contratos de seguros[156], servicios de conserjería o programas de fidelización. Los contratos de segu-

---

156 Los contratos de seguros que se conciertan no son directamente con las entidades concedentes del crédito pero sí con compañías de seguros del mismo grupo financiero.

ro podrían incluir los seguros de protección de pagos, los seguros de crédito, los de viaje, de compra, de automóvil u otros tipos de seguros, fianzas o garantías. También otro tipo de servicio accesorio es un acuerdo que establece que el capital constituido a partir de los pagos hechos por el consumidor no daría como resultado una inmediata amortización del importe del crédito (para, por ejemplo, constituir un depósito remunerado). Esta lista no es exhaustiva, ya que la LCCC, al igual que la Directiva 2008/48/CE, no limita los tipos de servicios complementarios.

Dado que estos servicios auxiliares podrían mantenerse durante períodos más largos que la duración del crédito, siguiendo las Directrices sobre la aplicación de la Directiva 2008/48/CE en relación con los costes y la tasa de porcentaje anual de cargas[157], se incluyen sus costes, incluso si son incurridos después de la fecha de vencimiento del crédito, cuando el contrato de crédito obliga al consumidor a mantener los servicios durante mucho tiempo. Si, por el contrario, el compromiso de mantener estos servicios termina cuando se paga el crédito, sólo serán incluidos en el coste total del crédito los costes debidos a lo largo del tiempo de vigencia del contrato, junto con los costes por la finalización de los servicios complementarios a la terminación del contrato de crédito, si estos costes existen y son conocidos por el acreedor. En el caso de que la duración de los servicios sea inferior a la del contrato de crédito, se tendrán en cuenta sólo estos gastos del servicio complementario.

Ahora bien, el art. 6.a) LCCC, en términos parecidos al artículo 3 Directiva 2008/48/CE[158], introduce un requisito que deter-

---

157 *Guidelines on the Application of Directive 2008/48/EC (Consumer Credit Directive) in Relation to Costs and the Annual Percentage Rate of Charge (Commission Staff Working Document).* Brussels, 8 de mayo de 2012, p.16 http://ec.europa.eu/consumers/rights/docs/guidelines_consumer_credit_directive_swd2012_128_en.pdf. Utilizamos la expresión "tasa de porcentaje anual de cargas" por ser la utilizada en lengua inglesa.

158 Hay una pequeña diferencia respecto a la dicción literal del art. 3 Directiva 2008/48/CE que exige para incluir sus costes en el coste total del

mina si el coste de esos servicios complementarios debe incluirse en el coste total del crédito: "que el servicio complementario sea obligatorio para obtener el crédito en las condiciones ofrecidas", como, por ejemplo, para obtener el tipo de interés o la duración del crédito. Y ello incluso si los servicios auxiliares que se requieren para obtener el contrato de crédito en los términos y condiciones que se comercializan no se relacionan directamente con el crédito o son de naturaleza no financiera.

Los servicios complementarios pueden considerarse como no obligatorios cuando el consumidor es informado y puede elegir en cualquier momento durante la vigencia del contrato del crédito entre los productos ofrecidos por el acreedor, siempre que pueda mantener las mismas condiciones del crédito pero sin cualquiera de los servicios complementarios ("paquete de servicios"), o el consumidor puede dar por finalizados los servicios complementarios en cualquier momento y dejar de pagar sus costes sin que esta retirada tenga ningún coste o cualquier otro efecto en los términos del crédito.

Sin embargo, si el servicio es contratado como resultado del contrato de crédito, el acreedor debe incluir estos costes como parte de la información precontractual de acuerdo con los artículos 10.3.i y 12.2.e) LCCC (siguiendo los artículos 5.1.i y 6.1.e Directiva 2008/48/CE) y la información contractual (artículo 16.2.k LCCC siguiendo el artículo 10.2.k Directiva 2008/48/CE).

Por tanto, vemos que con la LCCC (que obviamente sigue la Directiva 2008/48/CE), la inclusión de los costes del seguro es obligatoria con independencia de la finalidad del seguro a diferencia de la LCC-1995 que sólo incluía las primas de los seguros de amortización del crédito por fallecimiento, invalidez, enfermedad o desempleo del titular, siempre que fueran exigidos por el

---

crédito para el consumidor que la celebración del contrato de servicios sea "obligatoria para obtener el crédito o para obtenerlo en las condiciones ofrecidas".

empresario para la concesión del mismo, que a este respecto seguía lo establecido por la Directiva 87/102/CEE.

b) Gastos de consumidor que son ingresos para terceros

b.1) Impuestos

Aquí la LCCC, como no podía ser de otra forma, sigue el principio establecido por la Directiva 2008/48/CE de incluir los impuestos en el coste total del crédito. No lo hacía la LCC-1995 siguiendo la orientación de la entonces vigente Directiva del 87/102/CEE.

La determinación del coste total del crédito y los costes a incluir en el cálculo de la TAE fueron, como parece lógico, el objeto fundamental de las consultas y negociaciones seguidas para llegar a la vigente Directiva. Las posiciones de las organizaciones de consumidores y de la industria del crédito eran, como parece lógico, totalmente opuestas. Las primeras abogaban por una definición amplia que incluía todos los costes que el consumidor tenía de hacer frente en relación con el crédito y, por ello, incluían impuestos incluso costes notariales. Por su parte, la industria era partidaria de una definición estricta que sólo incluyese los costes impuestos por el prestamista para su propio beneficio argumentando que sólo con esta definición estricta se podían hacer comparaciones porque los diferentes elementos de coste que podrían incluirse en las definiciones nacionales y el conocimiento de los acreedores de estos costos podrían variar de un acreedor a otro, lo que implicaría que la TAE no estaría armonizada ni sería válida para realizar comparaciones.

Las demandas de la industria inspiraron los nuevos conceptos de "cantidades cobradas por el acreedor" (*sums levied by the creditor*) y "tasa total del préstamo" (*total lending rate*) en la propuesta de 2002. El primer concepto hacía referencia a la totalidad de los costes obligatorios vinculados al contrato de crédito que se pagaran al acreedor por el consumidor, y el segundo a la tasa que representaba las cantidades cobradas por el acreedor expresado como porcentaje anual del importe total de crédito y calculada de la misma manera que la TAE (es lo que hemos denominado en otro lugar con *tanto prestamista* que es la rentabilidad del prestamista). Ambos conceptos fueron finalmente abandonados y no aparecen en la Directiva de 2008.

Como nos recuerda SOTO MOLINA[159], en el propio trámite de elaboración de la Directiva 2008/48/CE hubo también sus discusiones al respecto. Guiados por el objetivo de protección del consumidor y de conformidad con las Directivas anteriores, la Comisión optó, inicialmente, por una definición amplia de la base de coste mediante la definición de coste total del crédito, en su primera Propuesta en 2002, en los siguientes términos: coste total del crédito al consumidor "significa todos los costes, incluyendo intereses, indemnizaciones, comisiones, impuestos y cualquier otro tipo de cargas que el consumidor tiene que pagar por el crédito" (artículo 2.g). En el proceso legislativo, sin embargo, algunas enmiendas fueron introducidas a esta definición. En particular, el Parlamento Europeo propone una definición más restringida de Coste Total del Crédito, incluyendo solamente costes procedentes del acreedor y los destinados a pagar costes a terceras personas fuera de la esfera financiera, como notarios y autoridades fiscales. En parte, la Comisión acepta la enmienda, pero luego añadió una mención explícita a la inclusión de los costes asociados a servicios auxiliares relacionados con el contrato de crédito (las primas de seguros) si son obligatorias para obtener el crédito y son celebrados por el consumidor con o a través de la entidad concedente del crédito. En la primera propuesta de enmienda adoptada por la Comisión de 28 de octubre de 2004 tras la primera lectura del Parlamento, se incluyeron los costes de los servicios auxiliares en

---

159 SOTO MOLINA, G: *Study on the Calculation of the Annual Percentage Rate of Charge for Consumer Credit Agreements.* European Commission Directorate-General Health and Consumer Protection. Brussels, 2009, http://ec.europa.eu/consumers/rights/docs/study_APR_en.pdf., pág. 41 y ss. En la version revisada 2013 de este informe pág. 44 y ss,

el Coste Total del Crédito en los siguientes términos: los costes relativos a los servicios auxiliares relacionados con el contrato de crédito, en particular las primas de seguros, si el servicio es obligatorio para obtener el crédito o la tasa anunciada y que se concluye con el acreedor o con una tercera parte, si el acreedor o, en su caso, el intermediario de crédito, han firmado en nombre de esta tercera parte o han presentado la oferta o el servicio como tal al consumidor. Por último, el Consejo reintroduce los impuestos como un elemento del Coste Total del Crédito por lo que sólo los gastos notariales se excluyeron del mismo.

Como señala el documento de trabajo *Directrices sobre la aplicación de la Directiva 2008/48/EC (Directiva de crédito al consumo) en relación con los costes y la tasa de porcentaje anual de cargas*[160], la referencia a los impuestos incluye los relacionados con el contrato de crédito y recaudados por un notario (por ejemplo, en nombre del Gobierno) por lo tanto, deben incluirse en el coste total del crédito en la medida en que se saben que el acreedor. Este sería el caso en España de la cuota fija del Impuesto sobre Actos jurídicos Documentados por documentos notariales (papel timbrado).

b.2) Otros gastos, con excepción de los gastos de notaría

Por último, hay que incluir cualesquiera gastos que tengan carácter de obligatorio para el consumidor y que sean conocidos por el concedente del crédito. Se excluyen los gastos notariales entendiendo por tales sólo los de carácter estrictamente notarial, esto es, los honorarios que el notario recibe por la autorización del contrato de crédito al consumidor o como dicen las Directri-

---

160 *Guidelines on the Application of Directive 2008/48/EC (Consumer Credit Directive) in Relation to Costs and the Annual Percentage Rate of Charge (Commission Staff Working Document).* Brussels, 8 de mayo de 2012, pág. 15 http://ec.europa.eu/consumers/rights/docs/guidelines_consumer_credit_directive_swd2012_128_en.pdf.

ces "*for the establishment of a legal act such as the notarial Act*"[161], que podríamos traducir como la realización de un acto jurídico como el acto notarial. Y hay que entender que también se excluyen los impuestos que recaigan sobre el coste notarial.

En definitiva, se incluyen todos los costes que soporta el consumidor con la excepción de los costes de notaría.

2. CÁLCULO DEL COSTE TOTAL DEL CRÉDITO PARA EL PROPÓSITO DE CALCULAR LA TASA ANUAL EQUIVALENTE

Ya hemos visto que la definición del coste total del crédito del artículo 6.a) LCCC incluye todos los gastos que el consumidor está obligado a pagar en relación con el crédito excepto los gastos notariales. Este cálculo puede realizarse a posteriori una vez que se ha visto el uso del crédito que ha hecho el consumidor y en este sentido, los costes pueden variar de un consumidor a otro con iguales condiciones contractuales. Sin embargo, la LCCC, siguiendo la Directiva 2008/48/CE, requiere el suministro de la información del coste antes de su uso por el consumidor tanto en la etapa precontractual como en la contractual. Es por ello que, para el cálculo de la tasa anual equivalente, se debe cuantificar el coste total del crédito sobre la base del ejemplo representativo en que se basa la tasa porcentual anual (en la publicidad y la fase precontractual) o el acuerdo celebrado con el consumidor (en la etapa contractual) junto con las hipótesis utilizadas para el cálculo de la tasa anual equivalente (TAE). Estos supuestos, que contienen más detalles sobre los tipos específicos de costes, están recogidos en el artículo 32 y en el anexo I de la LCCC.

---

161 *Guidelines on the Application of Directive 2008/48/EC (Consumer Credit Directive) in Relation to Costs and the Annual Percentage Rate of Charge (Commission Staff Working Document)*..., pág. 15.

Según el número 2 de este artículo 32 LCCC, para calcular la tasa anual equivalente se determinará el coste total del crédito para el consumidor, exceptuando los gastos que éste tendría que pagar por el *incumplimiento* de alguna de sus obligaciones con arreglo al contrato de crédito y los *gastos*, distintos del precio de compra, que corran por cuenta del consumidor *en la adquisición de bienes o servicios*, tanto si la transacción se paga al contado como a crédito. A esto hay que añadir que según el número 3 de este mismo artículo, "el cálculo de la tasa anual equivalente se realizará partiendo del supuesto básico de que el contrato de crédito se mantendrá vigente durante el período de tiempo acordado y que el prestamista y el consumidor cumplirán sus obligaciones en las condiciones y en los plazos que se hayan acordado en el contrato de crédito".

Por ello, para el cálculo de la TAE, el coste total del crédito NO incluirá:

• Las comisiones o cargos por la amortización anticipada, por la cancelación del crédito o por las modificaciones de los términos contractuales y condiciones del crédito a solicitud de los consumidores.

• Las cuotas y cargos incurridos como resultado de no cumplir con los términos del contrato (por ejemplo, pago por morosidad en forma de intereses, penalizaciones o comisiones de reclamación, comisiones e intereses por exceder el límite de crédito, cargos por pagos devueltos, cargos por comunicaciones para reclamar las sumas adeudadas o para exigir el cumplimiento de otras obligaciones, etc.).

• Cargos distintos del precio que, para las compras de bienes o servicios, el consumidor está obligado a pagar tanto si se ejecuta la transacción en efectivo o a crédito, lo que significa que los costes no son pagados como consecuencia del contrato de crédito (por ejemplo, gastos administrativos para el registro del vehículo a nombre del consumidor en el caso de un préstamo para comprar un coche).

El artículo 32.2 LCCC continúa diciendo que "los costes de mantenimiento de una cuenta que registre a la vez operaciones de pago y de disposición del crédito, los costes relativos a la utilización de un medio de pago que permita ambas operaciones, así como otros costes relativos a las operaciones de pago, se incluirán en el coste total del crédito para el consumidor, salvo en caso de que la apertura de la cuenta sea opcional y los costes de ésta se hayan especificado de forma clara y por separado en el contrato de crédito o cualquier otro contrato suscrito con el consumidor".

Por tanto, en cuanto a los costes de una cuenta vinculada y gastos para esa cuenta, este último precepto establece que:

• En el coste total del crédito se incluyen los costes de mantenimiento de una cuenta de registro de transacciones de pago y disposiciones. Los costes incurridos para el uso de un determinado medio de pago para transacciones o disposiciones (por ejemplo, cheques o tarjetas) en esa cuenta también deben ser incluidos. Además, cualquier otro gasto relativo a las operaciones de pago en la cuenta (por ejemplo, comisiones para registrar transacciones, para la transferencia de fondos o para organizar un débito directo en relación con el crédito) también está incluido.

Sin embargo, si la apertura de la cuenta es opcional y sus costes han sido especificados claramente y por separado en el contrato de crédito o en cualquier otro acuerdo concluido con el consumidor, esos costes pueden excluirse del coste total de crédito. Esto significa que incluso si la apertura de la cuenta es opcional, podría el consumidor no conocer los costes de la cuenta porque no se han explicitado claramente o de forma separada y, por ello, estos costes deberían ser incluidos en el coste total del crédito. Este requisito tiene por objeto evitar que los acreedores puedan ocultar los costes y les alienta a proporcionar información clara y completa sobre sus contratos.

• Hay que hacer constar que, aunque del precepto señalado parece deducirse que sólo los costes de nuevas cuentas pueden excluirse del cálculo del coste total del crédito si se cumplen las circunstancias vistas, el coste de una cuenta ya existente también puede excluirse del cálculo de este coste, siempre que el mantenimiento de dicha cuenta no sea una condición para obtener el crédito en las condiciones de comercialización.

Esto es porque en estas circunstancias la cuenta preexistente no es ni un servicio complementario obligatorio ni sus gastos son costes que "el consumidor deba pagar en relación con el contrato de crédito". En consecuencia, sus costes no se incluyen en el coste total del crédito tal como se define en el artículo 6.a) LCCC (en coherencia con el art. 3.g Directiva 2008/48/CE).

Por último, cuando el supuesto referido en el apartado 4 del artículo 32[162] y los recogidos en el Anexo I, parte II de la LCCC y que, como veremos más adelante, se utilizan para el cálculo de la TAE, también se utilizarán para determinar el valor del coste total del crédito, y ello porque la TAE es una expresión del coste total del crédito (artículo 6.c). Por ejemplo, si las disposiciones implican costes y el contrato de crédito da la libertad de disposición del consumidor, siguiendo el supuesto adicional a) de la parte II del anexo I (hipótesis de cálculo: se ha dispuesto del total del crédito) será necesario determinar dichos costes.

Otro ejemplo: si un contrato de crédito proporciona diferentes maneras de disposición con diferentes costes, por aplicación del supuesto adicional b) del Anexo I, parte II, los costes serían los correspondientes a las tasas más elevadas aplicadas a la categoría de transacción más comúnmente utilizada en ese tipo de contrato de crédito.

---

162 "En los contratos de crédito que contengan cláusulas que permitan modificaciones del tipo deudor y, en su caso, los gastos incluidos en la tasa anual equivalente que no sean cuantificables en el momento del cálculo, la tasa anual equivalente se calculará partiendo del supuesto básico de que el tipo deudor y los demás gastos se mantendrán fijos al nivel inicial y se aplicarán hasta el término del contrato de crédito".

La cuantificación del coste total del crédito siguiendo estas reglas garantiza consistencia con la TAE y no limita la definición del coste total del crédito. Y ello porque, sin perjuicio de lo ya dicho, el acreedor debe incluir todos estos costes como parte de la información precontractual de acuerdo con los artículos 10.3.i) y 12.2.e) LCCC y de la información contractual a tenor del artículo 16.2.k) LCCC.

3. IMPORTE TOTAL ADEUDADO POR EL CONSUMIDOR.

El art. 6.b) LCCC define "importe total adeudado por el consumidor" como la suma del importe total del crédito más el coste total del crédito para el consumidor". Transcribe literalmente la letra h) del art. 3 Directiva 2008/48/CE.

El "importe total adeudado por el consumidor" es la suma del crédito recibido más todos los costes que tendrá que desembolsar el consumidor por y para la obtención del crédito. Y como ya ha quedado apuntado, tales desembolsos pueden ser ingreso del concedente del crédito o de terceros.

Debe constar en la información básica que deberá figurar en la publicidad tal como exige el art. 9.2.f) LCCC y en la información previa al contrato (art. 10.2.g LCCC), incluido el caso de comunicación a través de telefonía vocal a que se refiere la Ley 22/2007, de 11 de julio, sobre comercialización a distancia de servicios financieros destinados a los consumidores (art. 10.6 LCCC). Debe figurar, pues, en la "información normalizada europea sobre el crédito al consumo" regulada en el anexo II LCCC; concretamente en el punto 2 "descripción de las características principales del producto de crédito" en la casilla "importe total que deberá pagar usted" (como allí se dice "el importe del capital prestado más los intereses y posibles gastos relacionados con su crédito).

También en los contratos de crédito celebrados por una organización que se haya creado para el beneficio mutuo de sus miembros, no genere beneficios a personas distintas de los miembros, persiga un objetivo social previsto por la legislación nacional, reciba y gestione únicamente el ahorro de sus miembros y les facilite fuentes de crédito (artículo 2, apartado 5, de la Directiva 2008/48/CE) o si se ofrece para un crédito al consumidor destinado a la conversión de una deuda, dentro de la información precontractual, tal como se señala en el anexo III dentro del punto 5, debe figurar en la casilla "importe total que deberá usted reembolsar".

Y, por supuesto, el "importe total adeudado por el consumidor" debe constar en el propio contrato de crédito tal como exige el art. 16.2.g) LCCC. Hay que hacer una precisión a este último respecto: aunque el "importe total adeudado por el consumidor" incluya, además del importe total del crédito, el coste total del crédito para el consumidor, este precepto exige que se calcule "en el momento de la suscripción del contrato de crédito", por lo que no se computarán los gastos ya realizados ni los que se desconozcan en esa fecha.

4. IMPORTE TOTAL DEL CRÉDITO

El art. 6.c) define de la siguiente forma "importe total del crédito: el importe máximo o la suma de todas las cantidades puestas a disposición del consumidor en el marco de un contrato de crédito". Es también transcripción literal del art. 3.l) Directiva 2008/48/CE.

Poco hay que decir a este respecto. El importe total del crédito es uno de los elementos esenciales de este contrato. Es la cuantía de los fondos que el concedente del crédito entrega o se compromete a poner a disposición del consumidor y determina cuantitativamente la obligación principal de todo acreditado cual es la de devolución de los fondos recibidos. Es el primer elemento que configura cualquier operación financiera (tipo de interés o tipo deudor y plazo son los otros dos).

Dicho importe consta en todo contrato de naturaleza crediticia, incluidos los que quedan fuera del ámbito de aplicación de la LCCC. Así, la Circular 5/2012, de 27 de junio, del Banco de España, a entidades de crédito y proveedores de servicios de pago, sobre transparencia de los servicios bancarios y responsabilidad en la concesión de préstamos, en su norma sexta 2.5.c, exige para estos créditos que en la información precontractual figure "el importe total del crédito y las condiciones que rigen la disposición de los fondos". Por el contrario, al referirse la norma décima de la Circular al contenido de los contratos se remite al artículo 7 de la Orden EHA/2899/2011, de 28 de octubre que para los supuestos de "concesión de crédito y préstamo" exige que se recojan de forma "explícita y clara" una serie de extremos entre los que no se menciona el importe total del mismo, tal vez por considerar que tanto dicho importe como la forma de su disposición y reintegro son elementos inherentes al propio contrato sin cuya mención no existe tal[163].

El importe total del crédito, como elemento esencial del contrato de crédito al consumo (realmente de todos los contratos crediticios cualquiera que sea el destinatario) debe figurar en todos los actos relacionados con el mismo. Así, en la información básica que deberá figurar en la publicidad (art. 9.2.b), en la información previa al contrato (arts. 10.3.b y 12.2.b), en el propio contrato de crédito incluso en los contratos de crédito en forma de posibilidad de descubierto —junto con las condiciones de disposición del mismo— (arts. 16.2.b y 17.d). Y, por supuesto, en la "Información normalizada europea sobre el crédito al consumo" y en la "Información europea de créditos al consumo" para descubiertos, créditos al consumo ofrecidos por determinadas organizaciones de crédito (las del artículo 2, apartado 5, de la Directiva 2008/48/CE) y para los supuestos de conversión de la deuda (anexos II y III LCCC), en ambos casos, en el punto 2 "Descripción de las características principales del producto de crédito".

---

163 Tal como se deduce del artículo 1753 del Código Civil: "El que recibe en préstamo dinero u otra cosa fungible, adquiere su propiedad, y está obligado a devolver al acreedor otro tanto de la misma especie y calidad".

5. TIPO DEUDOR

La letra e) del artículo 6 define "tipo deudor" como "el tipo de interés expresado como porcentaje fijo o variable aplicado con carácter anual al importe del crédito utilizado". El precepto es transcripción literal de la letra j) del artículo 3 Directiva 2008/48/CE.

El término "tipo deudor" tomado de la Directiva Comunitaria y utilizado también en las versiones francesa ("*taux débiteur*"), italiana ("*tasso debitore*") y portuguesa ("*taxa devedora*"), no tiene tradición jurídica en nuestro país. La versión alemana utiliza el término "*sollzinssatz*" que podríamos traducir como tasa de interés nominal y la inglesa utiliza "*borrowing rate*" que podríamos traducir como tipo del préstamo o tipo prestatario. Sin embargo, Italia o Portugal, al trasponer la Directiva a su Derecho interno sí que han utilizado términos más propios de su nomenclatura jurídica (como de la nuestra) tales como "*tasso d'interesse*" utilizado en el artículo 123 —publicidad de los contratos de crédito al consumo— del *Testo unico delle leggi in materia bancaria e creditizia (Decreto legislativo 1 settembre 1993, n. 385*, modificado a este respecto por el *Decreto Legislativo 13 agosto 2010, n. 141* o "taxa nominal" (TAN) en el artículo 4° del *Decreto-Lei n.° 133/2009 de 2 de junho.*

En nuestro Derecho el término utilizado ha sido el de "tipo de interés"[164] (que puede ser deudor o acreedor según se pague por el cliente —operaciones crediticias— o se cobre —operaciones de inversión—) que es el que utiliza la propia Directiva para definir tipo deudor. Este es el término utilizado por la Orden del Ministerio de Economía y Comercio, de 17 de enero de 1981, sobre liberalización de tipos de interés y dividendos bancarios y financiación a largo plazo que fue sustituida por la Orden de 3 de marzo de 1987 sobre liberalización de tipos de interés y sobre normas de actuación en entidades de depósito modificada por la Orden de 16 de junio de 1988 sobre información que las Entidades de Depósito deben incluir en sus contratos con clientes. Ambos textos queda-

---

164 Y más concretamente "tipo de interés nominal".

ron refundidos en la Orden de 12 de diciembre de 1989, sobre tipos de interés y comisiones, normas de actuación, información a clientes y publicidad de las entidades de crédito y, esta última, derogada por la vigente Orden EHA/2899/2011, de 28 de octubre, de transparencia y protección del cliente de servicios bancarios. Obviamente ha sido también el término utilizado por la Circular 8/1990, de 7 de septiembre, del Banco de España, a entidades de crédito, de Transparencia de las operaciones y protección de la clientela y por la hoy vigente Circular 5/2012, de 27 de junio, del Banco de España, a entidades de crédito y proveedores de servicios de pago, sobre transparencia de los servicios bancarios y responsabilidad en la concesión de préstamos. Probablemente la Directiva y, con ella, el legislador español ha preferido utilizar el término tipo de interés dentro de la definición ya que puede usarse tanto para los contratos de activo en los que se da crédito como para los de pasivo en los que se recibe.

Por raro que pueda parecer, la LCC-1995 en su artículo 6 (en la misma línea que el artículo 4 de la Directiva 87/102/CEE) no exigía que en los contratos de crédito al consumo se incluyese de forma explícita el tipo de interés (sólo el artículo 19.1 establecía que cuando existiera "un contrato entre una entidad de crédito y un consumidor para la concesión de un crédito en cuenta corriente, que no sea una cuenta de tarjeta de crédito, el consumidor" fuera informado por escrito, entre otras cosas, del tipo de interés anual). No ocurría lo mismo en países como Alemania donde la *Verbraucherkreditgesetz* publicada el 17 de noviembre de 1990 exigía en el § 4.1, frase 4, Nr. 1 incluir en el contrato de crédito al consumo el tipo de interés y los restantes gastos del crédito[165].

Hay que tener en cuenta que hasta finales de los años ochenta no se establece en nuestro Derecho esta exigencia para los contratos bancarios de naturaleza crediticia. Es la Orden de 16 de junio

---

[165] Véase MARÍN LÓPEZ, M.J: "La protección del consumidor en Alemania" en *Crédito al Consumo y Transparencia Bancaria*, VV.AA. (Dir. U. Nieto Carol), Civitas, Madrid, 1998, pág. 424.

de 1988 sobre información que las Entidades de Depósito debían incluir en sus contratos con clientes la que añade al número séptimo de la Orden de 3 de marzo de 1987, sobre liberalización de tipos de interés y comisiones y sobre normas de actuación de las Entidades de depósito, el siguiente texto: "Los documentos contractuales relativos a operaciones activas o pasivas en las que intervenga el tiempo deberán recoger, de forma explícita y clara, los siguientes extremos: a) El tipo de interés nominal que se utilizará para la liquidación de intereses o, en el caso de operaciones al descuento, los precios efectivos inicial y final de la operación…"

Por el contrario, la vigente LCCC exige que se explicite el "tipo deudor" en la publicidad (art. 9), en la oferta vinculante (art. 8), en la información previa al contrato (art. 10), en lo créditos en forma de descubierto (arts. 12, 17 y 19), en los acuerdos en los que el consumidor ya se encuentre en situación de falta de pago del contrato de crédito inicial (art. 12), en los descubiertos tácitos (art. 20) y, por supuesto, en el contenido del contrato.

En efecto, de acuerdo con el artículo 16.2 LCCC "además de las condiciones esenciales del contrato[166], el documento deberá especificar, de forma clara y concisa, los siguientes datos: …

---

166 J. ROCA GUILLAMÓN ("Los contratos de crédito al consumo. Forma y contenido, reembolso anticipado y cobros indebidos —Ley 7/1995, de 23 de marzo—" ... pág. 206), al hacer referencia a esta misma mención en la LCC-1995 se preguntaba a que llamaba la ley "condiciones esenciales del contrato" ya que la utilización de una terminología prácticamente igual a la rúbrica del Capítulo II, del Título II, del Libro IV del Código Civil (de los requisitos esenciales para la validez de los contratos) podría inducir a pensar en aquellos requisitos sin los cuales el contrato no llega a nacer a la vida jurídica, es decir, el consentimiento, el objeto, la causa, tal como se enumeran en el artículo 1281 del Código Civil. Sin embargo, le parece evidente que la alusión legal a las *condiciones esenciales* del contrato era puramente literaria, y que realmente a lo que se estaba refiriendo es a los datos esenciales del contrato, esto es, a los que habitualmente han de figurar en el documento, tales como los de identificación de las partes, tipo de operación, montante de la misma, plazo, tipo de interés nominal de otras cláusulas contractuales.

"f) El tipo deudor y las condiciones de aplicación de dicho tipo...

g) La tasa anual equivalente y el importe total adeudado por el consumidor, calculados en el momento de la suscripción del contrato de crédito. Se mencionarán todas las hipótesis utilizadas para calcular dicho porcentaje"...

Obsérvese la gran diferencia respecto al artículo 6.2 de la derogada LCC-1995 según el cual "además de las condiciones esenciales del contrato, el documento contendrá necesariamente:

a) La indicación de la tasa anual equivalente definida en el artículo 18 y de las condiciones en las que ese porcentaje podrá, en su caso, modificarse.

Cuando no sea posible indicar dicha tasa, deberá hacerse constar, como mínimo, *el tipo de interés nominal anual,* los gastos aplicables a partir del momento en que se celebre el contrato y las condiciones en las que podrán modificarse..." Ahora, con la LCCC debe informarse tanto del tipo de interés ("tipo deudor") como de la TAE.

Las circunstancias que determinan el tipo de interés que establecen los prestamistas son diversas: las características del crédito, las circunstancias personales del prestatario e incluso el tipo de acreedor (entidad de crédito, establecimiento financiero de crédito, comercio...). Por ejemplo, los créditos a largo plazo por lo general tienen un tipo de interés mayor y los contratos que incluyen garantías de crédito y seguros suelen tener tipos inferiores, dado que el riesgo de crédito que enfrentan el acreedor es menor.

Datos, pues, más que "esenciales ", precisos, para que efectivamente estemos en presencia de una figura contractual de las que la Ley denominaba crédito al consumo. Comparto esta opinión y creo perfectamente aplicable a la LCCC que ha copiado esa expresión de la LCC-1995 ya que no figura en la Directiva 2008/48/CE ni en la Directiva 87/102/CEE. Sin embargo, la vigente LCCC incluye como menciones necesarias todas las que ROCA GUILLAMÓN llamaba "precisas".

Las circunstancias personales del prestatario o la existencia de otros acuerdos con los acreedores (cuentas, inversiones, etc.), son también elementos que puede afectar al tipo de interés[167].

A) Tipo deudor fijo

De acuerdo con la letra f) del artículo 6, tipo deudor fijo es el “tipo deudor acordado por el prestamista y el consumidor en el contrato de crédito para la duración total del contrato de crédito o para períodos parciales, que se fija utilizando un porcentaje fijo específico. Si en el contrato de crédito no se establecen todos los tipos deudores fijos, el tipo deudor fijo se considerará establecido sólo para los períodos parciales para los que los tipos deudores se establezcan exclusivamente mediante un porcentaje fijo específico acordado al celebrarse el contrato de crédito”.

Aunque no sea transcripción literal de la letra k) del artículo 3 Directiva 2008/48/CE, las diferencias de redacción son intrascendentes. Ahora bien, ni una ni otra redacción son un ejemplo de claridad. Hubiera bastado con decir que es el tipo fijo que pactan prestamista y consumidor bien para toda la duración del contrato o para un período parcial del mismo. La segunda frase de la letra f) de este artículo, que sí es transcripción literal de la Directiva no es una definición propiamente dicha sino una norma, por otra parte, obvia. Tal como la entiendo yo, viene a decir que si en el contrato de crédito no se establecen los tipos deudores fijos para todos los períodos, se aplicarán sólo los tipos efectivamente pactados para cada uno. Dicho de otra forma, que para aquellos períodos para los que no se haya pactado el tipo deudor fijo concreto no se aplicará por extensión el pactado para otros períodos.

A tenor del artículo 33 Orden EHA/2899/2011, la transparencia de los servicios bancarios de crédito al consumo celebrados

---

[167] SOTO MOLINA, G: *Study on the Calculation of the Annual Percentage Rate of Charge for Consumer Credit Agreements*..., pág. 100.

por los clientes se rige por lo previsto en la Ley 16/2011, de 24 de junio, de contratos de crédito al consumo. Asimismo, en lo no previsto por la citada Ley 16/2011, de 24 de junio, les resultará aplicable lo establecido en el título I y en el capítulo I del título III de esta orden (arts. 1 al 14 y art. 18).

Pues bien, de acuerdo con el artículo 4 Orden EHA/2899/2011, los tipos de interés aplicables a los servicios bancarios, en operaciones tanto de depósitos como de crédito o préstamo, serán los que se fijen libremente entre las entidades de crédito que los prestan y los clientes, cualquiera que sea la modalidad y plazo de la operación. Las entidades de crédito deberán poner a disposición de los clientes, debidamente actualizados, los tipos de interés habitualmente aplicados a los servicios que prestan con mayor frecuencia, en un formato unificado, conforme a los términos específicos que determinará el Banco de España, información que incluirá, en todo caso, de manera sencilla y que facilite la comparación entre entidades, la tasa anual equivalente (TAE) u otra expresión equivalente de la operación.

Este régimen de libertad de tipos aplicables tiene una limitación cuando se trate de créditos que se concedan en forma de descubiertos tácitos en cuenta corriente: en ningún caso podrá aplicarse un tipo de interés que dé lugar a una tasa anual equivalente superior a 2,5 veces el interés legal del dinero (art. 20.4 LCCC).

Por otra parte, en los documentos contractuales de concesión de crédito y préstamo deberá recogerse de forma explícita y clara, además del tipo de interés nominal, la TAE u otra expresión equivalente del coste total efectivo en términos de intereses anuales, "la periodicidad con que se producirá el devengo de intereses, las fechas de devengo y liquidación de los mismos, la fórmula o métodos utilizados para obtener, a partir del tipo de interés nominal o de los otros factores del coste o la remuneración que resulten pertinentes, el importe de los intereses devengados y, en general, cualquier otro dato necesario para el cálculo de dicho importe".

B) Tipo deudor variable

Como ya hemos dicho los tipos de interés pueden ser fijos o variables. Las partes han podido fijar distintos tipos deudores "fijos" para distintos períodos dentro de la duración pactada en el contrato de crédito al consumo (por ejemplo, un tipo deudor distinto aplicable a cada año). De esta forma está perfectamente determinado el tipo aplicable a cada período.

Distinto es el tipo deudor variable que es el que depende de circunstancias futuras y, por tanto, puede experimentar oscilaciones. Como señala PEÑA LÓPEZ[168], "los pactos de interés variable no sólo han proliferado, convirtiéndose en el más común de los pactos de intereses en muchos países (señaladamente España, el Reino Unido, Irlanda o Canadá)[169]; sino que han evolucionado adquiriendo una considerable complejidad". "Como consecuencia de la reducción del riesgo que producen estos pactos para las entidades financieras, éstas han podido ofrecer sus productos crediticios a lo largo de las dos últimas décadas en unas condiciones económicas mucho más asequibles para sus clientes. La base social con posibilidades de acceder al crédito, por consiguiente, se ha ampliado, debido a su presencia".

Cuando el tipo deudor es variable, tal como establece el artículo 16.2.f) LCCC, en el documento contractual, deberá hacerse referencia, "si se dispone de ellos", a "los índices o tipos de referencia aplicables al tipo deudor inicial, así como los períodos, condiciones y procedimientos de variación del tipo deudor y, si se aplican diferentes tipos deudores en diferentes circunstancias, la

---

168 PEÑA LÓPEZ, F.: "Artículo 22" en *Comentarios a la Ley de Contratos de Crédito al Consumo...*, pág. 832 y 833.

169 Es de destacar que en todos estos países, excepto en Canadá, se produjeron burbujas inmobiliarias durante los primeros años del siglo XXI (E.K. MORÁN, "Wall Street Meets Main Street: Understanding The Financial Crisis", *13 N.C. Banking Inst.* (2009), págs. 19-20, citado por PEÑA LÓPEZ (*op. loc. cit.*)

información arriba mencionada respecto de todos los tipos aplicables".

a) Formas de determinación del tipo deudor variable

El caso que ahora nos ocupa es la determinación de un tipo deudor variable cuyo valor no es conocido a priori y que incluye para su cálculo algún elemento que varía en el tiempo. Las formas posibles de establecer un tipo deudor variable son las siguientes: Adición al tipo de referencia de un diferencial (que puede ser positivo, negativo o nulo); tipo deudor inicial más la variación que experimente un tipo de referencia (que puede ser positiva, negativa o nula); y un porcentaje del tipo de referencia que puede ser superior, inferior o igual al 100%.

Cuando el diferencial que se adiciona al tipo de referencia es nulo o negativo y cuando el porcentaje que se aplica al tipo de referencia es igual o inferior a cien, lo normal es que ese crédito quede fuera del ámbito de la LCCC ya que o es un contrato de crédito concedido por una entidad de crédito a un empleado y no se ofrece al público en general o sus tasas anuales equivalentes son inferiores a las del mercado, entendiéndose por tales las que sean inferiores al tipo de interés legal del dinero (art. 3.g).

En los supuestos de tipos de interés que varían en función de un tipo de referencia cabe que exista también un redondeo para reducir los decimales del tipo de interés (por ejemplo, a dos o tres). Este tema, ciertamente controvertido, fue objeto de debate jurídico y de distintas sentencias de Juzgados, la más importante, probablemente, la sentencia del Juzgado de Primera Instancia nº 50 de Madrid, de 11 de septiembre de 2001 (y auto del mismo Juzgado, de 20 de diciembre de 2001). La Asociación Hipotecaria Española salió en su momento al paso de esta sentencia con un documento accesible a través de Internet, titulado "El redondeo en los préstamos hipotecarios (Práctica financiera y contexto legal)", en el que se defiende la utilización del redondeo en las hipotecas a interés variable, y se llega a afirmar, nada menos, que el redondeo es una "exigencia derivada de la necesidad de transparencia en la determinación de las cuotas de amortización", y que "una disposición que lo prohibiera, aparte de ir contra una práctica generalizada en todo el mundo, sería perjudicial para los derechos del consumidor en la medida en la medida en que le impediría calcular automáticamente el importe de las cuotas a pagar" [170].

La disposición adicional duodécima de la Ley 44/2002, de 22 de noviembre, de Medidas de Reforma del Sistema Financiero establece que "en los créditos y préstamos garantizados mediante hipoteca[171], caución, prenda u otra garantía equivalente que, a partir de la entrada en vigor de esta Ley, se formalicen a tipo de interés variable, podrá acordarse el redondeo de dicho tipo. En el supuesto anterior, el redondeo del tipo de interés habrá de efectuarse al extremo del intervalo pactado más próximo, sin que éste pueda sobrepasar al octavo de punto".

Sin perjuicio de ello, en los supuestos que aun no habiendo garantía adicional alguna el deudor es un consumidor, la cláusula de redondeo "al alza" o "por exceso" debe considerarse abusiva a tenor de lo dispuesto en el artículo 87.5 LGDCU ("estipulaciones que prevean el redondeo al alza en el tiempo consumido o en el precio de los bienes o servicios o cualquier otra estipulación que prevea el cobro por productos o servicios no efectivamente usados o consumidos de manera efectiva") y ello, como tiene declarado el Tribunal Supremo, porque "en contra de las exigencias

---

170 DOMÍNGUEZ LUELMO, A.: "Carácter abusivo de la cláusula de redondeo exclusivamente al alza en los contratos de préstamo hipotecario a tipo de interés variable", RDBB núm. 88, octubre-diciembre 2002, pág. 216.

171 El artículo 3.a) LCCC excluye del ámbito de su aplicación "los contratos de crédito garantizados con hipoteca inmobiliaria" a diferencia de la LCC-1995 que en su artículo 3.2 establecía una aplicación parcial de la Ley a este tipo de contratos ("las disposiciones de los artículos 6 a 14 y 19 no se aplicarán a los contratos de crédito garantizados con hipoteca inmobiliaria"). Véase MARÍN LÓPEZ, J.J: "El ámbito de aplicación de la Ley de Crédito al Consumo" en *Crédito al Consumo y Transparencia Bancaria*, VV.AA. (Dir. U. Nieto Carol), Civitas, Madrid, 1998, pág. 150 y ss.

de la buena fe, causaban, en perjuicio del consumidor, un desequilibrio importante de los derechos y obligaciones de las partes que se deriven del contrato" (sent. de la sección 1ª de la Sala de lo Civil de 4 de noviembre de 2010; en análogos términos la sent. de la sección 1ª de la Sala de lo Civil de 29 de diciembre de 2010).

Por su parte la Sent. de la sección 1ª de la Sala de lo Civil del Tribunal Supremo de 2 de marzo de 2011 señala que el objeto de la cláusula de redondeo al alza "no es establecer el precio del contrato, ni se encamina a retribuir ninguna prestación. Se trata de un exceso meramente aleatorio, que pretende la simplificación del cálculo de la cantidad que debe ser abonada en concepto de interés y que se encuentra sometida al ámbito de la Ley 7/1998, sobre las Condiciones Generales de la Contratación y como tal sujeta a los controles de incorporación que el ordenamiento establece para éstas, desde el momento en que provoca un desequilibrio importante en las prestaciones de las partes, pues la posición del Banco queda reforzada mediante la recepción de unos ingresos sin contraprestación, y contrariamente se debilita la posición del prestatario que se ve obligado a pagar siempre un exceso sin recibir nada a cambio. Tal desequilibrio, provocado por el banco, solo puede calificarse de contrario a la buena fe, pues no de otro modo se puede entender que no se opte por el redondeo a la fracción decimal más próxima o al cuarto de punto más próximo, que fácilmente permitiría repartir entre él y su cliente la oportunidad de beneficiarse del redondeo".

b) Tipo deudor variable limitado (cláusulas suelo y techo)

Al estudiar la modificación del coste total del crédito para el consumidor hay que hacer mención obligatoria a la posibilidad de que habiéndose pactado un tipo deudor variable se haya incluido alguna cláusula limitativa de esa variabilidad. Esta limitación puede hacerse fijando un tipo mínimo de interés (tipo deudor), estaríamos así en las conocidas como *cláusulas suelo*, lógicamente la más perjudicial para todo deudor; o fijándose un tipo máximo (las llamadas *cláusulas techo*), o una combinación de ambas (que se conoce como *cláusula túnel* o por el término en inglés *collar*). Este tipo de cláusulas son perfectamente conocidas y utilizadas en determinadas operaciones financieras[172] (p.e. en los swaps de tipos de interés).

Nos remitimos para su estudio a lo ya dicho en otra obra[173] en relación a los préstamos y créditos con garantía hipotecaria por ser a éstos a los que se refieren la mayoría por no decir la totalidad de las resoluciones judiciales en materia de cláusula suelo y dado que aquellos están excluidos del ámbito de aplicación de la LCCC (aunque no lo estaban totalmente de la LCC-1995).

No obstante, aquí señalaremos que este tipo de cláusulas son también utilizadas en los contratos de crédito con consumidores y que los argumentos jurídicos de aquella sentencia son perfectamente aplicables a este tipo de contratos; hay que tener en cuenta que, en la práctica, el contenido de la operación crediticia es igual cualquiera que sea el destino del importe recibido y el tipo de garantía utilizado. Y, en fin, cuando se analiza si una cláusula es o no abusiva, la normativa al efecto (Directiva 93/13/CEE del Consejo, de 5 de abril de 1993, sobre las cláusulas abusivas en los contratos celebrados con consumidores y TRLCU) no discrimina si los contratos crediticios tienen o no garantía hipotecaria. Pero sorprende sobremanera que no se encuentre ninguna referencia a las mismas en la normativa de crédito al consumo y especialmente en la información normalizada europea (Directiva 2008/48/CE y LCCC) a diferencia de la Ficha Europea de Información Normalizada de la Directiva 2014/17/UE y de la LCCI.

---

172 De hecho, la denominación de este tipo de cláusulas viene de la traducción de su denominación en lengua inglesa (*floor* que significa suelo). No ocurre lo mismo con las llamadas cláusulas techo cuyo término en inglés es *cap* que significa "gorra" y que hace una alusión a la cabeza; también significa "tope". En España se utiliza el término "techo" probablemente por contraposición a "suelo" (aunque a la vista de los importes que alcanzan podríamos decir de forma irónica que por encontrarse más lejos del suelo que la cabeza).

173 NIETO CAROL, U.: *Transparencia y protección de la clientela bancaria*. Edit. Thomson Reuters Aranzadi, Cizur Menor (Navarra), 2016, págs. 401 y ss.

6. POSIBILIDAD DE MODIFICACIÓN DEL TIPO DEUDOR

En los supuestos de interés variable y de acuerdo con el artículo 18 LCCC, "el prestamista informará al consumidor de toda modificación del tipo deudor antes de que el cambio entre en vigor. La información detallará el importe de los pagos tras la entrada en vigor del nuevo tipo deudor, y, si cambiara el número o la frecuencia de los pagos, los correspondientes detalles". No obstante, "en el contrato de crédito las partes podrán acordar" que esta información "se proporcione al consumidor de forma periódica en los casos en que la modificación en el tipo deudor se deba a una modificación de un tipo de referencia, siempre y cuando el nuevo tipo de referencia sea publicado oficialmente por el Ministerio de Economía y Hacienda o por el Banco de España y la información al respecto esté disponible también en los locales del prestamista".

Este precepto nos plantea la cuestión de si el prestamista puede modificar por sí dicho tipo deudor.

El tipo de interés ("tipo deudor") es la parte fundamental del precio del crédito que concede el prestamista. Como en toda "compraventa" de un bien o prestación de un servicio el precio debe ser *cierto.* Así lo establece el artículo 1.445 CC que señala que "por el contrato de compra y venta uno de los contratantes se obliga a entregar una *cosa* determinada y el otro a pagar por ella un precio *cierto,* en dinero o signo que lo represente". Como señala ATAZ[174], el dinero es también una *cosa,* pero con unas características jurídicas especiales: "genérica, esencialmente fungible, medida de valor, medio universal de cambio".

Por su parte, de acuerdo con el artículo 1.447 CC "para que el precio se tenga por cierto bastará que lo sea con referencia a otra cosa cierta o que se deje su señalamiento al arbitrio de persona

---

174 ATAZ LÓPEZ, J.: "Artículo 1445" en *Comentarios al Código Civil* (Director: R. Bercovitz Rodríguez-Cano), Tomo VII, Tirant lo Blanch, Valencia, 2013, pág. 10.188.

determinada". Y el artículo 1.448 CC establece que "también se tendrá por *cierto* el precio en la venta de valores, granos, líquidos y *demás cosas fungibles*, cuando se señale el que la cosa vendida tuviera en determinado día, Bolsa o mercado, o se fije un tanto mayor o menor que el precio del día, Bolsa o mercado, con tal que sea cierto". En definitiva, que el precio es cierto cuando se remite a un "precio de mercado" o a un precio calculado a partir del "precio de mercado".

Descartando la posibilidad de que la fijación del "precio", esto es, del "tipo deudor" se remita a un tercero, la propia LCCC, en su artículo 22.1[175], admite la posibilidad de que su modificación y, por ende, la del coste total del crédito sea prevista "en acuerdo mutuo de las partes formalizado por escrito"[176], siempre que dicha modificación se ajuste a los establecido en el propio precepto, en concreto:

1. Que la variación se ajuste, "al alza o a la baja, a la de un índice de referencia *objetivo*, sin perjuicio de lo establecido en el artículo 85.3 del Texto refundido de la Ley General para la Defensa de los Consumidores y Usuarios y otras leyes complementarias, aprobado por Real Decreto Legislativo 1/2007, de 16 de noviembre".

Este precepto del TRLCU considera cláusulas abusivas por vincular el contrato a la voluntad del empresario "las cláusulas que reserven a favor del empresario facultades de interpretación o modificación unilateral del contrato, salvo, en este último caso, que concurran motivos válidos especificados en el contrato".

No obstante, en los contratos referidos a servicios financieros lo establecido en el párrafo anterior se entenderá sin perjuicio de las cláusulas por las que el empresario se reserve la facultad de modificar sin previo aviso el tipo de interés adeudado por el

---

175 El artículo 22 LCCC no tiene parangón en la Directiva 2008/48/CE y tiene su antecedente en el art. 8 LCC 1995.

176 Es redundante con lo exigido en el art. 16.1 en relación con su apartado 2.f).

consumidor, así como el importe de otros gastos relacionados con los servicios financieros, cuando aquéllos se encuentren adaptados a un índice, siempre que se trate de *índices legales* y se describa el modo de variación del tipo, o en otros casos de razón válida, a condición de que el empresario esté obligado a informar de ello en el más breve plazo a los otros contratantes y éstos puedan resolver inmediatamente el contrato sin penalización alguna".

La LCCC permite, pues, que el tipo deudor pueda modificarse unilateralmente por el prestamista siempre y cuando la variación se ajuste a un índice de referencia *objetivo*, que no es lo mismo que un índice *legal*. Este último es aquel que ha sido definido por una norma mientras que un índice de referencia *objetivo* es aquél que viene determinado por un mercado y en el que el acreedor no puede influir directa ni indirectamente en él[177]. Así puede deducirse del artículo 26 de la Orden EHA/2899/2011 que, aunque referido a los créditos con garantía de hipoteca inmobiliaria, expresamente excluidos del ámbito de aplicación de la LCCC por su artículo 3.a), contiene un principio aplicable a todo tipo de interés variable, y que establece que únicamente podrá utilizarse como índices o tipos de referencia aquellos que cumplan las siguientes condiciones: "a) Que se hayan calculado a coste de mercado y no sean susceptibles de influencia por la propia entidad en virtud de acuerdo o prácticas conscientemente paralelas con otras entidades"[178].

Por lo tanto, "los factores en función de los que el índice varíe tienen que ser ajenos a la influencia de la voluntad de las partes (señaladamente el prestamista), o a su comportamiento. En este sentido, se ha señalado que no sería respetuoso con este límite, por ejemplo, la fijación como aplicable del índice preferencial de

---

177 Lo que en definitiva es una aplicación de lo establecido en el art. 1.256 CC según el cual los contratos no pueden quedar al arbitrio de la voluntad de una sola de las partes, lo que no deja de ser más que un principio general del Derecho contractual.

178 El segundo requisito es que "los datos que sirvan de base al índice o tipo sean agregados de acuerdo con un procedimiento matemático objetivo".

la entidad prestamista, o de un sistema que redundase finalmente en la aplicación de este mismo índice o del preferencial de otra entidad del mismo grupo"[179].

Debemos considerar que los índices legales existentes en nuestro Derecho, y que veremos más adelante, son "objetivos". Pero es perfectamente lícito que se acuerde un índice de referencia distinto de los índices legales, o de los tipos oficiales de referencia señalados. Así, se ha admitido que se pacte como índice la media del índice preferencial de tres (Res. DGRN de 23 de octubre de 1987 y de 16 de febrero de 1990) o de seis entidades (Res. DGRN de 13 de noviembre de 1990) distintas entre las que no se encuentre la prestamista.

Entiende de PEÑA LÓPEZ[180] que la regla del art. 22.1 LCCC requiere, además, que el tipo de interés de referencia que se fije guarde relación con las variaciones del precio de mercado del crédito. En efecto, lo que permite la ley no es que se establezca cualquier tipo de referencia ajeno a la voluntad de las partes sino la fijación de un tipo de referencia que permita en cada momento ajustar el coste del crédito a las oscilaciones del mercado[181]. No sería posible, por consiguiente, emplear como índices de referencia determinados índices que fuesen objetivos pero que no tuviesen ninguna relación con el mercado del crédito o, al menos, con el nivel de precios del país.

Estas mismas condiciones de sujeción a un índice objetivo de referencia son exigibles respecto de cualesquiera otras modificaciones del coste del crédito que se pretendan introducir en el contrato. Por ello, son contrarias a lo dispuesto en artículo 22.1 LCCC y, por consiguiente, nulas de pleno derecho, todas aquellas variaciones en los recargos, comisiones, etc. que no se hayan

---

179 PEÑA LÓPEZ, F.: "Artículo 22" en *Comentarios a la Ley de Contratos de Crédito al Consumo...*, pág. 838.

180 PEÑA LÓPEZ, F.: "Artículo 22" en *Comentarios a la Ley de Contratos de Crédito al Consumo...*, pág. 839.

181 ÁLVAREZ OLALLA, P.: "Contratos de financiación" ..., pág. 3.924.

previsto contractualmente o que, habiéndose previsto, dependan exclusivamente de la voluntad de la entidad de crédito o de circunstancias en la que influya de forma trascendente en su comportamiento o el de su grupo de empresas. Hay que destacar que el precepto que comentamos, aunque esté pensando en la modificación del tipo deudor, habla, claramente, de modificación del coste total del crédito y, como ya hemos señalado, aquí además de los intereses se incluyen otros factores de coste.

2. Que el acuerdo formalizado por las partes contenga, como mínimo, los siguientes extremos:

"a) Los derechos que contractualmente correspondan a las partes en orden a la modificación del coste total del crédito inicialmente pactado y el procedimiento a que ésta deba ajustarse".

"b) El diferencial que se aplicará, en su caso, al índice de referencia utilizado para determinar el nuevo coste".

Este precepto parte del supuesto general en el que la determinación del tipo deudor viene establecida por la suma de un tipo de referencia y un diferencial. Pero, al decir "en su caso" está admitiendo otras posibilidades que caben no sólo teóricamente, sino que también se encuentran en la práctica, como veremos más adelante. No obstante, está pensando en la variación del tipo deudor, pero habla, una vez más, al igual que en el apartado 1 de este mismo artículo, de "modificación del coste total del crédito".

"c) La identificación del índice utilizado o, en su defecto, una definición clara del mismo y del procedimiento para su cálculo. Los datos que sirvan de base al índice deberán ser agregados de acuerdo con un procedimiento objetivo"[182].

En este mismo sentido se expresa el artículo 26.1.b) Orden EHA/2899/2011 al exigir las condiciones que deben reunir los tipos de referencia que pueden utilizar la entidades de crédito en los préstamos y créditos hipotecarios sometidos a la misma: ade-

---

[182] Esto ocurre con los índices legales regulados en el Derecho español.

más de que se hayan calculado a coste de mercado y no sean susceptibles de influencia por la propia entidad en virtud de acuerdos o prácticas conscientemente paralelas con otras entidades, "que los datos que sirvan de base al índice o tipo sean agregados de acuerdo con un procedimiento matemático objetivo".

Y, en todo caso, el tipo de referencia debe identificarse, por ejemplo, por remisión a la norma que lo define y que establece su *nomen iuris*, y, en su defecto, definirse de forma clara.

A) Obligación de informar de toda modificación

Como señala el considerando 32 de la Directiva 2008/48/CE, "para garantizar una total transparencia debe facilitarse al consumidor información sobre el tipo deudor, tanto en la fase precontractual como en el momento de la celebración del contrato. A lo largo de la relación contractual, debe informarse al consumidor sobre cualquier cambio del tipo deudor variable y de las modificaciones que tal variación comporte sobre los pagos. Esto se entiende sin perjuicio de las disposiciones de la legislación nacional no relacionada con la información al consumidor que establece las condiciones o los efectos de las modificaciones, distintas de las modificaciones relativas a los pagos, los tipos deudores y otras condiciones económicas relativas al crédito, por ejemplo disposiciones que establezcan que el prestamista esté facultado para modificar el tipo deudor solo cuando exista un motivo válido, o que el consumidor pueda poner fin al contrato en caso de modificación del tipo deudor o de otra condición económica relacionada con el crédito".

a) Momento y forma de la información

La primera frase del número 1 del artículo 18 LCCC establece que "el prestamista informará al consumidor de toda modificación del tipo deudor antes de que el cambio entre en vigor". Por su parte, el número 1 del artículo 11 Directiva 2008/48/CE dice literalmente: "en su caso, el consumidor será informado de toda modificación del tipo deudor mediante documento en papel u otro soporte duradero antes de que el cambio entre en vigor".

Observamos entre ambos preceptos las siguientes diferencias:

1ª. Mientras que la Directiva pone el acento en el derecho del consumidor a ser informado, la LCCC lo pone en la obligación del prestamista en el sentido de la LCCC y, por tanto, de todo concedente de crédito al consumo (art. 2.2 LCCC) de informar de "toda" modificación del tipo deudor.

Aunque todo derecho suele tener una correlativa obligación y en los negocios jurídicos bilaterales es obvio que el derecho de una parte implica la obligación de la otra, a este respecto nos parece más determinante la norma de la LCCC que la contenida en la Directiva: establece quien es el sujeto de la obligación de informar.

2ª. La Directiva introduce un inciso: "en su caso". Sin embargo, entiendo que es meramente gramatical y que debe interpretarse en el sentido de que el consumidor tiene derecho a ser informado en "todos los casos" en los que exista una modificación del tipo deudor. Creo que precisamente por eso nuestro legislador no ha incluido inciso alguno limitándose a establecer la obligación del "prestamista" de informar de "toda" modificación.

3ª. La Directiva 2008/48/CE establece claramente la *forma* que debe adoptar esa información: "mediante documento en papel u otro soporte duradero". Pero, aunque nada dice literalmente el precepto de la LCCC analizado, sin embargo, *de facto*, no hay diferencia ya que de acuerdo con el artículo 7.1 LCCC "la información que con arreglo a esta Ley se ha de proporcionar al consumidor, ya sea con carácter previo al contrato, durante su vigencia o para su extinción, constará *en papel o en cualquier otro soporte duradero*. Por soporte duradero se entiende todo instrumento que permita al consumidor conservar la información que se le transmita personalmente de forma que en el futuro pueda recuperarla fácilmente durante un período de tiempo adaptado a los fines de dicha información, y que permita la reproducción idéntica de la información almacenada".

La normativa sectorial es aquí aplicable en virtud de lo dispuesto en el artículo 33 de la Orden EHA/2899/2011, de 28 de octubre, de transparencia y protección del cliente de servicios bancarios al señalar que "la transparencia de los servicios bancarios de crédito al consumo celebrados por los clientes se rige por lo previsto en la Ley 16/2011, de 24 de junio, de contratos de crédito al consumo. Asimismo, en lo no previsto por la citada Ley 16/2011, de 24 de junio, les resultará aplicable lo establecido en el título I [disposiciones generales —arts. 1 al 14] y en el capítulo I del título III [préstamo responsable —art. 18-] de esta orden". Dentro de esas disposiciones generales se encuentra el artículo 8 referente a las "comunicaciones al cliente" y el artículo 11 relativa a los "requisitos de forma e información resaltada".

Este último precepto establece que "toda la información, documentación y comunicaciones dirigidas a los clientes de servicios bancarios previstas en esta orden se realizarán en papel, formato electrónico o en otro soporte duradero, y estarán redactadas en términos fácilmente comprensibles, de manera claramente legible..."

Los artículos 8 y 11 Orden EHA/2899/2011 facultan al Banco de España para establecer modelos normalizados de liquidaciones y para exigir el empleo de un formato o tipo de letra o comunicación especialmente resaltada. Estos modelos se recogen, al igual que el desarrollo de otros muchos aspectos de la Orden, en la Circular 5/2012, de 27 de junio, del Banco de España, a entidades de crédito y proveedores de servicios de pago, sobre transparencia de los servicios bancarios y responsabilidad en la concesión de préstamos.

En lo que no hay diferencia alguna entre la Directiva y la LCCC es en cuanto al *momento* en el que nace la obligación del prestamista y el correlativo derecho del consumidor a la información: "antes de que el cambio entre en vigor". En ambas normas se utiliza la misma dicción literal. En ninguno de los preceptos se dice con cuanta antelación pero la respuesta la encontramos en el art. 22.4 LCCC aunque excluye su aplicación a las modificaciones del coste total del crédito contempladas en el artículo 18, exclusión que, en nuestra opinión, no debe entenderse de forma total a este artículo y que debería referirse al número 2 del art. 18 al igual que hace con el número 2 del art. 19 LCCC. Aquel artículo contiene un principio que, en todo caso, sería aplicable por analogía: "deberá efectuarse con la debida antelación" para que pueda ejercer "los derechos que contractualmente" le correspondan y que necesariamente deberán constar en el contrato de acuerdo con el artículo 22.3.a) LCCC. Como señala ORDÁS ALONSO[183], "esta antelación deberá ser suficiente para que el consumidor pueda ejercer los derechos que contractualmente le correspondan en orden a la modificación del coste total del crédito, en particular si contractualmente se ha reconocido su derecho a desistir del contrato en caso de que discrepe del nuevo tipo, dicha antelación deberá ser suficiente para que pueda intentar obtener financiación alternativa durante un plazo razonable".

Y en los casos en los que el concedente del crédito es una entidad de crédito será de aplicación el art. 8.2 de la Orden EHA/2899/2011 que establece que "cuando una entidad de crédito tenga el derecho de modificar unilateralmente cualquier término de un contrato de servicio bancario deberá comunicar al cliente, con una antelación no inferior a un mes, siempre que la duración inicial del contrato exceda de este plazo, los términos exactos de tal modificación o prórroga y los derechos de que, en su caso, goce el cliente en relación con las mismas".

b) Contenido de la información

La segunda frase del número 1 del artículo 18 establece que "la información detallará el importe de los pagos tras la entrada en vigor del nuevo tipo deudor, y, si cambiara el número o la frecuen-

---

183 ORDÁS ALONSO, M.: *Los contratos de Crédito al Consumo en la Ley 16/2011, de 24 de junio.* Thomson Reuters Aranzadi, Cizur Menor, 2013, pág. 193.

cia de los pagos, los correspondientes detalles". Por su parte, el artículo 11.1 Directiva 2008/48/CE continúa diciendo: "La información detallará el importe de los pagos tras la entrada en vigor del nuevo tipo deudor, y, si cambiara el número o la frecuencia de los pagos, los correspondientes detalles". Vemos, pues, que la dicción es idéntica.

Aunque no lo diga literalmente parece obvio que habrá que informar del nuevo tipo deudor para luego hacerlo de la consecuencia directa de esta modificación cual es el nuevo importe de los pagos a realizar.

El artículo 8.3 *in fine* Orden EHA/2899/2011 faculta al Banco de España para que puede establecer en qué supuestos de comunicación al cliente debe reflejarse el coste efectivo remanente que define en su norma decimotercera al decir que el *coste efectivo remanente* (CER) se calculará de acuerdo con la misma fórmula matemática que se utiliza para el TAE, si bien teniendo en cuenta exclusivamente el plazo pendiente hasta el vencimiento o amortización y los conceptos de coste que resten por pagar si la operación sigue su curso normal.

En las operaciones a tipo de interés variable, las modificaciones que experimenten los índices de referencia no se reflejarán en el coste efectivo remanente hasta tanto no afecten al tipo nominal de la operación. La indicación del coste efectivo, en estos casos, también se acompañará de la expresión «variará con las revisiones del tipo de interés».

En el anejo 4 referente a las "comunicaciones a clientes de las liquidaciones de intereses y comisiones" y en relación con los "préstamos con cuotas periódicas" que es el caso más típico de las operaciones de crédito al consumo y en relación con la comunicación de amortización y liquidación de intereses o cargas financieras (cobro periódico de la cuota), se exigen, entre otras, algunas menciones que serían aplicables a nuestros efectos: saldo deudor sobre el que se aplique la liquidación, período a que corresponda la liquidación, con indicación de fecha inicial y final, el tipo de interés contractual aplicado (con detalle, tanto del valor del tipo de referencia como del diferencial aplicado), el importe de los intereses o cargas financieras que resulten y si durante el período de liquidación experimentara variación el tipo de interés, se consignarán por separado los períodos de liquidación de cada uno de los tipos aplicados y el importe de los intereses resultantes..., coste efectivo remanente (CER) y nuevo saldo pendiente.

B) Modificación producida por la variación del tipo de referencia

El número 2 de este artículo 18 LCCC establece una excepción a lo hasta ahora dicho: "No obstante, en el contrato de crédito las partes podrán acordar que la información indicada en el apartado 1 se proporcione al consumidor de forma periódica en los casos en que la modificación en el tipo deudor se deba a una modificación de un tipo de referencia, siempre y cuando el nuevo tipo de referencia sea publicado oficialmente por el Ministerio de Economía y Hacienda o por el Banco de España y la información al respecto esté disponible también en los locales del prestamista".

Este precepto es reproducción literal del número 2 del artículo 11 Directiva 2008/48/CE sustituyendo la expresión "cuando el nuevo tipo de referencia se haga público por los medios adecuados" por la siguiente: "cuando el nuevo tipo de referencia sea publicado oficialmente por el Ministerio de Economía y Hacienda o por el Banco de España".

Con este precepto se establece la posibilidad de que prestamista y consumidor pacten que la información se le remita a éste de forma periódica en aquellos supuestos de variación del tipo deudor con arreglo a un tipo de referencia. En definitiva, se considera que haciéndose público suficientemente el tipo de referencia que es el que hace que el tipo deudor sea variable, el consumidor está suficientemente informado porque a partir del tipo de referencia se llega fácilmente al tipo deudor aplicable.

Tres son los requisitos que de forma acumulativa exige este precepto para que las partes puedan acordar en el contrato de crédito que la información indicada en el apartado 1 pueda proporcionarse al consumidor de forma periódica: que la modificación en el tipo deudor se deba a una modificación de un tipo de referencia; que el nuevo tipo de referencia se haga público por "medios adecuados" (en terminología de la Directiva), esto es, que esté publicado oficialmente por el Ministerio de Economía y Hacienda o por el Banco de España; y que la información esté disponible en los locales del prestamista.

El primer requisito se consigue fácilmente cuando el tipo de referencia se publica por alguna autoridad, en nuestro país, por el Ministerio de Economía y Hacienda o por el Banco de España. Y esa publicación debe hacerse "oficialmente", lo que sólo se nos ocurre que sea a través del Boletín Oficial del Estado. Por eso, no pueden confundirse con los tipos "no oficiales" que publica el Banco de España en su Boletín Estadístico.

No hay ningún tipo de referencia específicamente aplicable a las operaciones de consumo que sea objeto de publicación oficial por eso en los contratos de crédito con consumidores se utilizan alguno de los tipos oficiales aplicables a los préstamos con garantía hipotecaria. Como ya hemos dicho en otro lugar los elementos esenciales del contrato de préstamo o de apertura de crédito son sustancialmente idénticos cualquiera que sea el destino de los fondos y que tengan o no garantía hipotecaria. De hecho, en la contratación bancaria con consumidores se utilizan estos tipos de referencia por ser de fácil comprobación.

a) Tipos de referencia oficiales

A tenor del art. 27 Orden EHA/2899/2011[184], "a efectos de su aplicación por las entidades, en los términos previstos en esta

---

184 Redacción dada por la Orden ETD/699/2020, de 24 de julio, de regulación del crédito revolvente y por la que se modifica la Orden ECO/697/2004, de 11 de marzo, sobre la Central de Información de Riesgos, la Orden EHA/1718/2010, de 11 de junio, de regulación y

orden ministerial, se consideran tipos de interés oficiales los siguientes índices de referencia:

a) Tipo medio de los préstamos hipotecarios a más de tres años, para adquisición de vivienda libre, concedidos por las entidades de crédito en España.

b) Tipo medio de los préstamos a la vivienda entre uno y cinco años concedidos por las entidades de crédito en la zona euro.

c) Tipo de rendimiento interno en el mercado secundario de la deuda pública de plazo entre dos y seis años.

d) Euribor a una semana, un mes, tres meses, seis meses y un año.

e) Permuta de intereses/Interest Rate Swap (IRS) al plazo de cinco años.

f) Tipo de interés de referencia basado en el Euro short-term rate (€STR).

g) Cualquier otro índice establecido al efecto expresamente mediante resolución de la Secretaría General del Tesoro y Financiación Internacional".

Los tipos de interés oficiales se publicarán mensualmente por el Banco de España en el "Boletín Oficial del Estado" y estarán también disponibles en su página electrónica.

Su forma de cálculo está determinada por la Circular 5/2012, de 27 de junio, del Banco de España, a entidades de crédito y proveedores de servicios de pago, sobre transparencia de los servicios bancarios y responsabilidad en la concesión de préstamos, concretamente en su Anexo 8 (modificado por las Circulares 4/2015,

---

control de la publicidad de los servicios y productos bancarios y la Orden EHA/2899/2011, de 28 de octubre, de transparencia y protección del cliente de servicios bancarios.

de 29 de julio, 5/2017, de 22 de diciembre, 1/2021, de 28 de enero y 3/2021, de 13 de mayo de 2021)[185].

---

185 1. Tipo medio de los préstamos hipotecarios a más de tres años, para adquisición de vivienda libre, concedidos por las entidades de crédito en España. Se define como la media simple de los tipos de interés medios ponderados por los principales de las operaciones de préstamo con garantía hipotecaria de plazo igual o superior a tres años, para adquisición de vivienda libre, que hayan sido iniciadas o renovadas por los bancos y las cajas de ahorros en el mes al que se refiere el índice.
Dichos tipos de interés medios ponderados serán los tipos anuales equivalentes declarados al Banco de España para esos plazos por el colectivo de bancos y cajas de ahorros, de acuerdo con el apartado 4 de la norma decimosexta. La fórmula de cálculo de dicho tipo será:

$$I_c = \frac{\sum i_b + \sum i_{ca}}{n_b + n_{ca}}$$

Siendo:
Ic = la media de los tipos de interés medios ponderados del conjunto de entidades.
ib, ica = los tipos de interés medios ponderados de los préstamos de cada banco y caja de ahorros, respectivamente.
nb, nca = el número de bancos y de cajas de ahorros declarantes.
2. Tipo medio de los préstamos a la vivienda entre uno y cinco años concedidos por las entidades de crédito en la zona euro. Se define como la media aritmética ponderada por el volumen de operaciones de los tipos de interés aplicados a las nuevas operaciones de préstamo o crédito a la vivienda en las que se prevea un período de fijación del tipo de interés inicial de entre uno y cinco años, realizadas en euros con los hogares residentes en la zona del euro durante el mes de referencia, que será el segundo mes anterior a aquel en el que tenga lugar la publicación de dicho valor.
Esta media será la calculada por el Banco Central Europeo conforme a lo establecido en el Reglamento (UE) n.º 1072/2013 del Banco Central Europeo, de 24 de septiembre de 2013, sobre las estadísticas de los tipos de interés que aplican las instituciones financieras monetarias, publicada por el Banco Central Europeo en su página web o, en ausencia de dicha publicación, en cualquier medio electrónico o físico por el que difunda dicha información.

El índice publicado en la Resolución del Banco de España no se corregirá incluso en caso de que el Banco Central Europeo modificara posteriormente el tipo que hubiese publicado inicialmente.

3. Tipo de rendimiento interno en el mercado secundario de la deuda pública de plazo entre dos y seis años. Se define como la media ponderada por volúmenes nominales de negociación de los rendimientos internos de los valores emitidos por el Estado con vencimiento residual entre dos y seis años, negociados en operaciones simples al contado en los seis meses inmediatamente anteriores. Esta media será la calculada mensualmente por Sociedad de Bolsas, S.A., perteneciente al grupo Bolsas y Mercados Españoles (BME).

4. Euríbor a una semana, un mes, tres meses, seis meses y un año. Para cada uno de los plazos, se define como la media aritmética simple mensual de los valores diarios del índice de referencia euríbor®, que figura en el anexo del Reglamento de Ejecución (UE) 2016/1368 de la Comisión, de 11 de agosto de 2016, por el que se establece una lista de los índices de referencia cruciales utilizados en los mercados financieros, de conformidad con el Reglamento (UE) 2016/1011 del Parlamento Europeo y del Consejo. Los plazos del índice se refieren al euríbor® a una semana, un mes, tres meses, seis meses y doce meses, respectivamente. Estas medias son calculadas por el European Money Markets Institute (EMMI) y publicadas en su sitio web o en cualquier medio por el que difunda dicha información. En caso de ausencia de dicha publicación por parte del EMMI, el Banco de España calculará y publicará las medias mensuales.

5. Permuta de intereses/Interest Rate Swap (IRS) al plazo de cinco años. Se define como la media simple mensual determinada por el Banco de España de los tipos de interés medios diarios del tipo anual para *swap* de intereses (expresado porcentualmente) para operaciones denominadas en euros, con vencimiento a cinco años, calculados por la IBA (ICE Benchmark Administration) y publicados en su página web bajo el identificador de serie EUR Rates 1200 o, en su defecto, en cualquier medio por el que difunda dicha información.

6. Tipo de interés de referencia basado en el Euro short-term rate (€STR). Se define como el valor que el último día hábil del mes a efectos de TARGET2 tenga el tipo de interés medio compuesto a distintos plazos (una semana, un mes, tres meses, seis meses y doce meses) que el Banco Central Europeo elabora basado en el tipo de interés *Euro short-term rate* (€STR) y publica a través de su *Statistical Data Warehouse* (SDW), o en cualquier otro medio por el que difunda dicha información.

De estos tipos de referencia, en la práctica bancaria de los créditos a consumidores el tipo más utilizado es la referencia interbancaria (Euribor), sobre todo el de un año.

7. TASA ANUAL EQUIVALENTE (TAE)

El siguiente concepto económico viene recogido en la letra d) del artículo 6. La Tasa Anual Equivalente es "el coste total del crédito para el consumidor, expresado como porcentaje anual del importe total del crédito concedido, más los costes contemplados en el apartado 2 del artículo 32, si procede". Es transcripción literal de la letra i) de la Directiva 2008/48/CE con la lógica sustitución de la mención del artículo 19, apartado 2 de la Directiva por el artículo 32, apartado 2 de la LCCC.

Tales costes a incluir, si procede, son los de mantenimiento de una cuenta que registre a la vez operaciones de pago y de disposición del crédito, los costes relativos a la utilización de un medio de pago que permita ambas operaciones, así como otros costes relativos a las operaciones de pago, que se incluirán en el coste total del crédito para el consumidor, salvo en caso de que la apertura de la cuenta sea opcional y los costes de ésta se hayan especificado de forma clara y por separado en el contrato de crédito o cualquier otro contrato suscrito con el consumidor.

Como señala la Exposición de Motivos de la LCCC "la fórmula matemática para el cálculo de la tasa anual equivalente tiene por finalidad definir de forma clara y completa el coste total de un crédito para el consumidor y lograr que este porcentaje sea totalmente comparable en todos los Estados de la Unión Europea". Esta, junto con otras medidas, dotan al mercado crediticio de una mayor transparencia, permite que las distintas ofertas puedan compararse y aumentan las posibilidades de los consumidores de acogerse al crédito al consumo transfronterizo.

Como señala en Considerando (19) de la Directiva 2008/48/CE, "a fin de que el consumidor pueda tomar una decisión con pleno conocimiento de causa, antes de la celebración del contrato debe recibir información adecuada, que pueda llevarse consigo para su examen, sobre las condiciones y el coste del crédito, así como sobre sus obligaciones. Con objeto de lograr la mayor transparencia posible y de que las ofertas puedan compararse, esta información debe incluir, en particular, la tasa anual equivalente correspondiente al crédito, calculada de idéntica forma en toda la Comunidad". Cuestión distinta es si el consumidor entiende realmente que es esa TAE[186].

El legislador español ha optado por la expresión "tasa anual equivalente" que es la que aparece en la versión española de la Directiva 2008/48/CE, aunque no era el término de la versión española de la Directiva 87/102/CEE que utilizaba la de "porcentaje anual de cargas financieras" más próximo a la traducción de la expresión inglesa *annual percentage rate of charge*. A pesar de la dicción de esta Directiva, la LCC-1995 utilizó la expresión Tasa Anual Equivalente (TAE). Sin embargo y precisamente para destacar el carácter omnicomprensivo de la expresión porcentual del coste total del crédito para el consumidor, me parece más oportuna la utilizada por Francia (*taux annuel effectif global*), Italia (*tasso annuo effettivo globale*) o Portugal (*taxa anual de encargos efectiva global*) y que también se utiliza en España en algunos manuales y programas informáticos, el de Tasa Anual Equivalente Global —TAEG—. Esto nos permitiría distinguir esta medida porcentual en

---

186 Como señala el Informe de la Comisión al Parlamento Europeo y al Consejo sobre la aplicación de la Directiva 2008/48/CE, relativa a los contratos de crédito al consumo, Bruselas 14 de mayo de 2014 (pág. 20), "Para evaluar el nivel de cultura financiera de quienes respondieron a la encuesta a los consumidores, se les pidió que valoraran cuál de las dos ofertas de crédito resultaba más económica sobre la base de los tipos de interés y de la información sobre la TAE al objeto de comprobar si estaban al corriente de la definición de TAE y de su relación con el tipo de interés. Menos del 40 % de los encuestados respondieron correctamente, lo que deja entender objetivamente que muchos consumidores no comprenden la información que reciben sobre la TAE (ni su relación con el tipo de interés). Este resultado pone de manifiesto que el 60 % de los consumidores no entienden esencialmente lo que es una TAE y cómo utilizarla, y que su nivel de cultura financiera es bastante bajo".

las operaciones de crédito en general recogida en la normativa de transparencia bancaria (en las que utilizaríamos TAE) de las de crédito al consumo (en las que utilizaríamos TAEG) y ello porque los elementos utilizados para su cálculo no son coincidentes. Y de esta forma no obtendríamos dos TAEs distintas para dos operaciones financieras del mismo importe e iguales costes según que el destinatario fuera o no consumidor.

A) La Tasa Anual Equivalente en la Ley de Crédito al Consumo de 1995

La consideración de la TAE como un elemento meramente informativo no resultaba ya aplicable a los créditos de consumo desde la LCC-1995. Con ella la TAE pasó a formar parte del contrato, pues era obligatorio que además de las condiciones esenciales del contrato, entre las que se incluía la determinación de la remuneración del acreedor —tipo de interés nominal, período de capitalización, comisiones etc.—, figurase dentro del contrato también la tasa anual equivalente. No en vano "la constancia en los contratos de crédito de la TAE constituye una pieza central del sistema de información y protección de los consumidores porque permite, por un lado, conocer con precisión el coste del crédito facilitando la comparación entre ofertas evitando sorpresas desagradables y, por otro, eliminar las prácticas engañosas"[187].

En este caso, un error en el cálculo de la TAE o bien la ausencia de ésta, al formar parte del contrato, causaba una oscuridad contractual y sería de aplicación el art. 1.288 del Código Civil ("la interpretación de las cláusulas oscuras de un contrato no deberá favorecer a la parte que hubiere causado la oscuridad") y el art. 6.2 de la LCGC ("las dudas en la interpretación de las condiciones generales oscuras "se resolverán a favor del adherente").

---

[187] ANDREU MARTÍ, Mª del M.: "Lección 20ª. Crédito al consumo" en *Curso sobre Protección Jurídica de los Consumidores* (Coord. Botana García, G. y Ruiz Muñoz, M.). McGraw Hill, Madrid, 1999, pág. 453.

Pero para las operaciones amparadas por la LCC-1995, la sanción era más grave, pues en caso de ausencia de TAE, reducía la obligación del deudor a satisfacer el interés legal del dinero y en caso de inexactitud se modularía esta consecuencia en función del perjuicio que debido a tal inexactitud sufra el consumidor (art. 7 LCC-1995)[188]. Como señalaba ROCA GUILLAMÓN[189] "se produce, por tanto, como sanción legal, la ineficacia del pacto de intereses, cuya ausencia se sustituye entonces por el tipo de interés legal, conforme al criterio que los artículos 1108 CC y 316 CCom proporcionan respecto a los intereses de demora, ante la ausencia de interés específicamente pactado para ese caso. Pero nótese que la ineficacia del pacto de intereses deriva de la omisión de su mención, que nadie imperativamente exige, no convierte por ello al préstamo en el contrato naturalmente gratuito que el legislador decimonónico concibió en los artículos 1755 CC y 314 Ccom".

De acuerdo con el artículo 18 LCC-1995 "se entenderá que el coste total del crédito comprende los intereses y todos los demás gastos y cargas que el consumidor esté obligado a pagar para el crédito, incluidos los de seguros de amortización del crédito por fallecimiento, invalidez, enfermedad o desempleo del titular, que sean exigidos por el empresario para la concesión del mismo".

"Se entenderá por tasa anual equivalente el coste total del crédito, expresado en un porcentaje anual sobre la cuantía del crédito concedido. La tasa anual equivalente igualará, sobre una base anual el valor actual de todos los compromisos (créditos, reembolsos y gastos) existentes o futuros asumidos por el empresario y por el consumidor, y se calculará de acuerdo con la fórmula matemática

---

188 Sin embargo, la LCC-1995 no establecía ninguna consecuencia a la omisión del tipo de interés nominal.

189 ROCA GUILLAMÓN, J: "Los contratos de crédito al consumo. Forma y contenido, reembolso anticipado y cobros indebidos —Ley 7/1995, de 23 de marzo—" en *Crédito al Consumo y Transparencia Bancaria*, VV.AA —Dir. U. Nieto Carol—, Civitas, Madrid, 1998, pág. 210.

que se expresa en el anexo[190]". La LCC-1995 seguía ya la orientación de la Directiva 90/88/CEE que modificó la Directiva 87/102/CEE, entre otras cosas, introduciendo una fórmula única, cosa que no hacía la anterior, para el cálculo del "porcentaje anual de cargas financieras" como así se denominaba en las Directivas, y para lo que la LCC-1995 utilizó el término tasa anual equivalente por ser un concepto ya existente en nuestro Derecho. Sin embargo, la fórmula española, aun coincidiendo en contenido material y en sus resultados con la comunitaria[191], "resultaba más comprensible y lógica"[193].

190

$$\sum_{n=1}^{n} D_n \, (1 + i_k)^{-t_n} = \sum_{m=1}^{m} R_m \, (1 + i_k)^{-t_m}$$

Donde:
D = Disposiciones
R = Reembolsos: amortización, intereses u otros gastos incluidos en el coste o rendimiento efectivo de la operación.
n = Número de entregas.
m = Número de reembolsos.
t_n = Tiempo transcurrido desde la fecha de la equivalencia hasta la disposición n.
t_m = Tiempo transcurrido desde la fecha de la equivalencia hasta la de reembolso m.
Luego la Tasa Anual Equivalente (TAE) se obtenía, aplicando la expresión general de los tantos equivalentes, de acuerdo con la ley de capitalización compuesta:

$$i(TAE) = (1 + i_k)^k - 1$$

Por tanto, la TAE es el rédito anual de la ley de capitalización compuesta que iguala financieramente capitales entregados y recibidos, siendo k el número de veces que el año contiene el período elegido. Este sistema es conocido como el "método de dos fases" por haber dos fórmulas.

191

$$\sum_{k=1}^{k=m} \frac{A_k}{(1+i)^{t_k}} = \sum_{k'=1}^{k'=m'} \frac{A'_{k'}}{(1+i)^{t_{k'}}}$$

Significado de las letras y los símbolos:
k = es el número de orden de un préstamo.

Como observamos por la enumeración de los elementos a considerar para el cálculo del coste total del crédito y la TAE se incluía, además de los intereses, los demás gastos y cargas que el consumidor estuviera obligado a pagar para el crédito, incluidos los de seguros de amortización del crédito por fallecimiento, invalidez, enfermedad o desempleo del titular, que fueran exigidos por el empresario para la concesión del mismo. Por tanto, la TAE dejaba de ser estrictamente la rentabilidad del concedente del crédito y se aproximaba más al coste del acreditado ya que incluía gastos y cargas, incluso el pago de primas de seguro, que siendo gasto para el acreditado-consumidor no eran ingreso para el concedente del crédito.

B) La TAE en la vigente Ley de Contratos de Crédito al Consumo

Al igual que la LCC-1995, la vigente LCCC establece en su artículo 21.2. que "en el supuesto de que el documento del con-

---

k' = es el número de orden de un pago de amortización o de un pago de cargas.
A_k = es la cuantía del préstamo número k.
$A'_{k'}$ = es la cuantía del pago de amortización o de un pago de cargas número k'.
Σ = es el signo indicativo de la suma.
m = es el número de orden del último préstamo.
m' = es el número de orden de un pago de amortización o de pago de cargas.
t_k = es el intervalo, expresado en años y fracciones de año, entre la fecha del préstamo número 1 y las de los préstamos 2 a *m.*
$t_{k'}$ = es el intervalo, expresado en años y fracciones de año, entre la fecha del préstamo número 1 y las de los pagos de amortización o de los pagos de cargas 1 a *m'.*
i = es el porcentaje de cargas financieras calculable (bien algebraicamente, bien por aproximaciones sucesivas, bien mediante un programa de ordenador) cuando se conocen los demás términos de la ecuación, por el contrato o de otro modo.

192 SÁNCHEZ SÁNCHEZ, M. P. "Aspectos económicos de la Ley 7/1995, de 23 marzo, de Crédito al Consumo en *Cuadernos de Derecho y Comercio,* número 17, Madrid, 1995, pág. 283.

trato no contenga la mención a la tasa anual equivalente a la que se refiere la letra g) del apartado 2 del artículo 16, la obligación del consumidor se reducirá a abonar el interés legal en los plazos convenidos". Algún autor critica esta solución legal al entender que "la consecuencia jurídica propia en la contratación con condiciones generales de la contratación, de la nulidad de pacto de interés es la continuidad del contrato sin interés y en beneficio de la persona adherente y consumidora"[193]. No comparto esta opinión. Sin perjuicio de que la sanción por esta omisión podía ser una u otra, decisión que incumbe al legislador y, obviamente, siempre es susceptible de crítica, no debemos confundir la TAE con el interés o tipo deudor que es otra de las menciones obligatorias que exige la LCCC (art. 16.2.f). Lo que establece el artículo 21, como señala la propia denominación del precepto, es una "penalización" por incumplir la obligación de mencionar la TAE en el contrato y no la consecuencia de la declaración de nulidad de la cláusula de tipo de interés. Se sanciona la omisión de un elemento informador esencial para que el consumidor pueda comparar y, en definitiva, decidir entre un crédito u otro, pero no la indeterminación de una de las obligaciones de pago por parte éste. Cosa distinta sería la omisión del tipo de interés (tipo deudor en la terminología de la LCCC); en este caso sí que la consecuencia lógica sería la continuidad del contrato sin derecho a percibir por el prestamista interés alguno por aplicación de los artículos 314 CCom y 1.755 CC.

En el caso de que la TAE figure en el documento contractual pero sea inexacta, se modulará, en función del perjuicio que debido a tal inexactitud sufra el consumidor, la consecuencia vista[194].

---

193 BALLUGERA GÓMEZ, C.: *Las pólizas bancarias*, Aranzadi, Cizur Menor, 2011, pág. 91.

194 Además de la sanción contemplada en la propia normativa de crédito al consumo, la Jurisprudencia del TJUE ha afirmado que indicar una TAE inferior a la real, debe calificarse de engañosa en el sentido del artículo 6, apartado 1, de la Directiva 2005/29/CE sobre prácticas comerciales desleales siempre que pueda hacer tomar al consumidor una decisión

Por su parte, el artículo 32 LCCC establece que "la tasa anual equivalente, que iguala sobre una base anual el valor actual de todos los compromisos existentes o futuros asumidos por el prestamista y por el consumidor, se calculará de acuerdo con la fórmula matemática que se expresa en la parte I del anexo I". Estos compromisos "incluyen las disposiciones del crédito, los reembolsos y los gastos contemplados en la letra a) del artículo 6", esto es "todos los gastos, incluidos los intereses, las comisiones, los impuestos y cualquier otro tipo de gastos que el consumidor deba pagar en relación con el contrato de crédito y que sean conocidos por el prestamista, con excepción de los gastos de notaría. El coste de los servicios accesorios relacionados con el contrato de crédito, en particular las primas de seguro, se incluye asimismo en este concepto si la obtención del crédito en las condiciones ofrecidas está condicionada a la celebración del contrato de servicios".

Antes de entrar en la fórmula de cálculo, el art. 32 LCCC establece qué factores de coste hay que incluir y excluir para su cálculo y una serie de hipótesis previas.

Respecto al primer aspecto se dice que para calcular la tasa anual equivalente se determinará el coste total del crédito para el consumidor, exceptuando los gastos que éste tendría que pagar por el incumplimiento de alguna de sus obligaciones con arreglo al contrato de crédito y los gastos, distintos del precio de compra, que corran por cuenta del consumidor en la adquisición de bie-

---

sobre una transacción que de otro modo no hubiera tomado; pudiendo además dar lugar a la nulidad total del contrato cuando tal medida esté prevista en una legislación nacional conforme al derecho comunitario y se considere la forma mejor de proteger los intereses de los consumidores. C-453/10, Sentencia del Tribunal de Justicia (Sala Primera) de 15 de marzo de 2012 (citada por PÉREZ CARRILLO, E.F.: "Las disposiciones generales de la Ley 16/2011, de 24 de junio, de Contratos de Crédito al Consumo" en *Boletín del Ministerio de Justicia*, año LXVII, número 2151, febrero 2013, pág. 11).

nes o servicios, tanto si la transacción se paga al contado como a crédito.

Por el contrario, se incluirán en el coste total del crédito para el consumidor los costes de mantenimiento de una cuenta que registre a la vez operaciones de pago y de disposición del crédito, los costes relativos a la utilización de un medio de pago que permita ambas operaciones, así como otros costes relativos a las operaciones de pago, salvo en caso de que la apertura de la cuenta sea opcional y los costes de ésta se hayan especificado de forma clara y por separado en el contrato de crédito o cualquier otro contrato suscrito con el consumidor.

Las hipótesis previas son:

— El contrato de crédito se mantendrá vigente durante el período de tiempo acordado. En otro caso nos faltaría un elemento esencial para todo cálculo financiero cual es el tiempo/duración de la operación. Por otra parte, excluye así del cálculo los costes por el reembolso anticipado.

— Las partes cumplirán sus obligaciones en las condiciones y en los plazos que se hayan acordado en el contrato. Además de permitir tomar como un dato las fechas de pago, excluye del cálculo las penalizaciones establecidas por incumplimiento.

— Cuando se permitan modificaciones del tipo deudor y, en su caso, los gastos incluidos en la tasa anual equivalente que no sean cuantificables en el momento del cálculo, la tasa anual equivalente se calculará partiendo del supuesto básico de que el tipo deudor y los demás gastos se mantendrán fijos al nivel inicial y se aplicarán hasta el término del contrato de crédito. Hipótesis también necesaria porque quedaría una variable indeterminada.

De acuerdo con el Anexo I LCCC, la "ecuación de base", que define la tasa anual equivalente (TAE), expresa la equivalencia anual entre, por un lado, la suma de los valores actualizados de las disposiciones del crédito y, por otro, la suma de los valores actualizados de los importes de los reembolsos y pagos de gastos es la siguiente:

$$\sum_{k=1}^{m} C_k (1+X)^{-t_k} = \sum_{l=1}^{m'} D_l (1+X)^{-s_l}$$

Donde:

— X es la TAE.

— m es el número de orden de la última disposición del crédito.

— k es el número de orden de una operación de disposición de crédito, por lo que $1 \leq k \leq m$.

— C_k es el importe de la disposición número k.

— t_k es el intervalo de tiempo, expresado en años y fracciones de año, entre la fecha de la primera operación de disposición y la fecha de cada una de las disposiciones siguientes, de modo que $t_1 = 0$.

— m' es el número de orden del último reembolso o pago de gastos.

— ℓ es el número de orden de un reembolso o pago de gastos.

— D_ℓ es el importe de un reembolso o pago de gastos.

— s_ℓ es el intervalo de tiempo, expresado en años y fracciones de año, entre la fecha de la primera disposición y la de cada reembolso o pago de gastos.

Vemos que la fórmula se basa en la capitalización compuesta y es lo que en términos financieros se conoce como TIR (Tasa Interna de Retorno o de Rentabilidad) criterio clásico en la valoración y selección de proyectos de inversión que mide la rentabilidad relativa, esto es, la medida en términos porcentuales de la rentabilidad de una inversión y que es el *tanto* o tipo que iguala los valores actuales de los flujos de salida y de entrada (desembolsos y reembolsos).

A la vista de la definición inicial de TAE y de su fórmula de cálculo hay que decir que existen una serie de *limitaciones* como medida del coste efectivo. La obtención de la TAE obliga a resolver una ecuación de grado *n*. Si bien los parámetros financieros que se incluyen en los préstamos aseguran la existencia de una única raíz positiva simple, esta ecuación sólo puede resolverse por el método iterativo[195] lo que de alguna forma venía a reconocerse en el número 10 de la norma sexta de la Circular en su versión inicial[196] al decirse que "el tipo de interés efectivo anual postpagable calculado con arreglo a las disposiciones que se contienen en la norma octava de esta Circular no podrá diferir en valor absoluto en más de un uno por mil del que puede obtenerse por aplicación de las fórmulas que figuran en el anexo V".

Mayores dificultades para la validez de este tipo plantea la hipótesis implícita de reinversión de los flujos intermedios, precisamente al mismo valor de ese tipo de interés (como se deduce de la fórmula se utiliza la capitalización compuesta); la hipótesis subyacente es que la curva de tipos-plazos es plana. Dicho en otros términos, utilizamos un mismo tipo o tasa para actualizar flujos de capitales con independencia del período de tiempo que medie entre la fecha de las entregas y las devoluciones (da igual que sea un año que diez), simplificación que no se da en la realidad financiera.

A ello hay que sumar la imposibilidad de su obtención *a priori* en las operaciones a tipos variables o en los contratos de crédito.

Podemos afirmar que la TAE aumentará con las comisiones y demás costes y con la frecuencia con que se realicen los pagos por el acreditado.

---

195 Es un método que progresivamente va calculando aproximaciones a la solución de un problema. En Matemáticas, en un método iterativo se repite un mismo proceso de mejora sobre una solución aproximada: se espera que lo obtenido sea una solución más aproximada que la inicial. El proceso se repite sobre esta nueva solución hasta que el resultado más reciente satisfaga ciertos requisitos. A diferencia de los métodos directos en los que se debe terminar el proceso para tener la respuesta, en los métodos iterativos se puede suspender el proceso al término de una iteración y se obtiene una aproximación a la solución.

196 Este apartado 10 tuvo una nueva redacción dada por la Circular BE 13/1993, de 21 de diciembre.

Tras esta fórmula la norma añade una serie de observaciones. Las correspondientes a las letras a), b), c) y d) no las comentaremos extensamente por ya haberse hecho en el capítulo anterior:

"a) Las sumas abonadas por cada una de las partes en diferentes momentos no son necesariamente iguales ni se abonan necesariamente a intervalos iguales".

Para mí es una obviedad y, por tanto, innecesaria. Lógicamente las disposiciones y los pagos por amortización, intereses, comisiones y cualesquiera gastos no sólo es que puedan ser distintos es que nunca son iguales. A lo sumo los pagos por amortización e intereses pueden coincidir entre sí cuando se pacta el método de pago mediante cuota constante comprensiva de capital e intereses (conocido como método francés), y siempre que el tipo de interés sea fijo. Tampoco son objeto las disposiciones y los reintegros se hacen a intervalos iguales.

Como señala SÁNCHEZ SÁNCHEZ[197], "acompañando a fórmulas financieras inteligibles, parece que semejante observación es trascendente. Puede pensarse en que es la explicación de un producto financiero complejo, indescifrable para no expertos en finanzas... Naturalmente, el prestador profesional lo hace para obtener lucro. La diferencia entre lo que entrega el prestamista y lo que paga el prestatario constituye la atribución de aquél, el interés en sentido amplio (art. 315 CCom)... Tan profunda observación ya figuraba en la Directiva 90/88/CEE... Se trata de un comentario absolutamente innecesario, por más que haya sido repetido en varias disposiciones". Como vemos, también se repite en la Directiva 2014/17/UE y, por ende, en la LCCI.

Y también parece obvio que tanto las disposiciones como los pagos pueden hacerse en intervalos desiguales; serán los pactos individuales los que establecerán la periodicidad y los intervalos

---

197 SÁNCHEZ SÁNCHEZ, Mª.P.: "Anexo I" en *Comentarios a la Ley de Contratos de Crédito al Consumo* (Dir. M. J. Marín López). Aranzadi, Cizur Menor, 2014, pág. 1.372.

de disposiciones y pagos. A este respecto señala esta misma autora[198]: "el segundo inciso —ni se abonan necesariamente a intervalos iguales— también podía haberse suprimido. Cuando los intervalos son iguales, resulta más sencillo calcular la TAE. Pero no puede limitarse la libertad de pactos por esa única razón".

"b) La fecha inicial es la de la primera disposición de fondos".

Supongo que lo que quiere decir es que la fecha de cálculo de la TAE es la de la primera recepción de fondos por el acreditado que no tiene por qué coincidir con la de formalización del contrato, ya que podría pactarse una disposición diferida.

Esta observación aparece en la Directiva 90/88/CEE y SOTO MOLINA[199] entiende que es relevante porque la fecha de valoración puede afectar al cálculo de la TAE por la aplicación específica de la medida de los intervalos de tiempo.

La verdad es que esta observación también me parece innecesaria. Por otra parte, una de las características de la capitalización compuesta que, como ya hemos dicho, es la que se utiliza en la fórmula de la TAE, es que el resultado es el mismo con independencia del momento del tiempo en que se proceda al cálculo. En este mismo sentido se manifiesta SÁNCHEZ SÁNCHEZ[200]: "la observación que figura en la letra b) es superflua. Dice, la fecha inicial es la de la primera disposición de fondos. Y si no fuera así, resultaría irrelevante. No afecta al cálculo de la TAE. Esa es la ventaja del interés compuesto y una de las características de la tasa de retorno, criterio de selección de inversiones empleado para el cálculo de la TAE. El resultado obtenido es independiente del momento en que se valore la inversión. Para llegar al interés efec-

---

198 SÁNCHEZ SÁNCHEZ, M.P.: "Anexo I" en *Comentarios a la Ley de Contratos de Crédito al Consumo...*, págs. 1369 y1370.

199 SOTO MOLINA, G: *Study on the Calculation of the Annual Percentage Rate of Charge for Consumer Credit Agreements...*, pág. 72.

200 SÁNCHEZ SÁNCHEZ, M.P.: "Anexo I" en *Comentarios a la Ley de Contratos de Crédito al Consumo...*, pág. 1373.

tivo han de tenerse en cuenta las fechas de entrega y de pago. La fecha del negocio jurídico, si no implica pagos y cobros, no tiene relevancia financiera".

"*c) Los intervalos entre las fechas utilizadas en los cálculos se expresarán en años o fracciones de año. Un año tiene 365 días (en el caso de los años bisiestos, 366), 52 semanas o doce meses normalizados. Un mes normalizado tiene 30,41666 días (es decir, 365/12), con independencia de que el año sea bisiesto o no*".

Esta observación sí que ha experimentado cambios significativos desde la Directiva 90/88/CEE en la que se establecía que los intervalos de fechas se expresarían "en años o fracciones de año". Por su parte, la Directiva 98/7/CE, de 16 de febrero de 1998, añadió esta última expresión. "Se partirá de la base de que un año tiene 365 o 365,25 días o (en el caso de los años bisiestos) 366 días, 52 semanas o 12 meses de igual duración. Se partirá de la base de que cada uno de dichos meses de igual duración tiene 30,41666 días (es decir, 365/12)". Y así pasa a la Directiva vigente y a nuestra LCCC.

Aquí lo que está estableciendo es que se toman meses y años naturales, como por otra parte parece lógico, a diferencia del cálculo de intereses en la práctica bancaria española, para lo que se utiliza el llamado "año comercial" (360 días). O sea, la TAE se expresa como un tanto "efectivo" y por ello se hace necesario "normalizar" los meses porque pueden tener 28, 29, 30 o 31 días. Los cálculos en días o semanas no plantean problemas.

Y este cálculo de la TAE es independiente de cómo se calculen los intereses a pagar por el consumidor, por ejemplo, sobre la base del año comercial.

Como señala la *Guidelines on the Application of Directive 2008/48/EC (Consumer Credit Directive) in Relation to Costs and the Annual Percentage Rate of Charge (Commission Staff Working Document)* —pág. 22—, para lograr el objetivo de homogeneizar la información de la TAE (APR en terminología inglesa) proporcionando una uniforme aplicación de la observación (c) compatible con su redacción, se considerará:

Sólo cuando un intervalo entre fechas utilizado en el cálculo no pueda ser expresado como un número entero de años, meses o semanas, el intervalo se expresará en su conjunto como un número de uno de esos periodos en combinación con un número de días. Para la opción entre años, meses o semanas, se tendrá en cuenta la frecuencia de disposiciones y pagos. Cuando se utilizan los días:

(i) Se contarán todos los días, incluyendo los fines de semana y festivos;

(ii) iguales períodos y luego días serán contados hacia atrás a la fecha de la disposición inicial; y

(iii) la longitud de un período de días debe ser obtenida excluyendo el primer día e incluyendo el último día (una simple resta de fechas) y se expresará en años dividiendo este período por el número de días (365 o 366 días) del año completo contados hacia atrás desde el último día hasta el mismo día del año anterior.

Este enfoque es en gran medida similar a la convención existente en los mercados de bonos en el Eurozona, conocida como Actual/Actual AFB (*Association Française des Banques*) o Actual/Actual (Euro) en los mercados internacionales.

Sin embargo, se aleja significativamente de otras convenciones como 30/360 o actual/360, que son claramente incompatibles con esta observación (c).

Siguiendo SOTO MOLINA[201], el primer párrafo de la explicación que ofrece la *Guidelines* implica que:

• Ninguna combinación de años o fracciones de años es permitida distinta de una combinación de días y años, meses o semanas.

• Si el intervalo puede ser expresado como un número entero de semanas, meses o años el intervalo no se expresarán en días.

---

201 SOTO MOLINA, G: *Study on the Calculation of the Annual Percentage Rate of Charge for Consumer Credit Agreements...*, pág. 73.

• La frecuencia de disposiciones y reembolsos se tomará en cuenta para la elección entre semanas, meses o años. Por ejemplo, en el caso de una sola disposición inmediata y reembolsos mensuales, se utilizarán períodos regulares de un mes; en caso de disposiciones mensuales y amortizaciones anuales, se utilizarán períodos regulares de un mes, ya que permiten la expresión de los intervalos de tiempo de ambos (disposiciones y reembolsos) como un número entero de períodos regulares.

Por otra parte, los puntos (ii) y (iii) anteriores determinan que los períodos de tiempo se contarán hacia atrás. Según el punto (ii), si un intervalo entre fechas está compuesto por períodos regulares (años, meses o semanas) y días, el período de días aparecerán al principio del intervalo, es decir, después de haber tenido en cuenta de los períodos regulares. De acuerdo con el punto (iii), para expresar un período de días en años, el período se dividirá por el número de días del año entre el último día del período y el mismo día del año anterior.

Esta observación, como ya se ha dicho con anterioridad, se hace necesaria al calcularse la TAE de forma directa y no por el método de dos fases. Como señala SÁNCHEZ SÁNCHEZ[202] al comentar el Anexo I LCCC, que, a este respecto, tiene la misma redacción que la Directiva 2008/48/CE modificada por la Directiva 2011/90/UE, "la Ley necesita hacer esta precisión porque utiliza la compleja fórmula de cálculo que hemos comentado. Si hubiera seguido el procedimiento de las dos fases, que conduce al mismo resultado y plantean dos ecuaciones en lugar de una, no sería necesario hacer estas precisiones". Y continúa preguntándose con razón: "¿Para qué hace falta calcular el año normalizado con tanta exactitud, si la TAE se expresa con un decimal? Y concluye: "otra observación que no ayuda a quien no sabe calcular la TAE y a quien sabe no le aporta nada".

---

202 SÁNCHEZ SÁNCHEZ, M.P.: "Anexo I" en *Comentarios a la Ley de Contratos de Crédito al Consumo...*, pág. 1374.

"d) El resultado del cálculo se expresará con una precisión de un decimal como mínimo. Si la cifra del decimal siguiente es superior o igual a 5, el primer decimal se redondeará a la cifra superior".

Esta observación fue introducida por la Directiva 98/7/CE y más que una observación es una norma. La TAE se expresará como mínimo con un decimal, lo que me parece criticable. En el estado actual de los procesos de cálculo, no se alcanza a entender tan poca precisión, máxime cuanto los tipos de interés se expresan con, al menos, dos decimales. Incluso el Euribor se cotiza en los mercados internacionales con tres decimales. Y en la práctica bancaria la TAE se expresa con dos o tres decimales (incluso más).

Como señala SÁNCHEZ SÁNCHEZ[203], "no alcanzamos a comprender la *ratio* de la norma. Es obvio que el consumidor adoptará una decisión más acertada si la TAE tiene dos decimales, que se presenta sólo uno. Por otra parte, los intereses nominales de los préstamos se expresan en dos y a veces con tres decimales. ¿Si el Euribor se expresa con tres decimales, por qué la TAE con uno sólo? ¿Por qué exigir un único decimal, cuando mostrar más decimales no supone un mayor esfuerzo, puesto que el resultado se obtiene por medios informáticos?"

En todo caso se añade una segunda "norma" que no "observación", una norma de redondeo que hace que en caso de que el último decimal sea exactamente 5 éste se haga por exceso porque cuando dicho decimal sea superior es lógico que se redondee por exceso.

e) Se puede reformular la ecuación utilizando solamente un sumatorio y empleando la noción de flujos (A_l), *que serán positivos o negativos,* es decir, respectivamente pagados o percibidos en los periodos 1 a *k* (*sic*)[204], y expresados en años, a saber:

---

203 SÁNCHEZ SÁNCHEZ, M.P.: "Anexo I" en *Comentarios a la Ley de Contratos de Crédito al Consumo...*, pág. 1374.

204 Hay un error en la Ley que se arrastra de copiar literalmente la Directiva 2008/48/CE que comete el mismo error. Debería decir "periodos 1 a *n*".

$$S = \sum_{k=1}^{n} A_k (1+X)^{-t_k}$$

Donde S es el saldo de los flujos actualizados, cuyo valor será nulo si se quiere conservar la equivalencia de los flujos.

Esta reformulación es una novedad de la Directiva 2008/48/CE. Y es otra forma de calcular y definir la TIR como aquel tanto que hace que el Valor Actual Neto (VAN) de todos los flujos, sean éstos positivos —disposiciones— o negativos —reembolsos—, sea igual a cero.

Dos reflexiones a este respecto. Si efectivamente y por definición la TAE (TIR) es aquél tanto que hace que el valor actual de todos los flujos sea cero, lo más práctico hubiera sido sustituir "S" por cero.

Tampoco entiendo muy bien la inclusión de esta fórmula "alternativa", obvia para cualquier conocedor de lo que es una TAE/TIR, también para quien tiene conocimientos matemáticos ya que se deduce de la "ecuación de base". En nada ayuda a quien no tiene estos conocimientos específicos, más bien al contrario, ya que ahora tiene dos dudas: la primera y la segunda fórmula.

No obstante, sí es útil para obtener la TAE utilizando métodos numéricos y, de hecho, es la utilizada en el simulador para su cálculo (hoja Excel) que se puede descargar de la página web de la Comisión Europea[205].

Pero, como también hemos señalado, el cálculo de la TAE se hace imposible en numerosos supuestos. Por poner algún ejemplo, cuando el tipo de interés es variable, ya que no sabemos

---

Este error desaparece en la Directiva 2014/17/UE que repite la fórmula (y que no aprovecha para modificar la Directiva 2008/48/CE) y tampoco está en la LCCI (que tampoco modifica la LCCC). Han esperado a la Directiva 2023/2225/UE (Anexo III,I.e) para hacerlo; sólo 15 años, no está mal.

205 http://ec.europa.eu/consumers/financial_services/consumer_credit_directive/index_en.htm

qué interés se aplicará cuando se modifique; en los contratos de apertura de crédito porque no sabemos si el consumidor dispondrá de todo o de parte y, en este último caso, de qué cuantía concreta.

Por ello, para posibilitar este cálculo, y como ocurre en la aplicación de numerosos modelos, hay que partir de algunas hipótesis de trabajo. A las hipótesis de base ya vistas que se recogen en el artículo 32 (que el contrato de crédito se mantendrá vigente durante el período de tiempo acordado y que las partes cumplirán sus obligaciones en las condiciones y en los plazos que se hayan acordado en el contrato; cuando se permitan modificaciones del tipo deudor y, en su caso, los gastos incluidos en la tasa anual equivalente que no sean cuantificables en el momento del cálculo, la tasa anual equivalente se calculará partiendo del supuesto básico de que el tipo deudor y los demás gastos se mantendrán fijos al nivel inicial y se aplicarán hasta el término del contrato de crédito), la LCCC, en la parte II[206] de su Anexo I, añade lo que llama "supuestos adicionales" (desde la "a" hasta la "j"[207]) que podemos clasificar de la siguiente forma:

1. Indeterminación del importe del crédito:

— "Si el contrato de crédito da al consumidor libertad de disposición de los fondos, se considerará que el consumidor ha dis-

---

[206] Estos supuestos son transcripción literal de los de la Directiva 2011/90/UE, de la Comisión, de 14 de noviembre de 2011 por la que se modifica la parte II del anexo I de la Directiva 2008/48/CE del Parlamento Europeo y del Consejo, en la que se establecen supuestos adicionales para calcular la tasa anual equivalente. La trasposición al Derecho interno de la Directiva de 2011 se ha hecho a través de la Orden ECC/159/2013, de 6 de febrero, por la que se modifica la parte II del anexo I de la Ley 16/2011, de 24 de junio, de contratos de crédito al consumo haciendo uso de la habilitación contenida en la disposición final cuarta de la LCCC.

[207] Los supuestos adicionales (a) a (d) y (h) a (j) provienen de la Directiva 2008/48/EC y los supuestos (d) a (g) son completamente nuevos o han sido modificados por la Directica 2011/90/EU.

puesto del importe total del crédito de forma inmediata y totalmente" (a).

Este supuesto fue introducido por la Directiva 2008/48/EC.

Como se observa, ante la indeterminación del importe de la disposición se considera que se ha hecho por el total. Es la única forma posible para poder calcular la TAE. Y ante la indeterminación en el plazo de devolución se establece como hipótesis que se hace en el menor plazo posible. El resultado de ambos supuestos es que se obtendrá una TAE mayor que con la hipótesis de que se dispone una cantidad menor o un plazo mayor de devolución, pero habrá que considerar que bajo este supuesto es indiferente para el cálculo la comisión que perciba el concedente del crédito por la parte no dispuesta, aunque, desde luego, no lo será para el consumidor que, en su caso, efectivamente la pagará.

Esta hipótesis de trabajo se utilizará con mucha frecuencia porque los créditos "revolving" (rotatorios) son muy frecuentes en el crédito al consumo; pensemos en las tarjetas de crédito.

— "Si todavía no se ha acordado el importe máximo aplicable al crédito, se presumirá que es de 1.500 euros" (h).

Esta hipótesis fue introducida por la Directiva 90/88/CEE que permitió a los Estados miembros que fijasen este importe máximo, pero con un límite de 2.000 euros. La Directiva 2008/48/CE eliminó esa libertad y estableció dicho máximo en 1.500 euros.

Entiendo que la LCCC ha optado por esta cantidad, siguiendo la Directiva 2008/48/CE, al haber entendido el legislador europeo que este es el importe medio de un crédito al consumo. Será de aplicación a los descubiertos ya que no suele establecerse un límite, así como en las tarjetas de crédito.

— "En el caso de un descubierto, se considerará que se ha dispuesto del importe total del crédito en su totalidad y por toda la duración del contrato de crédito" (d). Se opta por el mayor importe, en coherencia con el supuesto (a) y (b) y por el plazo total.

2. Indeterminación en la forma de disposición del crédito:

— "Si el contrato de crédito dispone diferentes formas de disposición de fondos con diferentes tasas o tipos deudores, se considerará que se ha dispuesto del importe total del crédito al tipo más alto de los tipos deudores y con las tasas más elevadas aplicadas a la categoría de transacción más comúnmente utilizada en ese tipo de contrato de crédito" (b).

Este supuesto fue introducido por la Directiva 2008/48/EC.

Se utiliza la hipótesis de disposición máxima —como en los supuestos (a) y (d)— y al coste mayor de los posibles de la transacción más frecuente en ese crédito, lo que dará como resultado una mayor TAE.

Esto es típico de las tarjetas de crédito donde se distinguen distintas formas de disposición con distintos tipos y gastos (p.e. disposiciones por cajero, mediante compras, pagos en moneda extranjera...).

— "Si un contrato de crédito da al consumidor libertad de disposición de fondos en general, pero impone, entre las diferentes formas de disposición, una limitación respecto del importe y del período de tiempo, se considerará que se ha dispuesto del importe del crédito en la fecha más temprana prevista en el contrato de crédito y con arreglo a dichos límites de disposición de fondos" (c).

Esta hipótesis de disposición más temprana es coherente con el supuesto (a) y es de utilización en los créditos "revolving" y en las tarjetas de crédito.

3. Indeterminación en la duración y forma de reembolso del crédito:

— En los casos de descubierto "si la duración del contrato de crédito no se conoce, la tasa anual equivalente se calculará basándose en el supuesto de que la duración del crédito es de tres meses" (d).

Aquí la hipótesis temporal se reduce respecto al caso anterior ya que es más que infrecuente en la práctica que se admitan descubiertos a un plazo largo dada su naturaleza transitoria.

— "En el caso de un contrato de crédito de duración indefinida que no sea en forma de posibilidad de descubierto, se presumirá:

1° Que el crédito se concede por un período de un año a partir de la fecha de la disposición de fondos inicial y que el pago final hecho por el consumidor liquida el saldo de capital, intereses y otros gastos, en su caso,

2° Que el consumidor devuelve el crédito en doce plazos mensuales iguales, a partir de un mes después de la fecha de la disposición de fondos inicial; no obstante, en caso de que el capital tenga que ser reembolsado en su totalidad en un pago único, dentro de cada período de pago, se presumirá que se producen disposiciones y reembolsos sucesivos de todo el capital por parte del consumidor a lo largo del período de un año; los intereses y otros gastos se aplicarán de conformidad con estas disposiciones y reembolsos de capital y conforme a lo establecido en el contrato de crédito.

A los efectos del presente punto, se considerará contrato de crédito de duración indefinida un contrato de crédito que no tiene duración fija e incluye créditos que deben reembolsarse en su totalidad dentro o después de un período, pero que, una vez devueltos, vuelven a estar disponibles para una nueva disposición de fondos" (e).

Aquí estamos ante créditos distintos de los descubiertos en los que no se ha fijado plazo. Se aplicaría a contratos de apertura de crédito, tarjetas de crédito, tarjetas de cargo. Y están indeterminados los elementos básicos para calcular la TAE: duración y forma de amortización.

En cuanto al plazo se utiliza la hipótesis de un año que coincide con el que se expresa siempre el tipo de interés y la propia TAE y la forma de pago más habitual que es la mensual y amortización de capital constante y que es la de más fácil comprensión y cálculo para el consumidor (a diferencia del pago constante comprensivo de capital e intereses).

También dará como resultado una mayor TAE sólo superada si se utilizase la hipótesis de pago quincenal, semanal o diario, infrecuente en la práctica comercial.

— "En el caso de contratos de crédito distintos de los créditos en forma de posibilidad de descubierto y de duración indefinida contemplados en los supuestos de las letras d) y e):

1° Si no pueden determinarse la fecha o el importe de un reembolso de capital que debe efectuar el consumidor, se presumirá que el reembolso se hace en la fecha más temprana prevista en el contrato de crédito y conforme al importe más bajo establecido en el mismo,

2° Si no se conoce la fecha de celebración del contrato de crédito, se presumirá que la fecha de la disposición inicial es la fecha que tenga como resultado el intervalo más corto entre esa fecha y la del primer pago que deba hacer el consumidor" (f).

Este supuesto (f) abarca tres situaciones diferentes[208]:

** La fecha de un reembolso de capital no se sabe (y no se puede determinar). En este caso, se presumirá que el reembolso se debe realizar en la fecha más próxima, lo que conduce a la más alta APR (TAE) posible. Por ejemplo, si el acuerdo permite al consumidor elegir la fecha de la devolución siempre y cuando no sea posterior de una fecha determinada, se considerará que el reembolso se ha de realizar el día inmediatamente después al de la disposición. Si por el contrario se requiere realizar la amortización a partir de una determinada fecha, entonces se asume que debe hacerse en esa fecha.

** El importe de un reembolso de capital no se sabe (y no se puede determinar). En este caso, el reembolso se presume que es la cantidad más baja que el contrato permita. Por ejemplo, si el acuerdo requiere que el consumidor haga un pago mínimo mensual equivalente al 10% del saldo pendiente de capital e intereses, la cantidad de capital que devolver se obtendrá deduciendo el importe de los gastos mensuales de ese pago mínimo.

---

208 SOTO MOLINA, G: *Study on the Calculation of the Annual Percentage Rate of Charge for Consumer Credit Agreements*..., pág. 94.

Esta elección de los reembolsos más bajos es preferible a la de reembolsos más altos, ya que esto podría implicar el pago total del crédito en un período muy corto lo que sería poco realista. En este caso de pagos mínimos, el reembolso final a realizar no sería el mínimo sino la cantidad residual en virtud de la asunción (g).

Cabe destacar que cuando hay diferentes posibilidades de reembolso para el consumidor, tales como porcentaje mínimo de la cantidad del crédito, una cantidad mínima o cuotas iguales, sólo uno de estos escenarios se tendrá en cuenta para el cálculo de la TAE. La elección del sistema de amortización será el que proporciona el primer reembolso más bajo.

** La fecha de celebración del contrato no se conoce ni en el momento de la publicidad ni en la fase precontractual y esto tiene un efecto sobre la duración del intervalo de tiempo hasta la realización del primer pago por el consumidor. Esta idea también se aplica a situaciones en las que la fecha del acuerdo de voluntades se conoce, pero la fecha de la disposición inicial no. Un ejemplo de esta situación podría ser un contrato de crédito vinculado con una fecha de entrega desconocida del bien financiado o la prestación de un servicio, donde el cobro del crédito se lleva a cabo o se inicia en la fecha de entrega.

— "Cuando no puedan determinarse la fecha o el importe de un pago que debe efectuar el consumidor conforme al contrato de crédito o a los supuestos establecidos en las letras d), e) o f), se presumirá que el pago se hace con arreglo a las fechas y condiciones exigidas por el prestamista y, cuando éstas sean desconocidas:

1º Los gastos de intereses se pagarán junto con los reembolsos de capital,

2º Los gastos distintos de los intereses expresados como una suma única se pagarán en la fecha de celebración del contrato de crédito,

3º Los gastos distintos de los intereses expresados como varios pagos se pagarán a intervalos regulares, comenzando en la fecha del primer reembolso de capital y, si el importe de tales pagos no se conoce, se presumirá que tienen importes iguales,

4º El pago final liquidará el saldo de capital, intereses y otros gastos, en su caso" (g).

Este supuesto se aplica a todos los tipos de contratos de crédito, ya sea a los contratos de duración definida o indefinida, incluyendo los descubiertos. Su propósito es determinar la fecha y/o la cantidad de un pago de capital, intereses u otros cargos cuando éstos son desconocidos y no puede determinarse partiendo del contrato, y donde los supuestos anteriores no proporcionan una solución. La necesidad de determinar estos elementos puede surgir cuando el contrato de crédito no se pronuncia acerca de la fecha o el monto del pago o cuando las fechas de pago o las cantidades a pagar puedan ser discrecionales para el acreedor (por ejemplo, cuando el acuerdo prevé la emisión de estados de cuenta mensuales con la fecha de pago especificada, pero deja a discreción del acreedor cuándo se emitirá cada declaración. El primer párrafo de la asunción (g) especifica que las condiciones requeridas por el acreedor deben ser respetadas antes de establecer ninguna hipótesis adicional sobre las fechas.

Los puntos 1º y 3º del supuesto son de naturaleza práctica y presumen un pago regular de intereses y de otros gastos recurrentes. La frecuencia de pago de los cargos por intereses está vinculada al reembolso del capital, dada la interdependencia de los pagos de capital y de intereses. La cantidad de intereses a pagar en cada caso será el importe acumulado hasta la fecha del reembolso del capital, y esto será considerado para ser pagado junto con la devolución de capital. La frecuencia de pago de otros gastos recurrentes, no de intereses, depende del número de dichos gastos. En cuanto a las cantidades, si no se conocen en el caso de gastos distintos de los intereses, se supone pagos iguales. Estos pueden o no corresponder con el momento de los reembolsos del capital, en función del número de cargos distintos de los intereses.

El número 2º del supuesto, respecto a los gastos distintos de los intereses expresados como suma única, conduce a la más alta TAE posible. En cuanto al número 4º garantiza la devolución total del crédito y todos los cargos por intereses y distintos de intereses en la fecha final. En el caso de los contratos de duración indefinida, distintos de los descubiertos, esto también se refleja en el supuesto (e-1º) para asegurar el reembolso total al final de la asumida duración de un año.

4. Indeterminación en los tipos deudores y tasas:

— "Si durante un período o por un importe limitados se proponen diferentes tipos deudores[209] y tasas, se considerará que el tipo deudor y las tasas corresponden al tipo más alto de toda la duración del contrato de crédito" (i).

Esta asunción se aplica cuando se ofrecen diferentes tasas y/o tipos deudores por un período limitado o en relación con diferentes cantidades de crédito. Estos casos incluyen contratos con reducidos o, incluso, nulos tipos de interés iniciales, diseñados para atraer a los clientes (llamados por eso "tipos de gancho"), por ejemplo, en el mercado de tarjetas de crédito, o para créditos de pequeño importe, por ejemplo, en los descubiertos.

El supuesto implica el uso de los tipos deudores y cargos más altos, y se aplicarán cuando, en la fecha del cálculo de la TAE, los elementos pertinentes del crédito que determinan la aplicación y el efecto sobre la TAE de los distintos tipos de interés o tasas no se conocen. El resultado será una mayor TAE.

— "Para los contratos de crédito al consumidor respecto de los que se haya convenido un tipo deudor en relación con el período

---

209 En la modificación del anexo II de la LCCC operada por la Orden ECC/159/2013, de 6 de febrero se sustituye la mención "tipo de interés" por "tipo deudor", término más coherente con el utilizado en el resto de la Ley, pero denota lo que le cuesta al legislador español usar el término de la Directiva siéndole más natural la expresión "tipo de interés".

inicial, al final del cual se determinará un nuevo tipo deudor que se ajustará periódicamente con arreglo a un indicador convenido, el cálculo de la tasa anual equivalente partirá del supuesto de que, al final del período de tipo deudor fijado, el tipo deudor es el mismo que el vigente en el momento de calcularse la tasa anual equivalente, en función del valor del indicador convenido en ese momento" (j)[210].

Este mismo criterio se sigue en la Directiva 2023/2225/UE (Anexo III, 2, j) que lo transcribe literalmente de la 2008/48/CE. Si ya consideré una oportunidad perdida no haberlo modificado a través de la Directiva 2014/17/UE, unificando ambos en favor del de esta última, ahora entiendo que es un error persistir en la diferencia.

El supuesto (j) se aplica a los contratos en los que se acuerda un tipo deudor fijo para un período inicial tras el cual el tipo deudor se determina posteriormente de acuerdo con un tipo de referencia convenido. Esta característica aparece sobre todo en los préstamos que se amortizan en plazos que son de media o larga duración, algunas veces también como una forma de beneficio para el prestatario, cuando el tipo de interés fijo inicial es bajo en comparación con el tipo deudor variable. El supuesto determina que para el cálculo de la TAE después del período del tipo fijo inicial se supone que el tipo deudor en la fase de variabilidad se

---

[210] Este criterio se cambia en la Directiva 2014/17/UE y, por tanto, en la LCCI. El supuesto de la LCCC (que sigue el de la Directiva 2008/48/CE) determina que para el cálculo de la TAE después del período del tipo fijo inicial se suponía que el tipo deudor en la fase de variabilidad se determinaba tomando el valor del tipo de referencia en el momento de cálculo de dicha TAE. Ahora, este criterio tiene una excepción: que el tipo así determinado sea inferior al tipo deudor fijado para el período inicial. En este caso, se tomará éste o, lo que es lo mismo, se toma el mayor de ambos. En definitiva, siguiendo el criterio general expuesto hasta ahora, se busca que resulte una mayor TAE para disuadir más al potencial prestatario.

determina tomando el valor del tipo de referencia en el momento de cálculo de dicha TAE.

Cabe señalar que este supuesto (j) puede necesitar ser aplicado en conjunción con el supuesto (i) en los casos en que ambos sean relevantes (piénsese que ninguno de los supuestos excluye la aplicación de los otros). Así, si un tipo deudor inicial está siendo ignorado bajo el supuesto (i), sobre la base de que el beneficio no es seguro y cuantificable, entonces este supuesto se aplica independientemente de que el tipo tras el período inicial se especifica en el acuerdo o es determinable mediante el supuesto (j). Por ejemplo, en el caso de un contrato de crédito de duración indefinida (como por ejemplo un contrato de tarjeta de crédito o una línea de crédito), si el beneficio derivado de un tipo fijo más bajo o variable no es seguro y cuantificable y, por lo tanto, debe ignorarse para el cálculo de la TAE en virtud de la hipótesis (i).

Para ilustrar la aplicación simultánea de los supuestos (i) y (j) considérese el caso en que el tipo deudor se fija en el 1% durante 2 años, y después cambia a variable al tipo Euribor más un 1%. Si en el momento de cálculo de la TAE el Euribor es del 2,1%, la aplicación del supuesto (j) significa que el tipo deudor después de los primeros 2 años se supone que es 3,1% (es decir 2,1% + 1%) y para ser fijado en ese nivel durante el resto del contrato. Este es más alto que el tipo de interés fijo inicial que, por lo tanto, se ignoró en aplicación del supuesto (i). Esto significa que se supone que el tipo deudor es del 3,1% para toda la duración del contrato. Por otro lado, si el tipo deudor se fija en 4% durante 2 años, y luego pasa a ser el Euribor más un 1%, la tasa más alta de endeudamiento es del 4% (no el 3,1%) y esto supone su aplicación para toda la duración del contrato[211].

Cuando los elementos del cálculo de la TAE son conocidos y cuantificables no hay necesidad de aplicar el supuesto (i). En

211 SOTO MOLINA, G: *Study on the Calculation of the Annual Percentage Rate of Charge for Consumer Credit Agreements...*, pág. 99.

otras palabras, si sólo se utiliza la hipótesis (j) del Anexo I, no hay necesidad de aplicar (i) pero si se utiliza cualquier otro supuesto del anexo I (por ejemplo, debido a la cantidad o duración del crédito es desconocido o si varía), entonces esto provoca la aplicación adicional del supuesto (i).

Por otro lado, no hay contradicción entre lo establecido en el art. 32.4 LCCC[212] y el supuesto (j); más bien son hipótesis complementarias.

El art. 32.4 LCCC establece el tratamiento de los tipos deudores y los gastos que pueden variar a lo largo de la vida del contrato y que no son cuantificables en el momento del cálculo de la TAE. En tales casos, se supone que los tipos y gastos permanecen fijos en su nivel inicial hasta el final. El supuesto (j) se refiere a aquellos contratos en los que se acuerda un tipo deudor fijo para un período inicial, después del cual el tipo deudor es variable de acuerdo con un tipo de referencia convenido. Este supuesto muestra que la solución prevista por el art. 32.4 se debe aplicar al período de tipo variable cuando no son cuantificables en el momento del cálculo de la TAE, lo que significa que el tipo fijo se aplica para el período inicial, seguido de la tasa variable durante el resto de la duración del contrato en base al valor del tipo de referencia en el momento del cálculo de la TAE.

El art. 32.4 LCCC también proporciona una solución en los casos en los que el cambio del tipo deudor es sólo una posibilidad (por ejemplo, cuando el acuerdo estipula que después del período inicial de un tipo deudor fijo, se puede acordar un nuevo tipo fijo en lugar de proceder a un tipo deudor variable).

---

212 "En los contratos de crédito que contengan cláusulas que permitan modificaciones del tipo deudor y, en su caso, los gastos incluidos en la tasa anual equivalente que no sean cuantificables en el momento del cálculo, la tasa anual equivalente se calculará partiendo del supuesto básico de que el tipo deudor y los demás gastos se mantendrán fijos al nivel inicial y se aplicarán hasta el término del contrato de crédito".

Por el contrario, el supuesto (j) se aplica sólo cuando se sabe que la tasa va a cambiar. Puede haber casos en que se sabe de antemano que la tasa va a cambiar y en la medida que el cambio es comprobable mediante suposición (j), pero el momento del cambio no es conocido y no puede determinarse (por ejemplo, el cambio se produce de forma discrecional del acreedor o es dependiente de las circunstancias externas). En tales casos, la asunción (j) se aplica para determinar el nuevo tipo y el supuesto (i) para asegurar que se utiliza la tasa más alta para toda la duración del contrato.

La forma de cálculo de la TAE recogida en el supuesto (j) ya se utilizaba en la norma decimotercera de la derogada Circular 8/1990, de 7 de septiembre, del Banco de España de transparencia de las operaciones y protección de la clientela redactada en este punto por la Circular 5/1994, de 22 de julio, al decir que "en las operaciones a tipo de interés variable, el coste o rendimiento efectivo que se ha de reflejar en la documentación contractual se calculará bajo el supuesto teórico de que el tipo de referencia inicial permanece constante, durante toda la vida del crédito, en el último nivel conocido en el momento de celebración del contrato". Y es el mismo que sigue ahora el Anexo V.II de la Orden EHA/2899/2011, de 28 de octubre, de transparencia y protección del cliente de servicios bancarios ("para los contratos de crédito respecto de los que se haya convenido un tipo de interés en relación con el periodo inicial, al final del cual se determinará un nuevo tipo de interés, que se ajustará periódicamente con arreglo a un indicador convenido, el cálculo de la tasa anual equivalente partirá del supuesto de que, al final del periodo del tipo de interés fijado, el tipo de interés es el mismo que el vigente en el momento de calcularse la tasa anual equivalente, en función del valor del indicador convenido en ese momento").

La Norma decimotercera de la vigente Circular 5/2012, de 27 de junio, del Banco de España, a entidades de crédito y proveedores de servicios de pago, sobre transparencia de los servicios bancarios y responsabilidad en la concesión de préstamos tras señalar que en los contratos que contengan cláusulas que permitan modificaciones del tipo de interés y/o de las comisiones o gastos incluidos en la tasa anual equivalente, que no sean cuantificables en el momento del cálculo, la tasa anual equivalente se calculará partiendo del supuesto de que el tipo de interés y las comisiones y gastos se computarán al nivel fijado en el momento de la firma del contrato, determina que "en estos casos, la expresión TAE se sustituirá por la *TAEVariable*, y se deberá indicar expresamente que se ha utilizado la simplificación anterior" (*sic*).

En particular, en las operaciones a tipo de interés variable, la *TAEVariable* se calculará bajo el supuesto teórico de que el tipo de referencia inicial permanece constante, durante toda la vida de la operación, en el último nivel conocido en el momento de celebración del contrato, y, si se pactara un tipo de interés fijo para cierto período inicial, este se tendrá en cuenta en el cálculo, pero únicamente durante dicho período inicial. En estos casos, la tasa anual equivalente solo tendrá efectos informativos, y se hará seguir de la expresión "esta TAEVariable se ha calculado bajo la hipótesis de que los índices de referencia no varían; por tanto, esta TAEVariable variará con las revisiones del tipo de interés".

Cuando se trate de una operación a tipo de interés variable en la que se establezcan límites a su variación (suelos y techos), dichos límites deberán tenerse en cuenta para el cálculo de la tasa anual equivalente.

Extraña que el criterio visto de tomar como tipo deudor en la fase de variabilidad el valor del tipo de referencia en el momento de cálculo de dicha TAE no se haya modificado en la Directiva 2008/48/CE como consecuencia del cambio adoptado en la Directiva 2014/17/UE y, por tanto, en la LCCC. Y ello en coherencia con el establecido en el epígrafe II, "supuestos adicionales para calcular la tasa anual equivalente" del "Anexo II, Cálculo de la Tasa Anual Equivalente (TAE)" de la LCCI: "e) Para los contratos de crédito respecto de los que se haya convenido un tipo deudor en relación con el periodo inicial, al final del cual se determinará un nuevo tipo deudor, que se ajustará periódicamente con arreglo a un indicador o un tipo de referencia interno convenidos, para el cálculo de la tasa anual equivalente se partirá del supuesto de que, al final del periodo del tipo deudor fijado, el tipo deudor es el mismo que el vigente en el momento de calcularse la tasa anual equivalente, en función del valor del indicador o tipo de referencia interno convenidos en ese momento, sin ser inferior al tipo deudor fijado".

Este supuesto se aplica a los contratos en los que se acuerda un tipo de interés fijo para un período inicial tras el cual el tipo deudor se determina posteriormente de acuerdo con un tipo de referencia convenido. Esta característica aparece sobre todo en los préstamos que se amortizan en plazos que son de media o larga duración, algunas veces también como una forma de captación al ser beneficioso para el prestatario, cuando el tipo de interés fijo inicial es bajo en comparación con el tipo deudor variable.

El supuesto de la LCCC determina que para el cálculo de la TAE después del período del tipo fijo inicial se suponía que el tipo deudor en la fase de variabilidad se determinaba tomando el valor del tipo de referencia en el momento de cálculo de dicha TAE. Ahora, en la LCCI este criterio tiene una excepción: que el tipo así determinado sea inferior al tipo deudor fijado para el período inicial. En este caso, se tomará éste o, lo que es lo mismo, se toma el mayor de ambos. En definitiva, siguiendo el criterio general expuesto hasta ahora, se busca que resulte una mayor TAE para disuadir más al potencial prestatario.

8. LIMITACIONES A LOS TIPOS DEUDORES, LAS TASAS ANUALES EQUIVALENTES O LOS COSTES TOTALES DEL CRÉDITO

Hablar de limitaciones a los tipos de interés, las comisiones y, en general, a los costes del crédito de forma directa o indirecta a través de limitar la T.A.E., hubiera sido, hace años, un anatema. Sería, nada más y nada menos, ir contra la libre fijación de precios y, por tanto, contra la libertad de mercado. Sin perjuicio de que en determinados supuestos como es el caso de los créditos que se concedan a consumidores en forma de descubiertos en ningún caso podrá aplicarse un tipo de interés que dé lugar a una tasa anual equivalente superior a 2,5 veces el interés legal del dinero[213] (art. 20.4 LCCC), con carácter general, el único límite que ha habido en cuanto al tipo de interés en nuestro Derecho es el que establece la Ley sobre nulidad de los contratos de préstamos usurarios de 23 de julio de 1908, conocida como Ley Azcárate (LUs). Esta norma podría y, probablemente, debería haber sido objeto de "actualización".

Sí han sido más frecuentes las limitaciones en otros factores de coste como han sido las comisiones y "compensaciones": apertura, modificación, reembolso anticipado...

La Directiva 2023/2225/UE que, aunque ha entrado en vigor a los veinte días de su publicación en el Diario Oficial de la Unión Europea (el 30 de octubre de 2023) -art. 49- no deroga la Directiva 2008/48/CE hasta el 20 de noviembre de 2026 (art. 47), apartándose de lo establecido en la anterior y en la Directiva 2014/17/UE, faculta a los Estados miembros para establecer este tipo de limitaciones.

En efecto, en su art. 31 ("Medidas para limitar los tipos deudores, las tasas anuales equivalentes o los costes totales del crédito para el consumidor") establece:

"1. Los Estados miembros introducirán medidas para prevenir eficazmente los abusos y garantizar que no se pueda imponer a

---

213 Hasta 2014 esta TAE máxima era del 10% (2,5 x 4%) lo que equivalía a un tipo de interés nominal anual con devengo mensual de intereses del 9,569%. Para 2015, el máximo fue el 8,75% (2,5 x 3,5%), lo que equivalía a un tipo nominal anual con devengo mensual de intereses del 8,418%. Desde 2017 hasta 2022 la TAE máxima ha sido del 7,5% (2,5 x 3%) lo que implicaba un tipo nominal anual con devengo mensual de intereses del 7,254%. Y para 2023 la TAE máxima es del 8,125% (2,5 x 3,25%) por lo que tipo nominal anual con devengo mensual de intereses del 7,834%.

los consumidores unos tipos deudores, tasas anuales equivalentes o costes totales de crédito excesivamente elevados para el consumidor, tales como límites máximos.

2. Los Estados miembros podrán adoptar prohibiciones o limitaciones en relación con los gastos o comisiones específicos aplicados por los prestamistas en su territorio".

Por tanto, límites "máximos" a los tipos deudores, al coste total del crédito en valor absoluto o en términos relativos (T.A.E.). Y en relación a gastos y comisiones ya no sólo limitaciones sino, incluso, "prohibiciones".

A la vista de la actual situación sociológica y del "pensamiento" reinante en relación con el crédito bancario, no hay que descartar que el legislador español haga uso de esta facultad.

Capítulo VII

Créditos en forma de descubierto y excedidos de crédito

SUMARIO: 1. CRÉDITOS EN FORMA DE POSIBILIDAD DE DESCUBIERTO. A) Descubiertos expresos que deban reembolsarse en el plazo máximo de un mes. B) Descubiertos expresos que deban reembolsarse previa petición o en el plazo máximo de tres meses. 2. DESCUBIERTO TÁCITO. 3. EXCEDIDO TÁCITO. 4. LÍMITE DEL TIPO DE INTERÉS DEL DESCUBIERTO Y DEL EXCEDIDO TÁCITO.

Una de las formas especiales de crédito a consumidores y que reciben un tratamiento normativo especial en la LCCC es el crédito en forma de descubierto y el excedido de crédito.

La LCCC, a diferencia de la LCC-1995 que los excluía de su regulación salvo la aplicación del art. 19[214] para los descubiertos en

214 Este precepto distinguía, en función del origen del crédito, dos supuestos a los que les resultaba de aplicación su contenido. El primero, el crédito que era fruto de un contrato previo entre una entidad de crédito y un consumidor excluyendo expresamente en las cuentas de tarjetas de crédito. Tal exclusión se debía a que pretendía "regularse un contrato ordinario de cuenta corriente al que, para ofrecer un servicio mayor al cliente, se le añade la posible concesión de créditos, normalmente, de pequeña cuantía". En ese tipo de créditos la entidad debía "prestar determinada información al consumidor tanto al formalizar el contrato, como durante su ejecución". En concreto, al suscribirlo debía "hacerse constar por escrito el límite máximo del crédito si lo hubiera, el tipo de interés anual, los gastos aplicables, las condiciones de modificación y el procedimiento para la resolución del contrato". Además, el consumidor debía "ser informado por escrito durante toda la vida del contrato de cualquier cambio en el tipo de interés o en los gastos en el momento en que se produzcan". El segundo supuesto se refería a "descubiertos

cuenta corriente (fijaba un límite a su tipo de interés), distingue, siguiendo la Directiva 2008/48/CE, entre descubiertos excluidos de su ámbito de aplicación, descubiertos susceptibles de aplicación parcial de la norma y descubiertos a los que le es aplicable la Ley en su totalidad.

Están excluidos de la aplicación de la Ley los contratos de crédito concedidos en forma de facilidad de descubierto y que tengan que reembolsarse en el plazo máximo de un mes (art. 3.e LCCC). La Ley se aplica parcialmente a los descubiertos explícitos reembolsables mediante petición o en el plazo máximo de tres meses, a los descubiertos tácitos y a los excedidos tácitos (art. 4.2 y 4.3 LCCC[215]). Por último, le es de aplicación la Ley en su totalidad a los descubiertos explícitos cuyo plazo de reembolso exceda de tres meses.

1. CRÉDITOS EN FORMA DE POSIBILIDAD DE DESCUBIERTO

De acuerdo con el art. 4.1 LCCC "se entiende que hay posibilidad de descubierto en aquel contrato de crédito explícito mediante el cual un prestamista pone a disposición de un consumidor fondos que superen el saldo en la cuenta a la vista del consumidor". Estamos, por tanto, ante un *descubierto expreso,* esto es, un descubierto que está amparado por un pacto contractual

afectados por la entidad de crédito tácitamente, es decir, sin acuerdo previo. En este caso, el consumidor no posee información alguna e incluso puede que no sea consciente siquiera del descubierto sufrido en su cuenta. Por ello, se exige que sea informado individualmente del tipo de interés efectivo anual aplicado, de los posibles gastos, así como, de las eventuales modificaciones" (ANDREU MARTÍ, Mª del Mar: "Lección 20ª. Crédito al consumo" en *Curso sobre Protección Jurídica de los Consumidores* (Coord. Botana García, G. y Ruiz Muñoz, M.). McGraw Hill, Madrid, 1999, pág. 455.

215 Les son de aplicación los arts. 1 a 7, 20 y 34 a 36.

que se incluye en el contrato de cuenta corriente bancaria[216] por el que la entidad de crédito se compromete a asumir descubiertos hasta determinada cuantía o bien por un acuerdo independiente con anterioridad a que el cliente procede a realizar la disposición que genera el descubierto.

Ni una ni otra cosa son habituales en nuestra práctica bancaria. En el primer caso porque suele ser cláusula general en tales contratos la que establece que la entidad no está obligada a atender los descubiertos por lo que estaríamos, en su caso, ante un descubierto tácito. Y en el segundo, porque ante tales circunstancias, la reacción habitual de cualquier entidad es la de proponer la formalización de un contrato de apertura de crédito.

Como señala ÁLVAREZ OLALLA[217], la regulación de los descubiertos expresos en nuestra Ley es criticable por su excesivo casuismo. Por un lado, se contemplan los casos de descubiertos expresos que deban reembolsarse en el plazo máximo de un mes, que se excluyen de la aplicación de la ley, pero a los que, aun así, les resulta de aplicación una serie de preceptos (apartado 7 del artículo 12 y en el artículo 19). Por otro lado, se contemplan los descubiertos expresos que deban reembolsarse previa petición o en el plazo máximo de tres meses como supuestos de aplicación

---

[216] Ya hemos señalado como GARRIGUES (*Contratos bancarios...*, pág. 122 y 124) definía el contrato de cuenta corriente bancaria como contrato de gestión de intereses ajenos, en virtud del cual el banco se convierte en agente de pagos y de cobros de su cliente y en administrador de su dinero, realizando por su cuenta todas las operaciones inherentes al servicio de caja, en el sentido más amplio de esta expresión. El dato relevante de esta figura contractual autónoma "es la gestión que hace el banco en interés del cliente ofreciendo el servicio de caja, con la puesta en funcionamiento de un especial soporte contable que va a registrar las operaciones que normalmente se suceden de forma constante" (SÁNCHEZ CALERO, F.: "Cuenta corriente mercantil, el de cuenta corriente bancaria y rendición de cuentas" en *RDBB*, 1992, pág. 548.

[217] ÁLVAREZ OLALLA, P.: "Artículo 4" en *Comentarios a la Ley de Contratos de Crédito al Consumo* (Dir. M. J. Marín López). Aranzadi, Cizur Menor, 2014

parcial de la Ley (arts. 1 a 7, el apartado 1 y las letras a) y b) del apartado 2 del artículo 9, los artículos 12 a 15, los apartados 1 y 4 del artículo 16 y los artículos 17, 19, 29 y 31 a 36). Por último, y respecto a los descubiertos expresos que deban reembolsarse en un plazo superior a tres meses, que no son expresamente mencionados en la ley, le será de aplicación la norma en su totalidad siguiendo una interpretación *a contrario*[218].

A) *Descubiertos expresos que deban reembolsarse en el plazo máximo de un mes*

Como ya hemos señalado, quedan excluidos del ámbito de aplicación de la LCCC pero, sin embargo, les resulta de aplicación el apartado 7 del artículo 12 y el artículo 19.

A tenor del primer precepto, dentro de la información precontractual que debe facilitarse de forma gratuita al consumidor, con la debida antelación y antes de que éste asuma cualquier obligación en virtud de este contrato de crédito en forma de descubierto se incluirá, al menos, la siguiente:

— El importe total del crédito.

— El tipo deudor, las condiciones de aplicación de dicho tipo, los índices o tipos de referencia aplicables al tipo deudor inicial, los recargos aplicables desde la suscripción del contrato de crédito y, en su caso, las condiciones en las que puedan modificarse.

— Cuando así se contemple, una indicación de que podrá exigirse al consumidor el reembolso de la totalidad del importe del crédito en cualquier momento.

---

[218] Estas distinciones desaparecerán cuando se transponga al Derecho interno la Directiva 2023/2225/UE (se supone que antes del 30 de noviembre de 2025 que entrarían en vigor el 30 de noviembre de 2026) que en su art. 2 (ámbito de aplicación) se refiere a los contratos de crédito en forma de descubierto tácito sin hacer tales distinciones.

Por otra parte, en la fase de ejecución del contrato, a tenor del art. 19 LCCC, el prestamista deberá informar al consumidor, con una periodicidad al menos trimestral, mediante un extracto de cuenta en papel o cualquier otro soporte duradero, de lo siguiente:

a) El período preciso al que se refiere el extracto de cuenta.

b) Los importes de los que se ha dispuesto y la fecha de disposición.

c) La fecha y el saldo del extracto anterior.

d) El nuevo saldo.

e) La fecha y el importe de los pagos efectuados por el consumidor.

f) El tipo deudor aplicado.

g) Los recargos que se hayan aplicado.

h) En su caso, el importe mínimo que deba pagarse.

Además, el consumidor será informado de los incrementos del tipo deudor o de los recargos que deba pagar antes de que las modificaciones en cuestión entren en vigor, si bien, las partes pueden acordar en el contrato de crédito que la información sobre las modificaciones del tipo deudor se proporcione en soporte duradero y con una periodicidad al menos trimestral en los casos en que la modificación en el tipo deudor se deba a una modificación de un tipo de referencia, siempre y cuando el nuevo tipo de referencia sea publicado oficialmente por el Ministerio de Economía y Hacienda o por el Banco de España, y la información al respecto esté disponible también en los locales del prestamista.

B) Descubiertos expresos que deban reembolsarse previa petición o en el plazo máximo de tres meses

A este tipo de descubiertos expresos se les aplica parcialmente la LCCC (concretamente los arts. 1 a 7, el apartado 1 y las letras a) y

b) del apartado 2 del artículo 9, los artículos 12 a 15, los apartados 1 y 4 del artículo 16 y los artículos 17, 19, 29 y 31 a 36).

Salvo los arts. 17 y 19 que son específicos para los descubiertos, el resto de los preceptos son de aplicación general a todos los créditos al consumo. Al segundo de los preceptos acabamos de hacer referencia más arriba por lo que nos centraremos en el primero.

De acuerdo con el art. 17 LCCC, que regula la información contractual, estos contratos de crédito se redactarán con una letra que resulte legible y con un contraste de impresión adecuado.

Siguiendo a ÁLVAREZ OLALLA[219], estamos ante "uno de esos casos en los que la confirmación documental a que se refiere el art. 63 TRLCU se ha de llevar a cabo, necesariamente, mediante forma escrita, en papel u otro soporte duradero". Esto incluiría, por ejemplo, un documento electrónico[220] pero no una grabación de voz.

Por otro lado, deben especificarse, de forma clara y concisa, los siguientes datos:

a) El tipo de crédito. Esto es, la denominación contractual que en nuestro caso es la de crédito concedido en forma de descubierto.

b) La identidad y el domicilio social de las partes contratantes, así como, si procede, la identidad y el domicilio social del intermediario de crédito. Este dato, igualmente obligatorio en el resto de los contratos de crédito, en el caso que nos ocupa adquiere gran relevancia en los casos en los que los contratos de cuenta corriente

---

219 ÁLVAREZ OLALLA, P.: "Artículo 17" en *Comentarios a la Ley de Contratos de Crédito al Consumo* (Dir. M. J. Marín López). Aranzadi, Cizur Menor, 2014, pág. 691.

220 Esta autora se remite al art. 23.3 de la Ley 34/2002, de 11 de julio, de servicios de la sociedad de información y de comercio electrónico asimila el documento en papel con el documento electrónico a efectos del cumplimiento del requisito de forma escrita, cuando éste sea exigido por una determinada Ley.

con dos o más titulares indistintos. A diferencia de lo que ocurre con los descubiertos tácitos que han podido ser realizados por uno de los titulares sin el consentimiento, incluso sin el conocimiento, de los otros, en los descubiertos expresos la entidad de crédito quiere tener la garantía del patrimonio de todos los titulares.

c) La duración del contrato de crédito. Este es un elemento esencial cualquiera que sea la forma del crédito.

d) El importe total del crédito y las condiciones de disposición del mismo. Por tanto, el límite máximo de ese descubierto. En cuanto a las condiciones de disposición figurarán en el propio contrato de cuenta corriente si bien sí que podrán establecerse limitaciones en estos medios para los casos de descubierto.

e) El tipo deudor y las condiciones de aplicación de dicho tipo y, si se dispone de ellos, los índices o tipos de referencia aplicables al tipo deudor inicial, así como los períodos, condiciones y procedimientos de variación del tipo deudor y, si se aplican diferentes tipos deudores en diferentes circunstancias, la información arriba mencionada respecto de todos los tipos aplicables.

f) El coste total del crédito para el consumidor, calculados en el momento de la suscripción del contrato de crédito y de conformidad con la letra a) del artículo 6. Por tanto, el coste total entendido como cifra global que incluya los intereses, comisiones, impuestos y demás gastos que el consumidor deba pagar en relación con el contrato y de los que sea conocedora la entidad de crédito. Hay que entender que, además, debe proporcionarse el consiguiente desglose de todos y cada uno de los componentes del coste.

g) La indicación de que al consumidor podrá exigírsele que reembolse la totalidad del importe del crédito en cualquier momento. Esto, obviamente, debe incluirse en los supuestos que así se pacte.

h) El procedimiento que deberá seguirse para ejercer el derecho de desistimiento del contrato de crédito. La verdad es que extraña sobremanera este requisito ya que entiendo que no es aplicable este derecho regulado en el art. 28 LCCC precepto que no es de aplicación a estos descubiertos. Por el contrario, entiendo que sí sería aplicable para los descubiertos expresos que deban reembolsarse en un plazo superior a tres meses, a los que le es de aplicación la LCCC en su totalidad.

i) Información sobre los gastos aplicables desde el momento de la celebración de dichos contratos de crédito y, en su caso, las condiciones en que dichos gastos podrán modificarse.

2. DESCUBIERTO TÁCITO

Se entiende por "*descubierto tácito* aquel descubierto aceptado tácitamente mediante el cual un prestamista pone a disposición de un consumidor fondos que superen el saldo de la cuenta a la vista del consumidor o la posibilidad de descubierto convenida" (art. 4.2 LCCC). En este caso, no existe acuerdo expreso, pero aun así la entidad de crédito permite al consumidor disponer de cantidades que disponga de cantidades que exceden a sus fondos disponibles.

Siguiendo a GARCÍA-PITA Y LASTRES[221], el descubierto sería el "estado de desequilibrio negativo en que se encuentra una cuenta corriente bancaria como consecuencia del juego de las diversas anotaciones de abono y cargo y —en concreto— como resultado de la anuencia del banco a ejecutar órdenes de pago o similares, transmitidas por un titular que nos contaba con provisión de fondos suficiente".

---

221 GARCÍA-PITA Y LASTRES, J.L.: "La cuenta corriente bancaria en descubierto y los contratos de crédito: criterios para una interpretación legal y contractual (comentario a la STS de 14 diciembre de 1983)", *Comentarios a jurisprudencia de derecho bancario y cambiario,* (Dir. SÁNCHEZ CALERO), Centro de Documentación Bancaria y Bursátil, Tomo I, 1993, pág. 493.

Lo normal es que en un contrato de cuenta corriente se haya previsto el régimen que se aplicará si se produce una situación de descubierto. Como ya hemos señalado, las entidades de crédito no se comprometen a aceptar estas situaciones de descubierto, pero, si se producen, habrá que aplicar el régimen establecido en dicho contrato en lo relativo a la exigibilidad, comisiones e intereses.

Como señala ÁLVAREZ OLALLA[222], aunque la naturaleza jurídica del descubierto tácito es discutida, la posición mayoritaria es que estas operaciones entrañan una operación de préstamo o crédito, posición ésta que es la que viene a admitir la LCCC al incluirlo, al menos parcialmente, dentro de su ámbito de aplicación. La otra posición que considera que esta figura encaja en la idea de "anticipo" propio de la relación de mandato o comisión subyacente al "servicio de caja" que presta banco, como consecuencia del contrato de cuenta corriente que sirve de soporte a la relación jurídica de depósito o crédito, es más difícil de mantener en los casos en los que el destinatario de los fondos sobredispuestos que generan el descubierto es el propio cliente, como ocurre cuando el mismo es consecuencia de pagos realizados con tarjeta de crédito o reintegros en cajeros automáticos.

En efecto, hay que tener en cuenta que para que este descubierto tácito se produzca (igual que para el excedido tácito) se requiere que se haya realizado por voluntad del consumidor. De forma que, si la entidad realiza abonos a terceros causando descubiertos que no debían haber sido generados, esto es, si se trata de órdenes emitidas por terceros que no debían haber sido atendidas por la entidad al no contar con el consentimiento del titular de la cuenta, no serán de aplicación las previsiones establecidas en la LCCC[223].

---

222 ÁLVAREZ OLALLA, P.: "Artículo 20" en *Comentarios a la Ley de Contratos de Crédito al Consumo* (Dir. M. J. Marín López). Aranzadi, Cizur Menor, 2014, pág. 777.

223 ÁLVAREZ OLALLA, P.: "Artículo 4" en *Comentarios a la Ley de Contratos de Crédito al Consumo* (Dir. M. J. Marín López). Aranzadi, Cizur Menor, 2014, pág. 244.

Por ello hay una tercera corriente de opinión que hace depender la naturaleza del descubierto de la voluntad de las partes. Así autores como EMBID IRUJO[224] o GARCÍA-PITA Y LASTRES[225]. Pero, en todo caso, entendemos que el descubierto es una operación crediticia, aunque puedan existir elementos que lo asemejan al anticipo propio del contrato de mandato o comisión ya que, en nuestro caso, se están dando al consumidor unos fondos de los que en ese momento carece. En definitiva, como señala MARÍN LÓPEZ[226], que no hay incompatibilidad entre mantener la naturaleza crediticia del descubierto si en lugar de caracterizarse como un préstamo se opta por conceptuarlo como un anticipo del Banco.

De acuerdo con el art. 20 LCCC que regula la información contractual, "en el caso de un contrato para abrir una cuenta a la vista, donde existe la posibilidad de que se permita al consumidor un descubierto tácito, el contrato contendrá la información a la que se refiere la letra e) del apartado 2 del artículo 12", esto es, el tipo deudor, las condiciones de aplicación de dicho tipo, los índices o tipos de referencia aplicables al tipo deudor inicial, los recargos aplicables desde la suscripción del contrato de crédito y, en su caso, las condiciones en las que puedan modificarse.

En relación con el tipo de interés el precepto exige que se refleje en el contrato de cuenta corriente si bien es admisible, al menos el pacto, que puedan modificarse a lo largo de la vida del contrato. Al igual que en el caso de los descubiertos expresos no

---

224 EMBID IRUJO, J.M.: "La cuenta corriente bancaria", *RDBB*, 1997, pág. 142.

225 GARCÍA-PITA Y LASTRES, J.L.: "La cuenta corriente bancaria en descubierto y los contratos de crédito: criterios para una interpretación legal y contractual (comentario a la STS de 14 diciembre de 1983)", *Comentarios a jurisprudencia de derecho bancario y cambiario*, (Dir. F. Sánchez Calero), Centro de Documentación Bancaria y Bursátil, Tomo I, 1993, pág. 493 y ss.

226 MARÍN LÓPEZ, J.J.: "El ámbito de aplicación de la Ley de crédito al consumo" en *Crédito al Consumo y Transparencia Bancaria* (Dir. U. Nieto Carol). Civitas, Madrid, 1998, pág. 125.

se exige informar al consumidor de la TAE resultante de aplicar el tipo de interés pactado en el contrato o de la resultante de una posterior variación. Esto es así porque tampoco lo exige la Directiva 2008/48/CE (art. 18) y es que, como sabemos, es una Directiva de máximos que no permite una mayor protección en los aspectos regulados por la propia Directiva. Sin perjuicio de la conveniencia de que conste la TAE, habida cuenta de su extraordinaria importancia dado que el límite al tipo de interés aplicable a los descubiertos se fija en la Directiva y en la LCCC en términos de TAE. Por el contrario, sí se exige en la normativa bancaria que se hará constar en la información periódica de cada liquidación[227].

Por otro lado, el precepto no hace referencia expresa a las comisiones que habitualmente establece las entidades de crédito en los supuestos de descubierto tácito, aunque podríamos considerarlas incluidas en una acepción amplia del término "recargo". En todo caso, del espíritu de la Directiva y de la LCCC se desprende la exigencia de la constancia en el contrato y de la información al consumidor no sólo del tipo de interés sino de cualquier gasto en el que incurra éste para la obtención del crédito.

A este respecto dos son las comisiones que suelen cobrarse en caso de descubierto tácito: Comisión de descubierto y comisión de reclamación de posiciones deudoras. La primera es una comisión que se percibe en cada periodo de liquidación de la cuenta y suele consistir en un porcentaje a aplicar sobre el mayor saldo de descubierto habido en este periodo. El servicio remunerado sería el análisis del riesgo que entraña para la entidad la aceptación del descubierto[228]. El cobro de esta comisión está admitido en la normativa sectorial bancaria interpretando *a sensu contrario* la norma decimotercera 7.e) Circ. B.E. 5/2012 que dice que "de acuerdo con lo establecido en el segundo párrafo del apartado 1

---

227 El Anejo 4 Circ. B.E. 5/2012, contiene el modelo de la información periódica a suministrar en cada liquidación y exige la constancia de la TAE.

228 ÁLVAREZ OLALLA, P.: "Artículo 20" en *Comentarios a la Ley de Contratos de Crédito al Consumo...*, pág. 786.

del artículo 3 de la Orden, en los descubiertos no podrá reiterarse la aplicación de comisiones a causa de la concesión del descubierto en otros descubiertos tácitos que se produzcan antes de la siguiente liquidación de la cuenta, ni podrán tampoco exigirse dichas comisiones en los descubiertos por valoración". En todo caso, esta comisión debe ser tenida en cuenta en el cálculo de la TAE a los efectos del límite aplicable a los tipos de interés en los descubiertos establecido en el artículo 20.4 LCCC. No obstante, no podemos olvidar que existe jurisprudencia menor que considera que no puede cobrarse la comisión de descubierto porque no remunera un servicio efectivamente prestado al consumidor.

La otra comisión es la de reclamación de posiciones deudoras. Se cobra con el fin de compensar a la entidad de crédito por los gastos en los que ha incurrido por la reclamación de la deuda. Esta comisión se aplica también en el resto de los contratos bancarios de naturaleza crediticia. Como ya hemos señalado, el Servicio de Reclamaciones del Banco de España[229] considera que el adeudo de comisiones por reclamación tiene por objeto la recuperación de los costes que debe soportar la entidad como consecuencia de las reclamaciones necesarias para la recuperación de dichos saldos siendo preceptiva para su procedencia la mención en el documento contractual correspondiente. Pero "desde la óptica de las buenas prácticas bancarias y ante la dificultad de las entidades de determinar a priori, y de justificar, a posteriori, para cada caso concreto, la existencia efectiva de gestiones de reclamación es criterio del Servicio de Reclamaciones que su adeudo solo puede ser posible si, además de aparecer recogido en el contrato, se acredita que:

— Su devengo está vinculado a la existencia efectiva de gestiones de reclamación realizadas ante el cliente deudor (algo que, a juicio de este Servicio, no está justificado con la simple remisión de una carta periódicamente generada por el ordenador).

---

229 Memoria del Servicio de Reclamaciones del Banco de España 2011, pág. 150. En análogos términos está dicho en la Memoria de 2009, pág. 81.

— Es única en la reclamación de un mismo saldo. En consecuencia, de declararse vencida anticipadamente la totalidad de la deuda solo podría adeudarse una nueva comisión por este concepto, con independencia de que, por criterios internos de recuperación de impagados, dicha deuda sea pasada al cobro total o parcialmente. Caso distinto sería que en esas circunstancias se llegara a un acuerdo de refinanciación de la misma, de la que resultara un calendario de nuevas cuotas a pagar. En este caso sí que sería admisible, de llegar a producirse nuevos impagos de las mismas, la aplicación de la comisión de referencia.

No obstante, se considera que su adeudo es compatible con la repercusión de los gastos soportados por la entidad como consecuencia, en su caso, de la intervención de terceros en las gestiones de reclamación (por ejemplo, notaría).

— Dada su naturaleza, su cuantía es única, cualquiera que sea el importe del saldo reclamado, no admitiéndose, por tanto, tarifas porcentuales.

Además, y como criterio adicional, se considera que su aplicación automática no constituye una buena práctica bancaria, ya que la reclamación debe realizarse teniendo en cuenta las circunstancias particulares de cada impagado y de cada cliente. En efecto, solo cuando se analiza, caso por caso, la procedencia de llevar a cabo cada reclamación se justifica, bajo el principio de la buena fe, la realización de gestiones individualizadas de recuperación".

Por otra parte, en la fase de ejecución del contrato, el prestamista proporcionará esa misma información de forma periódica. De aquí se deduce que con cierta periodicidad, sin que se especifique cuál, la entidad de crédito debe recordar al consumidor estas condiciones aunque no hayan variado y sin necesidad de que se haya producido de forma efectiva un descubierto, el motivo deberá remitirse a esta información al consumidor en caso de que se haya producido una variación el tipo aplicable o el importe de las comisiones, sí dicha variación está expresamente pactadas en el contrato.

Por otro lado, en caso de descubierto tácito importante que se prolongue durante un período superior a un mes, el prestamista informará al consumidor sin demora de los siguientes extremos:

a) Del descubierto tácito.

b) Del importe del descubierto tácito.

c) Del tipo deudor.

d) De las posibles penalizaciones, gastos o intereses de demora aplicables.

Se impone así la obligación de informar de forma inmediata de la existencia del descubierto y de su importe (el consumidor puede no ser consciente del mismo por tratarse del pago de un recibo domiciliado cuyo importe sea superior al esperado o por una utilización fraudulenta de la tarjeta de crédito). De esta forma está justificado el cobro de intereses y, en su caso, comisiones, puesto que de otro modo sería contrario al principio de buena fe dejar transcurrir un amplio espacio de tiempo sin advertir del descubierto al consumidor impidiéndole a este regularizar el mismo.

Se informará, igualmente, del tipo deudor aplicado que se haya pactado en el contrato de cuenta corriente salvo que haya experimentado alguna modificación en virtud de lo pactado en el propio contrato y la misma haya sido notificada al consumidor con la suficiente antelación. Como ya hemos señalado anteriormente la LCCC, siguiendo la Directiva, no exige la constancia de la TAE que sí impone la normativa sectorial bancaria.

Por último, establece el precepto que se informará al consumidor de las posibles penalizaciones, gastos o intereses de demora aplicables. Se está refiriendo a las comisiones, tanto a la de descubierto como a la de reclamación de posiciones deudoras en las que el consumidor podría llegar a incurrir en caso de no regularizar de forma tempestiva el descubierto. Destaca ALVAREZ OLALLA[230]

---

[230] ÁLVAREZ OLALLA, P.: "Artículo 20" en *Comentarios a la Ley de Contratos de Crédito al Consumo…*, pág. 793.

que esta diferencia entre el tipo de interés deudor (letra c) y el interés de demora (letra d) da a entender que en el descubierto tácito se devengan dos tipos de interés, el remuneratorio, que se aplicará hasta el momento de liquidación del periodo, y el de demora, que se aplicará desde ese momento en adelante (así la sent A.P. de Granada de 14 de septiembre de 2007 —Roj: SAP GR 2283/2007—). Sin embargo, en opinión de esta autora, los intereses que genera el descubierto, desde el mismo momento en que se produce, son moratorios de tal modo que en caso de que no haya existido pacto al respecto, se devengará el interés legal desde el mismo momento que se produce el descubierto, si el reembolso es inmediatamente exigible.

3. EXCEDIDO TÁCITO

"Se considera *excedido tácito* sobre los límites pactados en cuenta de crédito aquél excedido aceptado tácitamente mediante el cual un prestamista pone a disposición de un consumidor fondos que superen el límite pactado en la cuenta de crédito del consumidor (art. 4.3 LCCC). Aquí estamos dentro de otro contrato, el de apertura de crédito. Si en el caso del descubierto se disponen cantidades superiores al saldo que tiene a su favor el consumidor, en el excedido, la entidad ya ha concedido crédito, pero el acreditado dispone de cantidades superiores al límite concedido.

"Los excedidos tácitos son sobregiros aceptados tácitamente por la entidad, en virtud de los cuales ésta pone a disposición del consumidor fondos que superen el límite pactado en una cuenta de crédito"[231], entendida ésta como el contrato en virtud del cual "la entidad pone a disposición del cliente la cantidad límite pactada y el cliente, procede al reembolso de las cantidades pactadas

---

231 ÁLVAREZ OLALLA, P.: "Artículo 4" en *Comentarios a la Ley de Contratos de Crédito al Consumo...*, pág. 243.

en el periodo estipulado pudiendo volver a disponer del capital reembolsado" [232].

La LCCC en su art. 4.3 establece la aplicación parcial de la Ley a los excedidos en cuenta de crédito, concretamente los artículos 1 a 7, 20 y 34 a 36, al igual que ocurre con los descubiertos expresos por lo que nos remitimos a lo ya dicho.

No estaban regulados ni en la LCC-1995 ni en la Directiva 2008/48/CE que habla de "rebasamiento" y que define en su art. 3.e) como "descubierto aceptado tácitamente mediante el cual un prestamista pone a disposición de un consumidor fondos que superen el saldo de la cuenta corriente del consumidor o la posibilidad de descubierto convenida". Por tanto, en ningún caso se está pensando en el excedido en cuenta de crédito, aunque haya algún autor[233] que entiende que el concepto "rebasamiento" que da la Directiva tiene cabida tanto el descubierto como el excedido tácito, opinión que no comparto[234].

Como es sabido se ha de respetar la vocación de la Directiva que impone una armonización total, de forma que los Estados miembros no pueden mantener o introducir disposiciones nacionales distintas a las disposiciones armonizadas establecidas en esta norma europea,

---

232 En palabras de GARCÍA-PITA Y LASTRES, J.L. (*Las entidades de crédito y sus operaciones. Operaciones Bancarias neutras,* Marcial Pons, Madrid, 2006, pág. 300), "las líneas de crédito se diferencian de los créditos en que permiten a las empresas obtener, reembolsar y obtener nuevamente los fondos que necesiten dentro de un límite preacordado con el banco".

233 PÉREZ CARRILLO, E.F.: "Las disposiciones generales de la Ley 16/2011, de 24 de junio, de Contratos de Crédito al Consumo"..., pág. 18.

234 De las versiones inglesa (*«overrunning» means a tacitly accepted overdraft whereby a creditor makes available to a consumer funds which exceed the current balance in the consumer's <u>current account</u> or the agreed overdraft facility*) y francesa (*«dépassement»: un découvert tacitement accepté en vertu duquel un prêteur autorise le consommateur à disposer de fonds qui dépassent le solde du <u>compte courant</u> du consommateur ou la facilité de découvert convenue*) se deduce lo mismo que de la española. Se está hablando de "cuenta corriente" y no de "cuenta de crédito".

si bien tal restricción no impide mantener o adoptar normas nacionales en caso de que no existan disposiciones armonizadas y nada hay establecido respecto a los excedidos en cuenta de crédito.

4. LÍMITE DEL TIPO DE INTERÉS DEL DESCUBIERTO Y DEL EXCEDIDO TÁCITO

De acuerdo con el art. 20.4 LCCC "en ningún caso podrá aplicarse a los créditos que se concedan en forma de descubiertos a los que se refiere este artículo un tipo de interés que dé lugar a una tasa anual equivalente superior a 2,5 veces el interés legal del dinero".

Este precepto, que no tiene su correlativo en la Directiva 2008/48/CE, trae causa en el art. 19.4 LCC-1995 ("en ningún caso se podrán aplicar a los créditos que se concedan, en forma de descubiertos en cuentas corrientes a los que se refiere este artículo, un tipo de interés que dé lugar a una tasa anual equivalente superior a 2,5 veces el interés legal del dinero").

Ya con la redacción de 1995 se planteó si ese límite era aplicable a los excedidos en cuenta de crédito. La verdad es que la redacción no era muy afortunada porque el art. 19.1 LCC hablaba de "concesión de un crédito en cuenta corriente". Por eso lo primero era determinar lo que el legislador quería decir con esa expresión. La propia LCC utilizaba distintos conceptos. Así, los arts. 2.1.c y 19.1 hablaban de "créditos en cuenta corriente". Por el contrario, al denominar el contenido de ese mismo art. 19 se utilizaba la expresión "anticipos en descubiertos", el número 3 de este artículo hablaba de "descubiertos" y el numero 4 establecía un límite máximo al tipo de interés aplicable a "los créditos que se concedan en forma de descubiertos en cuentas corrientes a los que se refiere este artículo".

En su momento ya señalé[235] que entendía que la normativa que recoge el art. 19 LCC-1995 debía considerarse aplicable *ex-*

---

[235] NIETO CAROL, U.: "El crédito al consumo: régimen jurídico". Conferencia pronunciada en la Unión Nacional de Cooperativas de Crédito el 16 de abril de 1997.

clusivamente a los descubiertos en cuenta corriente. En efecto, el origen de este precepto se encontraba en el art. 6 de la Directiva 87/102 CEE que utilizaba la expresión de "anticipos en cuenta corriente" y más adelante de "descubiertos". Aunque nosotros utilizamos esta última expresión con carácter general, cabría distinguir los supuestos en los que se pacta con la Entidad de crédito que atienda el pago de cheques o recibos contra una cuenta corriente obligándose el deudor a satisfacer el interés pactado, de aquéllos otros en los que se produce un descubierto que es aceptado tácitamente por las partes. En este sentido ya señalaba GARRIGUES[236] que "en muchas ocasiones el préstamo se produce como situación final de un movimiento de caja que convierte al Banco de deudor en acreedor de su cliente. Cuando se trata de un cliente antiguo y de solvencia reconocida, los Bancos no tienen inconveniente en atender el pago de sus cheques o las órdenes de transferencia, aunque la cuenta no presente un saldo activo suficiente para secundar esas órdenes. Se habla entonces de «facilidades de caja». Mas dentro de esta hipótesis general es preciso distinguir dos supuestos: puede ocurrir que el Banco haya autorizado al cliente para emitir cheques u órdenes de pago o de transferencia en descubierto. En tal caso habrá una apertura de crédito que no se someterá a las formalidades propias de este contrato. [...] En un sentido amplio económico, puede decirse que ésta es una forma de facilidad de caja. [...] El segundo supuesto aludido que ofrece mayores dificultades de calificación jurídica es aquel en que el cliente, sin previa consulta ni autorización del Banco, expide cheques u otras órdenes de pago en descubierto. Esta es la hipótesis típica de los llamados descubiertos en cuenta corriente".

Por su parte, el Anteproyecto de Ley salido de la Sección de Derecho Mercantil de la Comisión General de Codificación, en su art. 11, seguía literalmente el texto de la Directiva y hablaba de "anticipos en cuenta corriente" y de "descubiertos". El Proyecto de Ley aprobado por el Gobierno, en el art. 2.1.c) utilizaba

---

236 GARRIGUES, J.: *Los Contratos Bancarios.* Madrid, 1975, págs. 227 y 228.

la expresión de "descubiertos en cuenta corriente" y en el art. 19 hablaba de "anticipos en descubiertos" y de "concesión de un crédito en forma de descubiertos en cuenta corriente". Estos términos que eran meridianamente claros fueron sustituidos por los de "crédito en cuenta corriente" a través de las enmiendas números 17 y 18 del Grupo Parlamentario Catalán del Congreso de los Diputados, argumentando que el Proyecto de Ley traducía incorrectamente la Directiva y, concretamente, el término *overdraft*, que rectamente entendido era, según el portavoz de ese Grupo Parlamentario, "crédito en cuenta corriente" y no "descubierto en cuenta corriente". Al margen de que las Directivas tienen traducciones oficiales a todos los idiomas comunitarios, entiendo que la traducción correcta de ese término inglés es "saldo deudor" que aplicado a una cuenta corriente nos conduce a la idea de "descubierto", término éste que incluso utiliza algún diccionario.

En efecto, «librar un cheque» se dice «*to draw a check*». «*The drawer of the check*» significa «el librador del cheque». Por tanto, *overdraft* puede traducirse por números rojos, sobregiro, saldo deudor o descubierto en cuenta corriente. Así, FITCH[237] define el término *overdraft* como: «cantidad en la que un cheque excede del saldo disponible en una cuenta corriente. También, el saldo contable negativo que resulta cuando un depositante libra cheques que exceden de su saldo...». BROWN, SUKYS y LAWLOR[238] señalan: «Cuando ocurre un *overdraft*, esto es, cuando el banco paga más de lo que el cliente ha depositado, la relación deudor—acreedor cambia, y el banco deviene acreedor». KOCH[239] define la voz *overdraft* como: «depositante que libra un cheque por una cantidad mayor que el saldo de su cuenta».

Por otra parte, y a mayor abundamiento, el propio art. 19 de la LCC-1995, en su número 4, limitaba el TAE aplicable a los créditos

---

237 FITCH, T: *Dictionary of Banking Terms*. Barron´s. Nueva York, 1993, p. 443.

238 BROWN, G. SUKYS, P. LAWLOR, M.A: *Business Law, with UCC Applications*. Glencoe. Nueva York, 1993, p. 421.

239 KOCH, T.: *Bank Management*. The Dryden Press. Nueva York, 1988, p. 697.

que se concedan en forma de descubiertos en cuenta corriente "a los que se refiere este artículo". Debíamos concluir, por tanto, que este art. 19 LCC, al igual que lo hacía el art. 6 de la Directiva 87/102 CEE, se refería a los descubiertos dentro del contrato de cuenta corriente bancaria en su doble posibilidad, como "anticipo" previamente pactado con la Entidad de Crédito o como "descubierto" provocado por haber dispuesto más del saldo de la cuenta.

Además, del tenor literal del artículo 19.4 se deducía que la limitación cuantitativa se aplicaba "a los créditos que se concedan en forma de *descubiertos en cuentas corrientes*", con lo que salvo que se realice una dudosa extensión analógica de este precepto, no debería aplicarse esta limitación a los excedidos en contratos de apertura de crédito. En este mismo sentido se manifestaron otros autores[240] que entendían que este límite debía ceñirse a los descubiertos tácitos.

Y qué decir con la redacción del actual art. 20.4 LCCC. También habla como lo hacía su precedente el art. 19.4 LCC-1995 de "descubiertos a los que se refiere este artículo" pero ya omite la referencia a "descubiertos en cuentas corrientes".

Pero la referencia que hace el art. 4.3 LCCC a la aplicación parcial de la Ley a los excedidos en cuenta de crédito y, concretamente, además de los artículos 1 a 7 y 34 a 36, al artículo 20 determina su aplicación íntegra. Cierto que este precepto se denomina "descubiertos tácitos" pero el citado art. 4.3 establece la aplicación a los excedidos en cuenta de crédito los mismos preceptos que el art. 4.2 establece para el descubierto tácito. En este mismo sentido ORDÁS ALONSO[241] y ÁLVAREZ OLALLA[242].

---

240 MUÑOZ CERVERA, M.: "La Ley 7/1995, de 23 de marzo, de Crédito al Consumo" en *Cuadernos de Derecho y Comercio*, núm. 17, 1995, pág. 213.

241 ORDÁS ALONSO, M.: *El nuevo marco normativo para la contratación de préstamos y créditos. Especial consideración a los costes asociados y la obligación de transparencia*, Bosch, Barcelona, 2014, pág. 591.

242 ÁLVAREZ OLALLA, P.: "Artículo 20" en *Comentarios a la Ley de Contratos de Crédito al Consumo...*, pág. 804.

La aplicación del límite establecido en el art. 20.4 visto plantea un primer problema de tipo práctico y otro interpretativo. Respecto al primero, en muchos casos el importe del descubierto (o del excedido) es de pequeña cuantía de forma que si es inferior a 200 euros se excluye por el art. 3.c) la aplicación de la LCCC.

El problema interpretativo se deriva de la literalidad del precepto que limita el tipo de interés aplicable a los descubiertos en términos de TAE. Sin embargo, como sabemos, la TAE integra para su cálculo otros costes y, por tanto, no sólo el interés sino también las comisiones tan frecuentes en los descubiertos y excedidos de crédito. Es más, en los casos en los que unos u otros tienen una corta duración los intereses devengados tienen poca importancia y, por el contrario, las comisiones pueden ser muy importantes[243].

Entiendo que este precepto no debe interpretarse en sentido literal sino que al limitar la TAE se está limitando la expresión porcentual del coste total del crédito tal como se definen una y otro en el artículo 6 LCCC. En este mismo sentido se pronuncian otros autores como ORDÁS ALONSO[244] y ÁLVAREZ OLALLA[245].

En esta misma línea se enmarca la norma decimotercera de la Circ. B.E. 5/2012 establece en su apartado 7.e)[246] la forma de cál-

---

243 Por ejemplo, en un descubierto de 1.000 euros durante cuatro días a un tipo de interés del 29% significa 3,18 euros (calculados sobre la base del año natural) pero si la comisión es del 4% significa 40 euros (lo que equivale a un 365% anual).

244 ORDÁS ALONSO, M.: *El nuevo marco normativo para la contratación de préstamos y créditos…*, pág. 593.

245 ÁLVAREZ OLALLA, P.: "Artículo 20" en *Comentarios a la Ley de Contratos de Crédito al Consumo…*, pág. 798.

246 "En los descubiertos tácitos en cuentas a la vista, la tasa anual equivalente se calculará teniendo en cuenta los intereses devengados y las comisiones adeudadas a causa de la concesión del descubierto, y el saldo medio deudor del período de liquidación.
Como excepción a lo anterior, cuando las comisiones giren sobre el mayor descubierto, la tasa anual equivalente se obtendrá como sumatorio de:

culo de la TAE para los casos de los descubiertos tácitos e incluye tanto los intereses como las comisiones.

Por su parte, la Memoria del Servicio de Reclamaciones del Banco de España de 2011 (pág. 153) señala lo siguiente: "a este respecto, debemos referirnos al criterio mantenido por esta institución ya desde el año 1997 para el cálculo de la TAE del descubierto, y que fue publicado en la Memoria del Servicio correspondiente a dicho año. Según este criterio, la TAE del descubierto se compone de dos sumados: la TAE de los intereses y la TAE de las comisiones. En cuanto a la primera, sí se deberían calcular siempre los intereses liquidados sobre el saldo medio deudor durante el período de liquidación, pero, para la segunda (TAE de las comisiones) se vienen admitiendo que las entidades la calculen sobre el mayor saldo deudor durante el período de liquidación, en lugar de hacerlo sobre el saldo medio deudor. Ahora bien, dado que el cálculo del coste efectivo de los descubiertos en cuenta corriente como consumidores producidos en los períodos de liquidación, se hará aplicando las normas sobre créditos en cuenta corriente, y resultando en estos casos las comisiones de apertura y otros gastos iniciales se integran como componente del coste efectivo anual, esta institución, tal como se recoge la citada Memoria del año 1997 —páginas 181 siguientes— que al aplicar la última disposición citada [...], el saldo que sirva de base para

---

i) la tasa anual equivalente de los intereses devengados por el descubierto durante el período de liquidación de este, y

ii) la tasa anual equivalente de las comisiones que, a causa de la concesión del descubierto, se adeuden durante el período de liquidación de este.

Para la obtención de los dos sumandos anteriores, se observará lo siguiente:

— la tasa anual equivalente de los intereses se calculará teniendo en cuenta el saldo medio deudor del período de liquidación;

— la tasa anual equivalente de las comisiones se calculará teniendo en cuenta el mayor saldo deudor que se hubiese producido durante el período de liquidación y considerando que dicho saldo se ha mantenido en ese nivel durante todo ese período".

la determinación de dicha comisión se mantiene durante todo el periodo de liquidación".

Queda, por último, analizar las consecuencias del incumplimiento de este límite. La LCCC no establece sanción alguna. Es el art. 89.7 TRLCU quien establece el carácter abusivo de la cláusula que imponga condiciones de crédito que para los descubiertos en cuenta corriente superen el límite establecido. Y a tenor de su art. 83 (redacción dada por el art. único.27 de la Ley 3/2014, de 27 de marzo), las cláusulas abusivas serán nulas de pleno derecho y se tendrán por no puestas. A estos efectos, el Juez, previa audiencia de las partes, declarará la nulidad de las cláusulas abusivas incluidas en el contrato, el cual, no obstante, seguirá siendo obligatorio para las partes en los mismos términos, siempre que pueda subsistir sin dichas cláusulas.

En estas circunstancias y ante la falta de previsión contractual sobre el interés moratorio sería de aplicación la norma dispositiva, esto es, el art. 1.108 CC y, por tanto, se aplicaría el interés legal. Debe descartarse aplicar como interés moratorio el máximo legal establecido, porque de esta forma se estaría incentivando el incumplimiento de la norma ya que la entidad de crédito tendría garantizado un mínimo (ese límite legal) en todo caso por lo que podría arriesgarse a fijar uno superior.

Capítulo VIII

Contratos de crédito de duración indefinida

SUMARIO: 1. CUESTIONES TERMINOLÓGICAS. 2. DERECHO DE DESISTIMIENTO UNILATERAL DEL CONSUMIDOR. 3. DERECHO DE DESISTIMIENTO UNILATERAL DEL PRESTAMISTA SIN JUSTA CAUSA. 4. DERECHO DE DESISTIMIENTO UNILATERAL DEL PRESTAMISTA CON JUSTA CAUSA. 5. EXTINCIÓN DEL CONTRATO DE SEGURO ACCESORIO. 6. LOS CRÉDITOS REVOLVING. A) Transparencia de los créditos revolving. a) Información precontractual. b) Derecho de desistimiento. c) Información contractual. d) Información periódica a suministrar al cliente. e) Información adicional. f) Forma y entrega de la información.

1. CUESTIONES TERMINOLÓGICAS

El art. 27 LCCC regula los contratos de crédito de duración indefinida con consumidores. En primer lugar, hay que destacar los términos poco técnicos utilizados por el legislador comunitario y, como consecuencia de la copia literal de la Directiva, por el legislador español al referirse a la ineficacia del contrato de duración indefinida por decisión unilateral del consumidor y del prestamista. Las expresiones *poner fin al contrato* y *terminación del contrato* que se recogen en el art. 27 LCCC (al igual que el art. 13 Directiva 2008/48/CE), deben concretarse en las categorías del desistimiento unilateral o de la resolución unilateral. Como señala QUICIOS MOLINA[247], "en definitiva, es la voluntad de una de

247 QUICIOS MOLINA, S.: "Comentario al artículo 27. Contratos de crédito de duración indefinida" en *Comentarios a la Ley de Contratos de Crédito al Consumo* (Dirigido por Manuel Jesús Marín López). Aranzadi, Cizur Menor (Navarra) 2014, págs. 975 y 976.

las partes la que provoca, cumpliéndose los requisitos establecidos legalmente, la ineficacia del contrato. Se trata de una ineficacia sobrevenida, que ha de diferenciarse netamente de la resolución del contrato por incumplimiento, también ineficacia sobrevenida pero derivada directamente de la conducta del deudor. Por supuesto, no es un caso de invalidez originaria, así que en absoluto puede utilizarse la palabra nulidad, pero tampoco procede emplear las palabras *revocación* o *rescisión*. La revocación es una ineficacia propia de declaraciones de voluntad o de actos gratuitos; la rescisión, en mi opinión, debe restringirse a los supuestos de ineficacia por lesión, o fraude o similares (de acuerdo con lo dispuesto en los artículos 1290 y ss. CC)".

2. DERECHO DE DESISTIMIENTO UNILATERAL DEL CONSUMIDOR

El Considerando (33) de la Directiva 87/102/CEE dice que "las partes contratantes deben tener derecho a poner fin, por el procedimiento habitual, a un contrato de crédito de duración indefinida". En coherencia con este principio su art. 13.1 establece que "el consumidor podrá poner fin gratuitamente y en cualquier momento, por el procedimiento habitual, a un contrato de crédito de duración indefinida, a menos que las partes hayan convenido en un plazo de notificación. El plazo de preaviso no podrá exceder de un mes".

El art. 27 LCCC titulado "contratos de crédito de duración indefinida", en su número 1, reproduce literalmente la Directiva ("El consumidor podrá poner fin gratuitamente y en cualquier momento, por el procedimiento habitual o en la misma forma en que lo celebró, a un contrato de crédito de duración indefinida, a menos que las partes hayan convenido un plazo de notificación. El plazo de preaviso no podrá exceder de un mes"), aunque añade respecto al procedimiento para poner fin al contrato "en la misma forma en que lo celebró", además de "la forma habitual".

Desde el punto de vista temporal el consumidor puede "poner fin al contrato" de crédito de duración indefinida en cualquier momento. Dicho contrato será eficaz mientras no venza el plazo de preaviso, dado que "la existencia del preaviso significa que el contrato dejará de tener efectos no cuando sea comunicada al prestamista la declaración de voluntad del consumidor, sino transcurrido el tiempo establecido desde el aviso de desistimiento" [248].

En cuanto a la forma de realizar el preaviso debe tenerse en cuenta que a tenor de lo dispuesto en el art. 16.2.s) LCCC el documento contractual deberá especificar, de forma clara y concisa, "el procedimiento que deberá seguirse para ejercer el derecho de poner fin al contrato de crédito".

Por su parte, el art. 27.1 la LCCC habla de "procedimiento habitual" o "en la misma forma en que se celebró el contrato". Esto último es de fácil determinación dado que el contrato de crédito al consumidor ha de formalizarse por escrito, en papel o en otro soporte duradero tal como exige el art. 16.1 LCCC. "De modo que el consumidor comunicará por escrito su denuncia del contrato de duración indefinida, o por carta o en otro soporte duradero salvo que después de la celebración del contrato el procedimiento habitual de comunicación entre las partes sea distinto. Si el contrato se celebró por medios telemáticos, electrónicos, telefónicos, fax u otros similares, ha de estarse a la Ley 22/2007, de 11 de junio, sobre comercialización a distancia de servicios financieros destinados a los consumidores (los servicios bancarios de crédito se consideran servicios financieros a los efectos de dicha Ley). El consumidor podrá poner fin al contrato celebrado por medio de una técnica de comunicación a distancia como las mencionadas, utilizando la misma técnica si fuera posible, mediante el procedimiento habilitado al efecto y del que han debido recibir información (siempre que lo ha consentido el consumidor), o, en su defecto, por carta dirigida al prestamista". Para los contratos ce-

---

248 QUICIOS MOLINA, S.: "Comentario al artículo 27. Contratos de crédito de duración indefinida"... p. 986.

lebrados utilizando medios electrónicos ha de tenerse en cuenta lo establecido en la Ley 34/2002, de 11 de julio, de servicios de la sociedad de la información y de comercio electrónico[249].

El artículo 27.1 LCCC establece que el consumidor podrá ejercer el derecho de desistimiento gratuitamente, por tanto, sin gasto alguno asociado a tal ejercicio y sin penalización o compensación alguna al prestamista.

Ejercido este derecho de desistimiento por el consumidor el contrato de crédito de duración indefinida dejará de tener efectos. El consumidor estará obligado a restituir lo adeudado, en su caso, y el prestamista dejará de estar obligado a ofrecerle el crédito.

3. DERECHO DE DESISTIMIENTO UNILATERAL DEL PRESTAMISTA SIN JUSTA CAUSA

Como ya se ha dicho, el Considerando (33) de la Directiva 87/102/CEE dice que “las partes contratantes deben tener derecho a poner fin, por el procedimiento habitual, a un contrato de crédito de duración indefinida”. Por tanto, si lo tiene el consumidor, también debe tenerlo el prestamista. El art. 27.2 LCCC transcribe literalmente el párrafo 2º del art. 13.1 de la Directiva y establece que “si así ha sido pactado en el contrato de crédito, el prestamista podrá poner fin por el procedimiento habitual a un contrato de crédito de duración indefinida dando al consumidor un preaviso de dos meses como mínimo, notificado mediante documento en papel o en otro soporte duradero”.

Como se observa, frente al consumidor al que se le reconoce un derecho de desistimiento por imperativo legal, el prestamista lo tiene sólo si se pacta en el contrato, también *ad nutum*, esto es, sin alegar causa alguna. Sin pacto al respecto el prestamista no podrá resolver unilateralmente un contrato de crédito de duración

---

249 QUICIOS MOLINA, S.: “Comentario al artículo 27. Contratos de crédito de duración indefinida”... p. 990.

indefinida y deberá cumplirlo necesariamente o indemnizar al consumidor por incumplimiento si decide darlo por terminado, salvo que, como veremos seguidamente, exista una causa justificada.

El plazo de preaviso del derecho de desistimiento es mayor que para el consumidor; para el prestamista es de dos meses. No cabe pactar en el contrato que el plazo de preaviso sea inferior a éste, aunque sí, por el contrario, mayor. La extinción del contrato tendrá lugar al término del plazo de preaviso. El contrato de crédito dejará de tener efectos y, por tanto, el consumidor estará obligado a restituir lo adeudado, en su caso, al prestamista, por cualquier concepto (capital, intereses…)

En cuanto a la forma de realizar el preaviso, al igual que se establece frente al art. 13.1 párr. 2º de la Directiva, el art. 27.2 párr. 2º dice que debe ser por el "procedimiento habitual" y "notificado mediante documento en papel o en otro soporte duradero", lo que puede parecer una incoherencia ya que excluye un procedimiento habitual distinto a este último. Pareciera que se le exige una forma de comunicación más exigente al prestamista por lo que éste, para tener la seguridad de ejercer su derecho de desistimiento y que el consumidor no pueda reclamar el cumplimiento del contrato tendrá que optar por el sistema más restrictivo.

4. DERECHO DE DESISTIMIENTO UNILATERAL DEL PRESTAMISTA CON JUSTA CAUSA

El Considerando (33) de la Directiva 87/102/CEE dice también que "cuando así lo disponga el contrato de crédito, el prestamista debe poder retirar al consumidor el derecho a disponer de cantidades con cargo a un contrato de crédito de duración indefinida, por razones objetivamente justificadas. Estas razones pueden ser, por ejemplo, la sospecha de un uso no autorizado o fraudulento del crédito o un aumento considerable del riesgo de que el consumidor no pueda hacer frente a su obligación de reembolsar el crédito".

De acuerdo con el art. 27.3 LCCC, siguiendo lo establecido en al art. 13.2 de la Directiva, "si así ha sido pactado en el contrato de crédito, el prestamista podrá, por razones objetivamente justificadas, poner fin al derecho del consumidor a disponer de cantidades de un contrato de crédito de duración indefinida".

Esta expresión de poner fin al derecho del consumidor a disponer de cantidades debe entenderse como "poner fin al contrato" de crédito tal y como se señala en el punto 2 de este mismo artículo. En otro caso parecería que se está hablando de "suspender" el mismo dada la expresión nada afortunada de "poner fin a disponer de cantidades" de un contrato de crédito.

Al igual que en el supuesto visto en el punto anterior, este derecho del prestamista exige la existencia de pacto. Cuestión más dudosa es si las razones por las cuales el prestamista puede resolver unilateralmente el contrato deben estar concretadas en el contrato o es suficiente reconocer este derecho en el supuesto de que concurra cualquier razón objetivamente justificada.

QUICIOS MOLINA[250] cree "que no es necesario concretar las causas en las que puede basarse el prestamista para ponerle fin (como no sea a título de ejemplo, del modo en que lo hizo la Directiva en el Considerando 33 de su Preámbulo). Convendría, desde luego, que el consumidor supiera, al celebrar el contrato, las razones por las que puede quedarse sin financiación sin aviso previo [...] Pero me parece que con esta norma el legislador comunitario ha querido dar una válvula de escape a los prestamistas para el futuro (que puede ser largo tratándose de contratos de duración indefinida), ejemplificando algunas causas objetivamente justificadas de resolución contractual pero sin descartar otras posibles imprevisibles en el momento de celebrar el contrato".

---

250 QUICIOS MOLINA, S.: "Comentario al artículo 27. Contratos de crédito de duración indefinida"... p. 996.

Cuando el legislador habla de razones objetivamente justificadas no se está pensando en el incumplimiento del consumidor. Así se deduce del Considerando 33 del Preámbulo de la Directiva al decir que esta no afecta a las normas nacionales del derecho de contratos que regulan el derecho de las partes contratantes a poner fin al contrato de crédito por incumplimiento de contrato.

Es difícil determinar qué circunstancias objetivamente justificables permiten al prestamista poner fin a un contrato de crédito de duración indefinida. Por eso hay que acudir al citado Considerando 33 de la Directiva que por vía ejemplo nos dice algunas: "la sospecha de un uso no autorizado o fraudulento del crédito o un aumento considerable del riesgo de que el consumidor no puede hacer frente a su obligación del reembolsar el crédito". Como se ve, estos ejemplos nos conducen a situaciones en las que o se hace un uso ilegal del dinero prestado o está en peligro la devolución del préstamo.

En primer lugar, tenemos "la sospecha de un uso no autorizado o fraudulento del crédito". Hay que entender que no se está refiriendo a una utilización no autorizada por el prestamista en el contrato puesto que en este caso estaríamos ante un incumplimiento por el consumidor. Por tanto, hay que entender que se está refiriendo a que el dinero se destine a un fin prohibido por el ordenamiento jurídico. Al igual que hablar de un uso fraudulento significa también un uso contrario a las normas del ordenamiento jurídico y no a una conducta del consumidor realizada en fraude de ley (art. 6.4 CC).

En segundo lugar, tenemos como causa justificada el "aumento considerable del riesgo de que el consumidor no puede hacer frente a su obligación de reembolsar el crédito". En este caso el prestamista no sólo puede suspender las disposiciones del crédito concedido al consumidor sino, lo que es más importante, resolver el contrato y, por tanto, surge la obligación del consumidor de reembolsar las cantidades adeudadas.

Hay que señalar que el riesgo alto de incumplimiento no está contemplado en nuestro Derecho como causa de resolución del contrato. Como señala CARRASCO PERERA[251], en alguna ocasión los tribunales han dotado de eficacia resolutoria al temor de incumplimiento, pero siempre ha sido porque concurría alguna circunstancia calificadora: por ejemplo, que el deudor venía realizando pagos irregulares no calificables como incumplimientos sustanciales, o que la contingencia es de tal grado que pasa de temor a seguridad de que el cumplimiento no será posible.

Continúa diciendo el art. 27.3 LCCC que "el prestamista informará al consumidor de la terminación del contrato, indicando las razones de la misma mediante notificación en papel u otro soporte duradero, en la medida de lo posible antes de la terminación y, a más tardar, inmediatamente después de ella". La regla es que antes de la fecha en que el consumidor dejará de poder disponer del crédito se le debe notificar la terminación del contrato y darle noticia de la razón alegada para ello. El legislador no establece ningún plazo de preaviso, por lo que será el prestamista quien decidirá cuándo avisa al consumidor o si no lo hace por entender que las circunstancias son de una urgencia tal que justifica prescindir del preaviso y, así, notificar al consumidor la razón de la terminación del contrato después de producida esta. Y si el consumidor no estuviera conforme con la resolución del contrato las decisiones del prestamista quedarían sujetas a la perfección judicial.

No se comunicará la información a que se refiere el art 27.3 LCCC "cuando su comunicación esté prohibida por una norma de la Unión Europea o sea contraria a objetivos de orden público o de seguridad pública".

---

251 CARRASCO PERERA, A.: *Derecho de los Contratos*, Aranzadi Thomson Reuters, Cizur Menor (Navarra), págs. 869 y 870.

5. EXTINCIÓN DEL CONTRATO DE SEGURO ACCESORIO

El art. 27.4 LCCC establece que "si se hubiera suscrito un contrato de seguro accesorio al de crédito, el contrato de seguro se extinguirá al mismo tiempo que éste y el consumidor tendrá derecho al reembolso de la parte de prima no consumida".

Esta norma no viene exigida por el art. 13 de la Directiva 2008/48/CE. Por otra parte, probablemente no fuera necesaria ya que hay que entender que si se extingue el contrato principal (el crédito) se extingue el contrato accesorio (el seguro). Por otra parte, el art. 30.6 LCCC ("El reembolso anticipado de créditos que cuenten con un seguro vinculado a la amortización del crédito o a cuya suscripción se haya condicionado la concesión del crédito o su concesión en las condiciones ofrecidas, dará lugar a la devolución por parte de la entidad aseguradora al consumidor de la parte de prima no consumida") regula los efectos respecto al seguro accesorio que tiene el reembolso anticipado que no tienen por qué ser otros distintos que para los casos de resolución unilateral en los contratos de crédito de duración indefinida.

6. LOS CRÉDITOS REVOLVING

Como señala BUERGER[252], a finales de los años 60 en EE.UU. ya se aventuraba que "en la marea del futuro este tipo de créditos rotativos podrían suponer una oleada en el mar de las extensiones de crédito al consumo" y se utilizaban diferentes denominaciones para referirse a ellos tales como "plan de crédito abierto", "plan

252 BUERGER, A. A: "Revolving Credit and Credit Cards", en *Law and Contemporary Problems,* Vol. 33, núm. 4, Consumer Credit Reform (Autumn, 1968), pp. 707–717, citado por E. VÁZQUEZ DE CASTRO: "Los créditos rotativos o revolving, control de transparencia, abusividad y carácter usurario" en *Revista Jurídica de los consumidores,* #7 febrero de 2020 (Vlex), p. 47.

de crédito abierto al consumo", "cuenta de cargos rotativos" o "cuenta de préstamos rotativos" y "cuenta de crédito renovable".

Tal como señala VÁZQUEZ DE CASTRO[253], "al tratarse el revolving de un crédito para realizar pagos, se suele asociar a una tarjeta bancaria que funciona como soporte del crédito. Se trata de una tarjeta complementaria a la tarjeta de débito o crédito para la realización de compras cuyos pagos los usuarios deseen aplazar. Además, periódicamente devuelve un pequeño porcentaje de las compras realizadas con la misma". Es un producto especialmente pensado para aquellas empresas o profesionales con mayores dificultades económicas y para "particulares que pasan apuros para llegar a fin de mes".

Se trata de una forma de pago aplazado que puede adoptar dos modalidades:

— Pago de una cantidad fija cada mes, que es la opción que permite al deudor una "planificación financiera" de los pagos más sencilla (similar a disponer de una tarjeta con tarifa plana). En la liquidación mensual suelen operar dos parámetros: uno de mínimos, para que el recibo mensual tenga un importe de al menos una cantidad suelo de euros y otro de máximos, por el que el importe del recibo no puede exceder al 50% de la deuda pendiente.

— Pago de un porcentaje de la deuda pendiente, debiendo encontrarse éste entre el 3% y el 50%.

"Al ser créditos que se conceden a personas con dificultades y existir riesgo de insolvencia se suelen establecer tipos de interés elevados (estos tipos que se fijan mensualmente no suelen llegar al 2%, aunque se acercan mucho. Sin embargo, este tipo de interés, considerado anualmente, se suele acercar al 30% TAE y con los intereses de demora lo sobrepasa con creces)".

---

253 VÁZQUEZ DE CASTRO, E: "Los créditos rotativos o revolving, control de transparencia, abusividad y carácter usurario" en *Revista Jurídica de los consumidores*, #7 febrero de 2020 (Vlex), p. 51.

Por su parte, CUADRADO SOLER[254] nos aporta una definición descriptiva de este contrato: "el «crédito revolving» o «tarjeta revolving» es un contrato a través del cual la entidad financiera (prestamista) pone a disposición del consumidor (prestatario) una cantidad de dinero que este puede ir utilizando, sin necesidad de justificar su destino, hasta un límite máximo autorizado. Normalmente, el método de disposición se lleva a cabo a través de una tarjeta. En otras ocasiones, a través de la solicitud de nuevos importes (dentro del límite máximo aprobado por la entidad prestamista), mediante llamadas telefónicas o por medios telemáticos.

La devolución o amortización de estos créditos se realiza a través del pago de cuotas mensuales, aplicándose a la cantidad dispuesta el tipo de interés nominal anual (TIN) pactado en el contrato. Este tipo de interés nominal se refiere siempre al interés remuneratorio. Los demás costes asociados (comisiones, gastos obligatorios, p. ej. un seguro, etc.) se integran en el cálculo de la Tasa anual equivalente (TAE), cuyo valor, por tanto, suele ser superior al tipo de interés nominal. Estas cuotas pueden determinarse aplicando un porcentaje a la deuda existente; o puede establecerse un importe fijo a pagar mes a mes.

Mediante el pago de las mensualidades, la parte destinada a amortizar capital revierte y realimenta el disponible del crédito. Es decir, la parte de capital que se paga en cada cuota sirve para restablecer el límite utilizado de forma que el prestatario puede volver a utilizarlo cuando se le presenta cualquier necesidad concreta siempre dentro del límite previamente acordado y de la vigencia del contrato. Dicho de otra manera: el consumidor puede volver a disponer del importe del capital que amortiza en cada cuota.

Por tanto, a diferencia de un préstamo al consumo tradicional, el crédito *revolving* (de ahí su nombre), no tiene ni un importe total ni un punto final preestablecidos, puesto que no se conocen

---

254 CUADRADO SOLER, J: "Las tarjetas revolving: ¿caso resuelto?", *Rev. Crítica de Derecho Inmobiliario*, nº 794, 2022, p. 3.447.

cuando se contrata, sino que dependerá de las disposiciones y ampliaciones de la línea de crédito que realice el consumidor. Los intereses se pagan en función del grado de utilización del límite, y los importes se amortizan mediante una cuota periódica que puede variar. Naturalmente, se permite la devolución anticipada en cualquier momento, a fin de liquidar el crédito.

Este "producto bancario", muy utilizado en los últimos años, se ha visto en tela de juicio por culpa de los intereses remuneratorios asociados al mismo, tildados de usurarios[255], generándose

[255] Como se señala en la STS 258/2023, de 15 de febrero (Roj: STS 442/2023): «1. El recurso suscita la controversia acerca de los parámetros que deben emplearse al juzgar sobre el carácter usurario de un interés remuneratorio del 23,9% TAE, pactado en un contrato de tarjeta de crédito en la modalidad revolving en el año 2004.
Para acabar de centrar esta cuestión, conviene traer a colación la jurisprudencia de la sala sobre el carácter usurario de los intereses remuneratorios en este tipo de contratos.
2. Partimos de la sentencia 628/2015, de 25 de noviembre, en que se discutía el carácter usurario de un interés remuneratorio del 24,6% TAE en un contrato de tarjeta de crédito revolving celebrado en el año 2001. En esa sentencia, en primer lugar, aclaramos que "para que la operación crediticia pueda ser considerada usuraria, basta que se den los requisitos previstos en el primer inciso del art. 1 de la ley, esto es, que se estipule un interés notablemente superior al normal del dinero y manifiestamente desproporcionado con las circunstancias del caso aceptado por el prestatario a causa de su situación angustiosa, de su inexperiencia o de lo limitado de sus facultades mentales".
Y para juzgar si el interés es notablemente superior al normal del dinero, en esa sentencia hacíamos dos consideraciones: i) por una parte, que "el porcentaje que ha de tomarse en consideración para determinar si el interés es notablemente superior al normal del dinero no es el nominal, sino la tasa anual equivalente (TAE), que se calcula tomando en consideración cualesquiera pagos que el prestatario ha de realizar al prestamista por razón del préstamo, conforme a unos estándares legalmente predeterminados"; ii) y, por otra, que la comparación no debía hacerse con el interés legal del dinero, sino con el interés normal o habitual, para cuyo conocimiento podía acudirse a las estadísticas que publica el Banco de España, tomando como base la información que

un enorme debate jurisprudencial y doctrinal acerca de su posible carácter abusivo".

---

mensualmente tienen que facilitarle las entidades de crédito en cumplimiento del artículo 5.1 de los Estatutos del Sistema Europeo de Bancos Centrales y del Banco Central Europeo (BCE).

Conviene advertir que en aquella ocasión no se discutía qué apartado de las estadísticas debía servir para hacer la comparación. Como en la instancia se había tomado la referencia de las operaciones de crédito al consumo, que en aquel momento incluía también el crédito revolving, sin que hubiera sido discutido, en aquella sentencia consideramos que el 24,65% TAE superaba el doble del interés medio ordinario en las operaciones de crédito al consumo de la época en la que se concertó el contrato (2001) y que una diferencia de ese calibre permitía considerar ese interés notablemente superior al normal del dinero. Además, era manifiestamente desproporcionado con las circunstancias del caso.

El Banco de España no publicó un apartado concreto para las tarjetas revolving hasta el año 2017, cuando incorporó el desglose de esta concreta modalidad, y empezó a ofrecer la información pertinente desde junio de 2010, fecha de entrada en vigor de la Circular 1/2010, sobre estadísticas de los tipos de interés que se aplican a los depósitos y a los créditos frente a los hogares y las sociedades no financieras.

3. Fue en la posterior sentencia 149/2020, de 4 de marzo, cuando se discutió directamente si la referencia a tomar en consideración para fijar cuál es el interés normal del dinero era el interés medio de las operaciones de crédito al consumo en general o el más específico de los créditos revolving. El contrato era de 2012 y el interés inicialmente pactado era del 26,82% TAE, que luego se incrementó al 27,24% TAE. Esta sentencia abordó esta cuestión y declaró que para la comparación debía utilizarse el tipo medio de interés, en el momento de la celebración del contrato, que correspondiera a la operación crediticia cuestionada, en concreto la tarjeta de crédito revolving:

"(...) el índice que debió ser tomado como referencia era el tipo medio aplicado a las operaciones de crédito mediante tarjetas de crédito y revolving publicado en las estadísticas oficiales del Banco de España, con las que más específicamente comparte características la operación de crédito objeto de la demanda.

"En consecuencia, la TAE del 26,82% del crédito revolving (que en el momento de interposición de la demanda se había incrementado hasta el 27,24%), ha de compararse con el tipo medio de interés de las operaciones de crédito mediante tarjetas de crédito y revolving de las estadísticas del Banco de España, que, según se fijó en la instancia, era algo superior al 20%, por ser el tipo medio de las operaciones con las que más específicamente comparte características la operación de crédito objeto de la demanda. No se ha alegado ni justificado que cuando se concertó el contrato el tipo de interés medio de esas operaciones fuera superior al tomado en cuenta en la instancia". Y, a continuación, al realizar la comparación, analizamos la cuestión del margen permisible para descartar la usura: "(...) en este caso ha de entenderse que el interés fijado en el contrato de crédito revolving es notablemente superior al normal del dinero y manifiestamente desproporcionado con las circunstancias del caso y, por tanto, usurario, por las razones que se exponen en los siguientes párrafos.

"El tipo medio del que, en calidad de "interés normal del dinero", se parte para realizar la comparación, algo superior al 20% anual, es ya muy elevado. Cuanto más elevado sea el índice a tomar como referencia en calidad de "interés normal del dinero", menos margen hay para incrementar el precio de la operación de crédito sin incurrir en usura. De no seguirse este criterio, se daría el absurdo de que para que una operación de crédito revolving pudiera ser considerada usuraria, por ser el interés notablemente superior al normal del dinero y desproporcionado con las circunstancias del caso, el interés tendría que acercarse al 50%.

"Por tal razón, una diferencia tan apreciable como la que concurre en este caso entre el índice tomado como referencia en calidad de "interés normal del dinero" y el tipo de interés fijado en el contrato, ha de considerarse como "notablemente superior" a ese tipo utilizado como índice de referencia, a los efectos que aquí son relevantes.

"Han de tomarse además en consideración otras circunstancias concurrentes en este tipo de operaciones de crédito, como son el público al que suelen ir destinadas, personas que por sus condiciones de solvencia y garantías disponibles no pueden acceder a otros créditos menos gravosos, y las propias peculiaridades del crédito revolving, en que el límite del crédito se va recomponiendo constantemente, las cuantías de las cuotas no suelen ser muy elevadas en comparación con la deuda pendiente y alargan muy considerablemente el tiempo durante el que el prestatario sigue pagando las cuotas con una elevada proporción correspondiente a intereses y poca amortización del capital, hasta el

A) *Transparencia de los créditos revolving*

Como se señala en la Exposición de Motivos de la Orden ETD/699/2020, de 24 de julio, de regulación del crédito revolvente y por la que se modifica la Orden ECO/697/2004, de 11 de marzo, sobre la Central de Información de Riesgos, la Orden EHA/1718/2010, de 11 de junio, de regulación y control de la publicidad de los servicios y productos bancarios y la Orden EHA/2899/2011, de 28 de octubre, de transparencia y protección del cliente de servicios bancarios (en adelante Orden ETD/699/2020), "los créditos de duración indefinida con carácter revolvente o revolving presentan ciertas especialidades que los hacen susceptibles de un tratamiento regulatorio diferenciado.

El principal elemento que los caracteriza es que el prestatario puede disponer hasta el límite de crédito concedido sin tener que abonar la totalidad de lo dispuesto a fin de mes o en un plazo determinado, sino que el prestatario se limita a reembolsar el crédito dispuesto de forma aplazada mediante el pago de cuotas periódicas cuyo importe puede elegir y modificar durante la vigencia del contrato dentro de unos mínimos establecidos por la entidad. La cuantía de las cuotas puede variar en función del uso que se haga del instrumento del crédito y de los abonos que se realicen por el prestatario.

Así, el límite de crédito establecido por el prestamista disminuye según se dispone de él, principalmente mediante adquisiciones de bienes o servicios, disposiciones de efectivo, transferencias del crédito concedido o liquidaciones de intereses y gastos. A su vez, se repone con abonos, en esencia mediante el pago de los recibos periódicos o la realización de amortizaciones anticipadas, si bien, en particular en el caso de los créditos asociados a un instrumento

---

punto de que puede convertir al prestatario en un deudor "cautivo", y los intereses y comisiones devengados se capitalizan para devengar el interés remuneratorio".

de pago, también se pueden producir devoluciones de compras que reponen igualmente el crédito disponible.

Las cuantías de las cuotas destinadas a la amortización del capital que el prestatario abona de forma periódica vuelven a formar parte de su crédito disponible (de ahí su nombre, revolvente o

4. En la sentencia 367/2022, de 4 de mayo, hemos reiterado la doctrina expresada por la sentencia 149/2020, de 4 de marzo, sobre la utilización como término de referencia de la categoría estadística específica del revolving. Sin perjuicio de que el resultado del juicio comparativo viniera condicionado por los hechos acreditados en la instancia: i) en las fechas próximas a la suscripción del contrato litigioso, celebrado en 2006, la TAE aplicada por las entidades bancarias a las operaciones de tarjeta de crédito con pago aplazado era frecuentemente superior al 20%; ii) también era habitual que las tarjetas revolving contratadas con grandes entidades bancarias superasen el 23%, 24%, el 25% y hasta el 26% anual; iii) y la TAE de la tarjeta revolving contratada por la recurrente era del 24,5% anual. Sobre la base de estos hechos probados, la sala confirmó que la conclusión alcanzada por la Audiencia de que el interés remuneratorio no era usurario, no vulneraba la Ley de Usura y la jurisprudencia que lo interpreta, pues el tipo de interés de la tarjeta estaba muy próximo al tipo medio de las operaciones con las que más específicamente comparte características.

5. Y, por último, la sentencia más reciente, la núm. 643/2022, de 4 de octubre, resuelve un caso en que el contrato era de 2001, cuando no existía una estadística específica de referencia en las tablas del Banco de España, y el interés remuneratorio pactado era el 20,9% TAE.

Esta sentencia, primero reitera la doctrina expuesta en las sentencias anteriores, de que "la referencia del "interés normal del dinero" que ha de utilizarse para determinar si el interés remuneratorio es usurario debe ser el interés medio aplicable a la categoría a la que corresponda la operación cuestionada, en estos casos el tipo medio aplicado a las operaciones de crédito mediante tarjetas de crédito y revolving publicado en las estadísticas oficiales del Banco de España". Y apostilla que, si existen categorías más específicas dentro de otras más amplias, debe utilizarse la más específica, la que presente más coincidencias con la operación crediticia cuestionada, pues esos rasgos comunes son determinantes del precio del crédito, esto es, de la TAE del interés remuneratorio.

revolving), por lo que constituye un crédito que se renueva de manera automática en cada vencimiento, de tal forma que en rea-

---

Y luego, al aplicar esta doctrina al caso concreto, partiendo de la información acreditada en la instancia, concluye que la TAE pactada en el contrato (20.9%) no era superior al normal del dinero. En relación con la determinación de este punto de comparación, la sentencia realiza el siguiente razonamiento:
"Aunque en el año 2001 no se publicaba todavía por el Banco de España el tipo medio de las operaciones revolving, el tipo medio de productos similares era superior a la citada cifra. Los porcentajes a que se refiere el recurso de casación no son correctos, porque se refieren a créditos al consumo y, como hemos dicho anteriormente, es más adecuado tomar en consideración otros productos más similares a los créditos revolving, como las tarjetas recargables o de las de pago aplazado, que en la fecha de celebración del contrato tenían un interés medio del 24,5% anual y en la década 1999/2009, osciló entre el 23% y el 26%; en todo caso, siempre en un rango superior al interés pactado en el caso litigioso"».
En el caso de la STS 258/2023 (Contrato de tarjeta de crédito Visa con la entidad Barclays Bank PLC Sucursal en España en la modalidad comúnmente conocida como "revolving". El interés remuneratorio pactado era del 23,9% TAE). Entre los motivos de oposición aducidos por la Sra. Nicolasa se encontraba el carácter usurario del interés pactado (23,9% TAE) al ser muy superior al normal en el mercado, pues en la fecha de contratación la TAE de las tarjetas de crédito era del 18,5%, según mostraba un reportaje publicado en el diario El País, y el interés medio de los préstamos y créditos a hogares destinados al consumo era del 8,534% TAE.
Señala la sentencia que «hasta ahora este Tribunal Supremo no ha fijado un criterio uniforme para cualquier contrato, sino que ha ido precisándolo para cada caso controvertido.
En la sentencia 628/2015, de 25 de noviembre, razonó que la TAE del contrato (24,6%) era superior al doble del tipo medio de referencia. Lo anterior no significa que el umbral de usurario estuviera fijado en todo caso en el doble del interés medio de referencia. De hecho, en la posterior sentencia 149/2020, de 4 de marzo, la TAE del contrato era 26,82% y el tipo medio de referencia algo superior al 20% anual, y sin llegar ni mucho menos al doble del tipo de referencia, se declaró usurario en atención a la diferencia de puntos porcentuales, más de seis, que se consideró muy relevante».

lidad es un crédito rotativo equiparable a una línea de crédito permanente.

Sobre el capital dispuesto se aplica el tipo de interés pactado. En ocasiones, si se producen impagos o la cuantía de la cuota periódica es muy baja y no cubre los intereses, estas cantidades se capitalizan mediante nuevas disposiciones del crédito que, a su vez, generarán intereses".

"Estos créditos se comercializan mayoritariamente asociados a instrumentos de pago que prevén, de forma exclusiva o junto con otras modalidades de reembolso, la posibilidad de establecer una modalidad de pago aplazado flexible o revolving, lo que facilita su accesibilidad y la inmediatez en la realización de disposiciones del límite por el titular. En estos casos, aunque habitualmente el titular del instrumento de pago tiene la posibilidad de modificar su funcionamiento, pasando a operar alternativamente con la modalidad de pago diferido a fin de mes, las características de estos créditos pueden dar lugar a que la amortización del principal se realice con frecuencia en un período de tiempo muy prolongado, lo que supone el pago total de una cifra elevada de intereses a medio y a largo plazo o incluso el riesgo de que la deuda se prolongue de manera indefinida".

Como ya se ha apuntado antes, esta forma de crédito ha provocado una gran litigiosidad centrada fundamentalmente en el tipo de interés aplicado a estas operaciones, que unas veces ha sido considerado usurario y otras abusivo. Precisamente para reducir la litigiosidad y generar certidumbre se aprueba la Orden ETD/699/2020. Se establecen orientaciones a las entidades en relación con la valoración de la capacidad de devolución de sus clientes, "se detallan obligaciones en materia de transparencia que aseguran que, tanto antes de prestar su consentimiento, como durante toda la vigen-

---

«De acuerdo con este criterio, si el tipo medio al tiempo de la contratación sería ligeramente inferior al 20%, el interés pactado (23,9% TAE) no supera los 6 puntos, por lo que no se considera notablemente superior al tipo medio. En consecuencia, procede desestimar los motivos del recurso de casación». Y por ello se desestimó el recurso de casación.

cia del contrato, los clientes comprenden correctamente las consecuencias jurídicas y económicas de estos productos, y evitando, en último término, que el desconocimiento sobre su funcionamiento y consecuencias económicas puedan conducirles a niveles de endeudamiento excesivo en algunos casos".

La Orden ETD/699/2020 modifica la Orden EHA/2899/2011, de 28 de octubre, de transparencia y protección del cliente de servicios bancarios y, entre otras cosas, crea un nuevo capítulo III bis del título III con el título de "normas relativas a los créditos al consumo de duración indefinida".

Primeramente, establece el ámbito de aplicación de estas normas (art. 33 bis): concretamente al "crédito al consumo con interés de duración indefinida o de duración definida prorrogable de forma automática concedido a personas físicas en el que el crédito dispuesto no se satisface en su totalidad al final del período de liquidación pactado (crédito revolvente o *revolving*), sin perjuicio de lo previsto en el artículo 33", o lo que es lo mismo, sin perjuicio de la aplicación de la Ley 16/2011, de 24 de junio, de contratos de crédito al consumo.

Por tanto:

— Desde el punto de vista objetivo se aplica a créditos al consumo que cumplan tres condiciones simultáneamente. Que sean con interés, y ello porque, de acuerdo con el art. 3.f) LCCC, están excluidos de la aplicación de la Ley "los contratos de crédito concedidos libres de intereses y sin ningún otro tipo de gastos".

Segunda, que los créditos sean de duración indefinida o teniéndola definida se prorroguen de forma automática.

Y, por último, que el crédito dispuesto no se satisfaga en su totalidad al final del período de liquidación pactado.

— Desde el punto de vista subjetivo: que se concedan a personas físicas, por tanto, sean o no consumidores. Cuando no lo sean, obviamente, no les será de aplicación las normas de la LCCC respecto a los créditos de duración indefinida pero sí las normas de transparencia de este capítulo III bis del título III de la Orden EHA/2899/2011.

En materia de transparencia la OM sigue el esquema clásico que ya hemos dejado apuntado otras veces: información precontractual, contractual e información periódica, aunque, respecto a la segunda no hace mención alguna.

a) Información precontractual

El art. 33 ter.1 regula la información precontractual y exige en los créditos revolving, adicionalmente a la obligación de suministrar al cliente la información normalizada europea con el contenido, formato y en los términos previstos en la LCCC, que la entidad facilite al cliente, "en documento separado, que podrá adjuntarse a dicha información normalizada:

a) una mención clara a la modalidad de pago establecida, señalando expresamente el término «*revolving*».

b) si el contrato prevé la capitalización de cantidades vencidas, exigibles y no satisfechas.

c) si el cliente o la entidad tienen la facultad de modificar la modalidad de pago establecida, así como las condiciones para su ejercicio.

d) un ejemplo representativo de crédito con dos o más alternativas de financiación determinadas en función de la cuota mínima que pueda establecerse para el reembolso del crédito con arreglo al contrato.

Como se observa, sin perjuicio de establecer que conste el término "revolving", se exige la determinación de elementos esenciales del contrato, peculiares de este tipo de crédito: la modalidad de pago (p.e la cantidad mínima mensual, un porcentaje mensual de la cantidad adeudada…), si se prevé la capitalización de las cantidades impagadas —esto es, si generan nuevos intereses, que es lo normal— y si prestamista y/o prestatario. Esto se acompaña con los consabidos ejemplos cuantitativos para que el consumidor pueda ver supuestos prácticos.

Por otra parte, con antelación a la firma del contrato, la entidad proporcionará al cliente la asistencia señalada en el artículo 11 LCCC, es decir "explicaciones adecuadas de forma individualizada para que éste pueda evaluar si el contrato de crédito propuesto se ajusta a sus intereses, a sus necesidades y a su situación financiera, si fuera preciso explicando la información precontractual, las características esenciales de los productos propuestos y los efectos específicos que pueden tener sobre el consumidor, incluidas las consecuencias en caso de impago por parte del mismo"

Finaliza el núm. 3 de este precepto señalando que en los supuestos en los que estos créditos revolving se publiciten en vías públicas, lugares abiertos al público y, en particular, en centros comerciales, sin perjuicio de su sujeción a la normativa reguladora de la publicidad sobre productos y servicios bancarios, "la entidad extremará la diligencia en el cumplimiento de la obligación de asistencia previa a la formalización del contrato", facilitando en ese momento explicaciones adecuadas de forma individualizada para que el potencial cliente pueda evaluar si el contrato de crédito, y en especial la modalidad de pago propuesta, se ajusta a sus intereses, a sus necesidades y a su situación financiera.

b) Derecho de desistimiento

Se incluye en este capítulo el artículo 33 quáter titulado "derecho de desistimiento": "El cliente podrá ejercer el derecho de desistimiento del contrato de crédito señalado en el artículo 33 bis en los términos previstos en el artículo 28 de la Ley 16/2011, de 24 de junio, en cuyo caso dejará sin efecto el contrato de crédito celebrado".

Hay que entender que está extendiendo a todo tipo de cliente persona física, sea o no consumidor, el derecho de desistimiento recogido en la LCCC. Otra interpretación haría totalmente inútil el precepto ya que se limitaría a recordar vía disposición administrativa un derecho irrenunciable establecido por la Ley para los contratos de crédito al consumidor.

Esta interpretación se ve abonada al reconocer la norma este derecho de desistimiento al "cliente" que de acuerdo con el art. 2 Orden EHA/2899/2011, "se entenderá, a estos efectos, por clientes y clientes potenciales a las personas físicas".

Respecto a la forma del ejercicio de este derecho de desistimiento me remito el capítulo destinado a su estudio.

c) Información contractual

Nada dice la Orden de la información contractual específica que debe incluirse para este tipo de contratos, pero, obviamente, su contenido debe ser el del art. 16 de la LCCC. Y dado que en él establecen los elementos esenciales de un contrato de crédito al consumidor, entre estos están las cuestiones vistas en la información precontractual, así como la mención al derecho de desistimiento.

d) Información periódica a suministrar al cliente

Se recoge en el art. 33 quinquies que recibe precisamente esta denominación ("Información periódica a suministrar al cliente"). En su número 1 se establece que, "sin perjuicio de lo dispuesto en el artículo 8[256], en el caso de disposición de crédito señalado en el artículo

---

[256] Artículo 8. Comunicaciones al cliente.
1. Toda comunicación de las entidades de crédito, en los términos previstos por la normativa correspondiente, referida a cualquiera de los servicios bancarios previstos en esta orden deberá:
a) reflejar de manera clara y fiel los términos en que se desarrollan los servicios;
b) no destacar ningún beneficio potencial del servicio ocultando expresamente los riesgos inherentes al mismo;
c) resultar suficiente para que el destinatario más habitual de la misma comprenda adecuadamente los términos esenciales del servicio, y;
d) no omitir ni desnaturalizar ninguna información relevante.
2. Cuando una entidad de crédito tenga el derecho de modificar unilateralmente cualquier término de un contrato de servicio bancario deberá comunicar al cliente, con una antelación no inferior

33 bis [crédito revolving] la entidad deberá suministrar al cliente con periodicidad al menos trimestral la siguiente información:

---

a un mes, siempre que la duración inicial del contrato exceda de este plazo, los términos exactos de tal modificación o prórroga y los derechos de que, en su caso, goce el cliente en relación con las mismas. En los supuestos de modificaciones de límites o capacidad de disposición de nuevas cantidades, cuando se haya dado previamente la circunstancia de un incumplimiento de obligaciones por parte del cliente, la comunicación se producirá con una antelación no inferior a diez días.

No obstante, las modificaciones que fuesen más favorables para el cliente podrán aplicarse inmediatamente.

3. Las entidades de crédito facilitarán a sus clientes en cada liquidación de intereses o comisiones que practiquen por sus servicios, un documento de liquidación en el que se expresarán con claridad y exactitud:

a) El tipo de interés nominal aplicado en el periodo ya devengado y, en su caso, el que se vaya a aplicar en el periodo que se inicia.

b) Las comisiones aplicadas, con indicación concreta de su concepto, base y período de devengo.

c) Cualquier otro gasto incluido en la liquidación.

d) Los impuestos retenidos.

e) Y, en general, cuantos antecedentes sean precisos para que el cliente pueda comprobar la liquidación efectuada y calcular el coste del servicio.

El Banco de España podrá establecer modelos normalizados de liquidaciones. Asimismo, en los casos que establezca el Banco de España, deberá igualmente reflejarse el coste o rendimiento efectivo remanentes de la operación, conforme a las indicaciones que aquel establezca.

4. Las entidades de crédito remitirán a sus clientes anualmente, durante el mes de enero de cada año, una comunicación en la que, de manera completa y detallada, se recoja la información prevista en esta orden sobre comisiones y gastos devengados y tipos de interés efectivamente aplicados a cada servicio bancario prestado al cliente durante el año anterior. A estos efectos, el Banco de España establecerá un documento unificado para efectuar este tipo de comunicaciones que, en todo caso, tendrá en cuenta las diferentes prácticas comerciales de cada entidad.

5. Las entidades de crédito deberán facilitar la información que permita a los herederos de un cliente, una vez acreditada tal condición, conocer su situación patrimonial en la entidad de crédito al tiempo del fallecimiento del causante.

a) El importe del crédito dispuesto, para lo que la entidad deberá tener en cuenta las posibles cuotas devengadas y los intereses generados pendientes de liquidación;

b) El tipo deudor.

c) La modalidad de pago establecida, señalando expresamente el término «*revolving*» e indicando la cuota fijada en ese momento para la amortización del crédito.

d) La fecha estimada en la que el cliente terminará de pagar el crédito dispuesto, teniendo en cuenta la cuota de amortización establecida en ese momento. En particular, se comunicará al cliente:

1.º la fecha en la que el cliente terminaría de pagar el crédito dispuesto si no se realizasen más disposiciones ni se modificase ningún otro elemento del contrato; y

2.º la cuantía total, desglosando principal e intereses, que acabaría pagando el cliente por el crédito dispuesto si no se realizasen más disposiciones ni se modificase la cuota.

La entidad advertirá de que la estimación realizada corresponde al crédito dispuesto en una fecha de referencia, teniendo en cuenta la cuota de amortización y el tipo deudor establecidos en ese momento".

En el apartado 2 se recoge el supuesto especial en el que coexistan en el periodo de liquidación distintas modalidades de pago mediante las cuales se estén reembolsando las disposiciones efectuadas bajo un mismo límite de crédito. En este caso, la entidad facilitará la información del apartado 1 "de forma desglosada para cada modalidad de pago acordada conforme a lo previsto en el contrato".

En este supuesto, "el documento de liquidación que deben facilitar las entidades al prestatario con arreglo a lo previsto en el artículo 8.3 recogerá la información requerida en la normativa aplicable de forma desglosada para cada modalidad de pago establecida en el periodo de liquidación, de forma que este pueda verificar y comprender adecuadamente la liquidación efectuada".

Finaliza este precepto (apartado 3) señalando que "cuando con posterioridad a la contratación de un crédito revolving la cuantía de la cuota de amortización sea inferior al porcentaje establecido en el artículo 18.2.e)[257] [25%], la entidad añadirá la siguiente información a la señalada en el apartado 1:

a) Ejemplos de escenarios sobre el posible ahorro que representaría aumentar el importe de la cuota por encima de la establecida en ese momento. En particular, se comunicará al cliente la fecha en la que terminaría de pagar el crédito dispuesto y la cuantía total que acabaría pagando en el caso de aumentar un 20, un 50 y un 100 por cien la cuota actual.

b) El importe de la cuota mensual que permitiría liquidar toda la deuda en el plazo de un año".

e) Información adicional

Hasta aquí toda la información obligatoria a suministrarle al cliente antes del contrato, en el mismo y durante su vigencia. Pero

---

257 "En el caso de créditos a los que se refiere el artículo 33 bis se valorará, en particular, si el cliente dispone de capacidad económica suficiente para satisfacer sus obligaciones a lo largo de la vida de la operación sin incurrir en sobreendeudamiento. A tal fin, el importe anual de las cuotas a pagar por el crédito al que se refiere el artículo 33 bis tendrá por objetivo amortizar una cuantía mínima anual del 25 % del límite del crédito concedido. Para la valoración de la capacidad económica prevista en esta letra se utilizarán cuotas calculadas en doce plazos mensuales iguales con arreglo al sistema de amortización de cuota constante, sin perjuicio de que contractualmente pueda pactarse cualquier otra forma de cálculo de las mismas.
Para ampliar el límite del crédito referido en el artículo 33 bis, la entidad deberá actualizar previamente la información financiera de que disponga sobre el cliente y evaluar nuevamente su solvencia con arreglo a lo previsto en este apartado".

también hay otra información que la Orden EHA/2899/2011 llama "adicional" que debe darse en determinados supuestos y a demanda del cliente y que se recoge en el art. 33 sexies. En concreto, a solicitud del cliente:

"a) Cualquiera de los extremos señalados en el artículo anterior". Por tanto, todos los supuestos ya vistos de información periódica a suministrar al cliente

"b) Las cantidades abonadas y la deuda pendiente. La entidad facilitará al cliente un detalle lo más completo posible del crédito dispuesto, a fin de que pueda verificar la corrección del importe adeudado o reclamado y su composición. Salvo que el cliente indique otra cosa, la información incluirá las fechas, importes y conceptos de los pagos efectuados, y desglosará la cantidad pendiente de pago en concepto de principal, intereses acumulados y comisiones devengadas por distintos conceptos".

Como se observa, es toda la información necesaria para que el cliente pueda comprobar las cantidades dispuestas, los pagos hechos, los intereses y comisiones abonados y el importe adeudado.

"c) El cuadro de amortización; la entidad advertirá claramente que el cuadro de amortización se elabora para el saldo dispuesto, en una fecha de referencia y con la cuota establecida en ese momento".

Esta información debe facilitarse por la entidad prestamista en el plazo máximo de 5 días hábiles y, aunque no se dice el *dies a quo*, debe entenderse que es desde que se solicitó por el cliente.

Por otra parte, cuando se amplíe el límite de un crédito revolving, "la entidad deberá comunicar al cliente de forma individualizada, con una antelación mínima de 1 mes:

a) El nuevo límite.

b) La cuantía de la deuda acumulada hasta ese momento.

c) La nueva cuota que deberá pagar, en su caso.

d) La información prevista en el artículo 33 quinquies.2, en su caso, esto es, si coexisten en el periodo de liquidación distintas modalidades de pago mediante las cuales se estén reembolsando las disposiciones efectuadas bajo un mismo límite de crédito, la entidad facilitará la información de forma desglosada para cada modalidad de pago acordada conforme a lo previsto en el contrato.

No obstante, no será necesario realizar esta comunicación cuando la entidad autorice excepcionalmente y de forma unilateral disposiciones de un crédito revolving por encima del límite del crédito concedido, siempre que sea por un importe inferior al 25 % de dicho límite y que el importe dispuesto por encima del límite se incluya en su totalidad en la cuota correspondiente a la siguiente liquidación del crédito, sin perjuicio de lo dispuesto en la LCCC en relación con los excedidos tácitos.

Por último, cuando haya transcurrido más de un año entre el momento de la contratación y el de la activación del crédito revolving, se suministrarán al cliente de nuevo en el momento de la activación la información normalizada europea y el ejemplo representativo de crédito señalados en el artículo 33 ter.1, esto es, un ejemplo representativo de crédito con dos o más alternativas de financiación determinadas en función de la cuota mínima que pueda establecerse para el reembolso del crédito con arreglo al contrato.

f) Forma y entrega de la información

A tenor de lo establecido en el art. 33 septies, la información periódica (art. 33 quinquies) y la información adicional (art. 33 sexies) se redactará en los términos previstos en el artículo 11 y, por tanto "en términos fácilmente comprensibles, de manera claramente legible, en castellano o en cualquiera de las demás lenguas españolas oficiales de las respectivas Comunidades Autónomas en las que se preste el servicio o en cualquier otra lengua acordada entre las partes".

Además, tal y como establece ese art. 11 Orden EHA/2899/2011, con la finalidad de destacar a los clientes los elementos esenciales de la información periódica del art. 33 quinquies, "el Banco de España podrá exigir el empleo de un formato o tipo de letra o comunicación especialmente resaltada".

El art. 33 septies sigue señalando que "la entidad suministrará dicha información en papel u otro soporte duradero, de conformidad con lo que se acuerde contractualmente entre la entidad y el cliente" lo que es coherente con lo señalado con carácter en el mencionado artículo 11 al que se remite el propio precepto. Cierto es que aquí se omite la referencia al "formato electrónico" pero no cabe duda de que también puede considerarse como "soporte duradero". En efecto, y así continúa el art. 33 septies, "a estos efectos, se considerará duradero todo soporte que permita al cliente al que se transmite información personalizada conservarla, recuperarla fácilmente durante un período de tiempo adaptado a los fines de dicha información y reproducirla de forma idéntica a la información recibida".

Se remite aquí la norma especial aplicable a los créditos revolving, como no podía ser de otra forma, a las normas generales de transparencia: redacción fácilmente comprensible, legible de forma clara y empleo de formato de letra especialmente resaltada y todo ello en un soporte duradero. También habría que decir que esta Orden ETD/699/2020 que modifica la Orden EHA/2899/2011 no adiciona nada ni establece ninguna exigencia nueva lo que tras nueve años de experiencia algo más se le podría haber ocurrido.

Por otra parte y en materia de gastos de información, tal y como prescribe el art. 33 octies, la entidad no podrá cobrar al cliente por el suministro de la información indicada en los artículos 33 ter (información precontractual), 33 quinquies (Información periódica a suministrar al cliente) y 33 sexies.2 (Comunicación individualizada al cliente en los supuestos de ampliación del límite del crédito) y 3 (en el momento de la activación del crédito cuando haya transcurrido más de un año entre el momento de la contratación y el de su activación).

La información adicional prevista en el artículo 33 sexies.1 que es la que puede solicitar el cliente se facilitará de forma gratuita una única vez al mes, siempre que no se reciba en ese mismo mes junto con la información vista en el párrafo anterior.

No obstante, la entidad y el cliente podrán acordar que se cobren gastos por la comunicación de la información en supuestos distintos a los vistos, pero cuando así sea deben ser razonables y acordes con los costes efectivamente soportados por la entidad.

Capítulo IX
Derecho de desistimiento

SUMARIO: 1. PLAZO Y FORMA DE EJERCICIO. 2. CONSECUENCIAS DE SU EJERCICIO.

El derecho de desistimiento es uno de los derechos que con carácter general se reconocen a los consumidores y así se deduce de los arts. 9 a 16 de la Directiva 2011/83/UE del Parlamento Europeo y del Consejo, de 25 de octubre de 2011, sobre los derechos de los consumidores, por la que se modifican la Directiva 93/13 CEE del Consejo y la Directiva 1999/44 CE del Parlamento Europeo y del Consejo y se derogan la Directiva 85/577/CEE del Consejo y la Directiva 97/7/CE del Parlamento Europeo y de Consejo. Y ello, a pesar de que excluya de su ámbito de aplicación en su art. 3.3.d) los "servicios financieros". Pero ésta puede entenderse como una Directiva general de derecho contractual de consumo que fija una serie de normas de protección entre las que se incluye el desistimiento.

Este derecho no existía en la Directiva 87/102/CEE; se introduce en la Directiva 2008/48/CE, a pesar de lo cual no se justifica en los Considerandos esta innovación[258]. Representa a nivel

---

258 Sí se hace en la Directiva 2023/2225/UE, concretamente en su considerando (70): "Debe permitirse al consumidor liquidar sus obligaciones antes de la fecha convenida en el contrato de crédito. Según la interpretación del Tribunal de Justicia de la Unión Europea en la sentencia Lexitor (Sentencia del Tribunal de Justicia de 11 de septiembre de 2019, Lexitor, C-383/18, ECLI:EU:C:2019:702.), el derecho del consumidor a la reducción del coste total del crédito en caso de reembolso anticipado de este incluye todos los gastos impuestos al consumidor. La

comunitario un importante progreso para la protección del consumidor-prestatario a pesar de que varias legislaciones nacionales como la francesa —Ley 78-22, de 10 de enero— lo admitían desde tiempo atrás[259].

La atribución de esta facultad se confronta con la prohibición de discrecionalidad unilateral que se recoge en el art. 1.256 CC ("la validez y el cumplimiento de los contratos no puede dejarse al arbitrio de uno de los contratantes")[260]. Las razones para formular una excepción a este principio general deben ser de una importancia suficiente para sacrificar los intereses de aquel contratante que lo soporta. Con tal de derecho el consumidor puede reconsiderar su decisión en favor de la relativa falta de libertad que padeció al tiempo de la celebración del contrato (fue compelido a su celebración o soportó una presión negocial excesiva); o su falta de conocimiento o defectuosa información relevante para

---

reducción del coste total del crédito al consumidor debe ser proporcional a la duración restante del contrato de crédito e incluir también los gastos que no dependan de la duración del contrato de crédito, incluidos los que se hayan agotado completamente en el momento de la concesión del crédito. Con todo, los impuestos y comisiones aplicados y abonados directamente a un tercero y que no dependen de la duración del contrato de crédito no deben tenerse en cuenta al calcular la reducción, ya que dichos costes no son impuestos por el prestamista y, por lo tanto, no pueden ser modificados unilateralmente por él. No obstante, las comisiones aplicadas por un prestamista en beneficio de un tercero deben tenerse en cuenta a la hora de calcular la reducción. En caso de reembolso anticipado, el prestamista debe tener derecho a una compensación justa y justificada objetivamente por los gastos directamente derivados del reembolso anticipado, teniéndose en cuenta asimismo los posibles ahorros que tal reembolso suponga para el prestamista. [...]".

259 PAISANT, G.: "La Directiva de 23 de abril de 2008, sobre el crédito al consumo", Boletín del Ministerio de Justicia nº 2.150, enero 2013, pág. 15.

260 Y como señala V. MÚRTULA LAFUENTE ("Formación y perfección de los contratos de crédito al consumo", *Negociación y perfección de los contratos* —Dir. Mª. A. Parra Lucán—, Thomson Reuters, Cizur Menor, 2014, pág. 901), y al principio *pacta sunt servanda* (art. 1.091 CC) que también inspira nuestro derecho de obligaciones.

contratar, bien sobre la carga económica del contrato, bien sobre sus condiciones jurídicas o bien sobre las condiciones de los mismos bienes en el mercado.

Como señala GARCÍA VICENTE[261], "en el Derecho contractual del consumo asistimos a una creciente generalización de las facultades de desvinculación contractual a favor del consumidor que se ha consagrado finalmente en el Capítulo II, Título I, del Libro II LDGCU (arts. 68 a 79) que contempla un régimen general del derecho de desistimiento. Y ello, aunque se admitan ciertas excepciones dentro de la propia norma [...] e igualmente subsistan otros fuera de ella".

La Directiva 2008/48/CE del Parlamento Europeo y del Consejo, de 23 de abril de 2008, relativa a los contratos de crédito al consumo y por la que se deroga la Directiva 87/102/CEE del Consejo en su art. 14.1 establece que "el consumidor dispondrá de un plazo de 14 días civiles para desistir del contrato de crédito sin indicar el motivo".

El art. 28 ("Derecho de desistimiento") LCCC, en su número 1, nos da una definición de este derecho: "El derecho de desistimiento de un contrato de crédito es la facultad del consumidor de dejar sin efecto el contrato celebrado, comunicándoselo así a la otra parte contratante en un plazo de catorce días naturales sin necesidad de indicar los motivos y sin penalización alguna".

"El legislador ha tenido buen cuidado en restringir esta denominación para el desistimiento. Así, respecto a la facultad que asiste al consumidor para desvincularse de un contrato de crédito de duración indefinida, ha preferido utilizar una fórmula que se centra en sus efectos, el que llama derecho a poner fin al contrato celebrado artículo 27 LCCC, posiblemente para evitar que la

---

[261] GARCÍA VICENTE, R.: "Artículo 28. Derecho de Desistimiento" en *Comentarios a la Ley de Contratos de Crédito al Consumo* (Dirigido por Manuel Jesús Marín López). Aranzadi, Cizur Menor (Navarra) 2014, p. 1.006.

identidad de denominación es confunda sus respectivos regímenes jurídicos"[262].

Este derecho de desistimiento que se atribuye al consumidor tiene el carácter de irrenunciable e indisponible dado el carácter imperativo de las normas recogidas en la LCCC lo que no es óbice para que el prestamista pueda pactar con el consumidor condiciones más ventajosas que las recogidas en el artículo 28 LCCC. Si existiera un contrato de fianza, o un garante real mobiliario, estos no podrían ejercer por sí mismos este derecho, si bien, dado su carácter accesorio, el desistimiento del contrato de crédito supondrá la extinción del contrato de garantía.

Como se deduce del art. 4 LCCC ("aplicación parcial de la ley") no cabe derecho de desistimiento en los créditos que se concedan como posibilidad de descubierto siempre que deban reembolsarse previa petición o en el plazo máximo de tres meses (art. 4.1, párr. 1º). Tampoco hay derecho de desistimiento en los descubiertos tácitos (art. 4.2), para los excedidos tácitos en cuenta de crédito (art. 4.3), en los contratos que sean renegociación de otros anteriores (art. 4.4) y, en general, en los contratos de crédito cuyo importe sea superior a 75.000 euros (art. 4.5).

La posibilidad de un desistimiento unilateral choca con el principio general del art. 1.256 CC ("la validez y el cumplimiento de los contratos no pueden dejarse al arbitrio de uno de los contratantes"). De acuerdo con GARCÍA VICENTE[263], "el titular de una facultad de esta clase disfruta de una posición que le permite contrastar la razonabilidad y oportunidad económica de su decisión de contratar. Propiamente con ella se le permite «reconsiderar su decisión». Esto es, puede someter el contrato celebrado a un juicio «posterior» de oportunidad, y que puede justificarse en diferentes razones".

---

262 GARCÍA VICENTE, R.: "Artículo 28. Derecho de Desistimiento"... p. 1.012.

263 GARCÍA VICENTE, R.: "Artículo 28. Derecho de Desistimiento"... págs. 1.016 y 1.017.

Para este autor, estas son las siguientes: “por una parte, para que el consumidor pueda reconsiderar su decisión, sobre todo porque se trata de contratos de duración que imponen una notable carga económica hacia el futuro. La liberación de la carga, una vez transcurrido el plazo de vigencia del derecho a desistir se sujeta a las reglas del «reembolso anticipado», art. 30 LCCC”, que configura éste como un derecho del consumidor que obliga a compensar al prestamista, toda vez que la ley considera que el plazo se establece en beneficio de ambas partes tal como establece el artículo 1.127 CC (“Siempre que en las obligaciones se designa un término, se presume establecido en beneficio de acreedor y deudor, a no ser que del tenor de aquellas o de otras circunstancias resultara haberse puesto en favor del uno o del otro”).

“Por otra parte, puede entenderse que es un mecanismo útil para remediar el sobreendeudamiento del consumidor, ocasionado por la adquisición innecesaria de bienes o servicios propósito último de la obtención de crédito o por la asunción de obligaciones superfluas que comprometen su patrimonio de futuro. De esta forma se está protegiendo al consumidor de sí mismo”.

1. PLAZO Y FORMA DE EJERCICIO

El plazo para el ejercicio del derecho de desistimiento, siguiendo lo establecido en la Directiva 2008/48/CE, es de 14 días naturales, aunque que nada impide que pueda establecerse un plazo mayor. La LCCC establece como *dies a quo* la celebración del contrato o si fuera posterior, en la fecha en la que el consumidor reciba las condiciones contractuales y la información recogida en el artículo 16 acompañada del cumplimiento de los deberes de información y, de acuerdo con las reglas comunes establecidas en el art. 5.1 CC, el día de inicio debe quedar excluido del cómputo.

La Directiva 2023/2225/UE en su art. 26.2 amplía este plazo para el supuesto en el que consumidor no haya recibido las condiciones contractuales y la información de conformidad con los artículos 20 y 21, esto es, en la forma y con el contenido que señalan esos preceptos: El plazo de desistimiento expirará en cualquier caso doce meses y catorce días después de la celebración del contrato de crédito.

En cuanto a la forma, el ejercicio del derecho a desistir no está sujeto a especiales requisitos formales ni de contenido, siendo suficiente que el consumidor deje constancia de su voluntad de dejar sin efecto el contrato. Para el ejercicio de este derecho, a tenor de lo establecido en el art. 28.2.a) LCCC, el consumidor deberá comunicarlo al prestamista antes de que expire el plazo visto ateniéndose a la información facilitada por este último de acuerdo con la letra p)[264] del apartado 2 del artículo 16, por medios que permitan dejar constancia de la notificación de cualquier modo admitido en Derecho.

Dado que "se considerará que se ha respetado el plazo si la notificación se ha enviado antes de la expiración del plazo, siempre que haya sido efectuada mediante documento en papel o cualquier otro soporte duradero a disposición del prestamista y accesible para él". Por tanto, el consumidor no asume los riesgos de la falta de recepción de la notificación por problemas técnicos o retrasos en el medio de comunicación, siendo así el *dies ad quem* para el cómputo del plazo la fecha del envío del consumidor y no la de recepción por el prestamista.

2. CONSECUENCIAS DE SU EJERCICIO

La primera consecuencia del ejercicio del derecho de desistimiento que el art. 28.3.b) LCCC configura como "requisito" de su ejercicio, es la obligación del consumidor de pagar al prestamista el capital y el interés acumulado sobre dicho capital entre la fecha de disposición del crédito y la fecha de reembolso del capital.

---

264 "La existencia o ausencia de derecho de desistimiento y el plazo y demás condiciones para ejercerlo, incluida la información relativa a la obligación del consumidor de pagar el capital dispuesto y los intereses de conformidad con el artículo 28, apartado 2, letra b), y el importe del interés diario".

En cuanto a los intereses adeudados, estos se calcularán, como no podía ser de otra forma, sobre la base del tipo deudor acordado ("expresado con un porcentaje fijo o variable aplicado con carácter anual al importe del crédito utilizado" —art. 6.e LCCC—). No hay pues ningún interés penalizador en coherencia con el principio y norma que enuncia el propio artículo de que "el prestamista no tendrá derecho a reclamar al consumidor ninguna otra compensación en caso de desistimiento", si bien se exceptúa "la compensación de los gastos no reembolsables abonados por el prestamista a la administración pública".

En cuanto al plazo para el pago del capital dispuesto y de los intereses, la LCCC establece que debe hacerse "sin ningún retraso indebido a más tardar a los 30 días de haber enviado la notificación de desistimiento al prestamista".

Por otra parte, la consecuencia principal del ejercicio de este derecho es que el contrato celebrado queda sin efectos, esto es, se extinguen las obligaciones de las partes. Y si hubiera cualquier garantía personal o real mobiliaria (las garantías reales inmobiliarias están excluidas del ámbito de aplicación de la LCCC —art. 3.a—), también quedan extinguidas éstas en virtud del principio de accesoriedad propio de las garantías (art. 1.847 CC: "La obligación del fiador se extingue al mismo tiempo que la del deudor, y por las mismas causas que las demás obligaciones").

Si transcurridos estos 30 días naturales no se hubiera producido la restitución del capital dispuesto y el pago de los intereses, entrarían en juego, en su caso, los pactos sobre intereses moratorios[265] y de no haberlos el artículo 1.108 CC y quedaría libre el

---

265 Art. 10 (Información previa al contrato): 3.l) "El tipo de interés de demora, así como las modalidades para su adaptación y, cuando procedan, los gastos por impago".
Art. 12 (Información previa a determinados contratos de crédito): 2.h): h) "El tipo de interés de demora, así como las modalidades para su adaptación y, cuando proceda, los gastos por impago"

prestamista de reclamar cualesquiera otros daños que deriven del incumplimiento, así como los gastos vinculados al impago.

Continúa este artículo de la LCCC señalando que "en caso de que un prestamista o un tercero proporcione un servicio accesorio relacionado con el contrato de crédito sobre la base de un acuerdo entre ese tercero y el prestamista, el consumidor dejará de estar vinculado por dicho servicio accesorio si ejerce su derecho de desistimiento respecto del contrato de crédito conforme a lo dispuesto en el presente artículo". La razón está precisamente en esa accesoriedad del servicio complementario de forma que éste sólo se justifica jurídica y económicamente en la celebración del contrato de crédito.

En caso de que este servicio accesorio sea un contrato de seguro de vida, el derecho de desistimiento se regirá en lo que sea aplicable por lo establecido en el artículo 83.a) de la Ley 50/1980, de 8 de octubre, de Contrato de Seguro[266] y, en el resto de casos, el consumidor tendrá derecho al reembolso de la parte de prima no consumida.

El legislador español no ha hecho uso de la posibilidad que le daba el apartado 6 de la Directiva 2008/48/CE según la cual los Estados miembros podrían disponer que este derecho de desistimiento no se aplicase "a los contratos de crédito que, por imperativo legal, se celebren ante notario, siempre que el notario confirme que se garantizan al consumidor los derechos previstos en los artículos 5 [Información precontractual] y 10 [Información que debe mencionarse en los contratos de crédito]". Bien es cierto que en nuestro Derecho no hay ninguna norma que exija que los contratos de crédito al consumidor sean objeto de intervención notarial.

Art. 16 (Forma y contenido de los contratos): 2.l): "El tipo de interés de demora aplicable en el momento de la celebración del contrato de crédito y los procedimientos para su ajuste y, cuando proceda, los gastos por impago".

266 Artículo ochenta y tres a):

El art. 26.8 de la Directiva 2023/2225/UE cambia la expresión "por imperativo legal" por la de "conforme al Derecho nacional", que no es exactamente lo mismo, aunque dudo que se recoja en una posterior modificación o nueva redacción de la LCCC.

---

1. El tomador del seguro en un contrato de seguro individual de duración superior a seis meses que haya estipulado el contrato sobre la vida propia o la de un tercero tendrá la facultad unilateral de resolver el contrato sin indicación de los motivos y sin penalización alguna dentro del plazo de 30 días siguientes a la fecha en la que el asegurador le entregue la póliza o documento de cobertura provisional.
Se exceptúan de esta facultad unilateral de resolución los contratos de seguro en los que el tomador asume el riesgo de la inversión, así como los contratos en los que la rentabilidad garantizada esté en función de inversiones asignadas en los mismos.
2. La facultad unilateral de resolución del contrato deberá ejercitarse por el tomador mediante comunicación dirigida al asegurador a través de un soporte duradero, disponible y accesible para éste y que permita dejar constancia de la notificación. La referida comunicación deberá expedirse por el tomador del seguro antes de que venza el plazo indicado en el apartado anterior.
3. A partir de la fecha en que se expida la comunicación a que se refiere el apartado anterior cesará la cobertura del riesgo por parte del asegurador y el tomador del seguro tendrá derecho a la devolución de la prima que hubiera pagado, salvo la parte correspondiente al período de tiempo en que el contrato hubiera tenido vigencia. El asegurador dispondrá para ello de un plazo de 30 días a contar desde el día que reciba la comunicación de rescisión.

Capítulo X

Reembolso anticipado

En el cumplimiento de las obligaciones a plazo, de acuerdo con lo dispuesto en los arts. 1.125 y sobre todo 1.127 del CC, el plazo se presume en beneficio de ambas partes y no en beneficio sólo del deudor porque, en este caso, se estaría dejando el cumplimiento del contrato al arbitrio de una sola parte, en contra de lo prescrito en el art 1.256 CC. Y a tenor del art. 1.169 CC, "a menos que el contrato expresamente lo autorice, no podrá compelerse al acreedor a recibir parcialmente las prestaciones en que consista la obligación". De aquí se deduce que, con carácter general, no hay un derecho del deudor al reembolso anticipado y una correlativa obligación del acreedor a aceptarlo.

Ahora bien, en el ámbito del crédito al consumo, primero la LCC-1995 (art. 10) y después la vigente LCCC (art. 30), sí se reconoce con carácter genérico y en cualquier momento durante la vigencia del contrato el derecho del consumidor a amortizar anticipadamente, de forma total o parcial, el crédito concedido. Por tanto, no sólo cancelación sino también amortización parcial. Nótese que esto significaba en la LCC-1995 un avance respecto al texto de la Directiva 87/102 CEE que en su art. 8 establecía que el consumidor podría rescindir (*sic*) el contrato antes de su término y rescatar el crédito mediante una reducción equitativa de su coste, permitiendo de esta forma al consumidor, como señalaba AMOROS DORDA[267] "liberarse de sus obligaciones al acceder a una mejor situación económica, evitando la injusticia de limita-

---

[267] AMOROS DORDA, F.J: "Directiva 87/102 C.E.E. Protección al consumidor y crédito al consumo". *Cuadernos de Derecho y Comercio* número 1, 1987, pág. 80.

ciones en tal sentido". El art. 16 de la vigente Directiva 2008/48/CE ya reconoce el derecho al reembolso anticipado no sólo total sino también parcial y del mismo modo el art. 30 LCCC.

Ya decía ROMÁN GARCIA[268] que "en este extremo la ley [LCC-1995] se aparta radicalmente del régimen general previsto para el cumplimiento de las obligaciones a plazo, de acuerdo con lo dispuesto en los arts. 1.125 y sobre todo 1.127 del Código Civil. El plazo, como se puede comprobar, no se presume en beneficio de ambos; sino en beneficio exclusivo del consumidor, dejándose así el cumplimiento del contrato al arbitrio de una sola parte, en contra también de lo prescrito en el art 1.256". Y en esta misma línea se manifiesta la doctrina moderna[269].

---

268 ROMÁN GARCÍA, A: *Notas Particulares de los Contratos de Crédito al Consumo.* Jornada sobre la Ley de Crédito al Consumo. Lex Nova. Conferencia pronunciada en Madrid el 31 de marzo de 1995.

269 Así M.J. MARÍN LÓPEZ ("Los derechos del consumidor en la fase de ejecución según la Ley 16/2001, de 24 de junio, de Contratos de Crédito al Consumo (1),"*Diario La Ley*, núm. 7693, Sección Doctrina, 13 de septiembre de 2011, pág. 9), establece que esta norma quiebra el principio del art. 1.127 CC, en virtud del cual en las obligaciones sometidas a plazo se entiende fijado en interés de ambas partes, siempre que no se haya pactado otra cosa o de las circunstancias resulte haberse puesto a favor de una u otra parte. Realmente el legislador español lo que está haciendo es regular en una norma especial un régimen del mismo carácter, que se aplicará con primacía cuando se den las circunstancias necesarias para ubicar el contrato en el ámbito de aplicación de la Ley de Contratos de Crédito al Consumo. Este mismo autor señala en otro lugar ("El consumidor que reembolsa anticipadamente su crédito ¿debe abonar al prestamista alguna comisión o contraprestación? Regulación en el Proyecto de Ley de Contratos de Crédito al Consumo", www.ulcm.es/centro/cesco/, febrero de 2011, pág. 1), analizando el Proyecto de Ley de Contratos de Crédito al Consumo, que el art. 1.127 CC supone que en las obligaciones sometidas a plazo el deudor no puede realizar una prestación antes de tiempo sin el consentimiento del acreedor; pero que "en materia de crédito al consumo, sin embargo, el legislador entiende que la especial naturaleza del beneficiario —el consumidor— la importancia relevante que detenta respecto de su situa-

Con la concesión del derecho a reembolsar anticipadamente el crédito, no sólo se permite amortizar el crédito al consumidor si dispone de los fondos suficientes, sino que también se intensifica la competencia entre prestamistas, particularmente tratándose de entidades crediticias, permitiendo a los consumidores obtener, en cada momento, las mejores condiciones del mercado dirigiéndose un competidor y liquidando el crédito concedido en peores condiciones[270].

De acuerdo con el art. 30.1 LCCC, "el consumidor podrá liquidar[271] anticipadamente, de forma total o parcial y en cualquier momento, las obligaciones derivadas del contrato de crédito". Con carácter previo quiero señalar que el término "liquidar", a mi juicio, no es muy afortunado, aunque está copiado literalmente del art. 16.1 de la Directiva 2008/48/CE en su versión española. La versión inglesa usa la expresión *to discharge* y la francesa *s´acquitter*, que pueden traducirse por "pagar". No es menos cierto que de acuerdo con el Diccionario de la RAEL, en su tercera acepción, liquidar es "saldar, pagar enteramente una cuenta". Pero esto sería sólo aplicable al pago total y no al parcial. Hablar de "pago" o de "amortización" hubiera sido lo correcto.

Por su parte, la Directiva 2023/2225/UE en su art. 29 sustituye esa expresión "derecho a liquidar" por la de derecho al reembolso anticipado".

De acuerdo con lo dispuesto en el art. 30 LCCC y como señala RAMOS HERRANZ[272], "se pone fin al contrato de modo unilate-

---

ción económica y personal el crédito (...)" es aconsejable "reconocerle el derecho a satisfacer anticipadamente la deuda contraída".

270 ORDÁS ALONSO, M.: *Los contratos de Crédito al Consumo en la Ley 16/2011, de 24 de junio…*, pág. 264.

271 Término a mi juicio no muy afortunado, aunque está copiado literalmente de la Directiva 2008/48/CE en su versión española. La versión inglesa usa la expresión *to discharge* y la francesa *s´acquitter*, que pueden traducirse por "pagar".

272 RAMOS HERRANZ, I: "El reembolso anticipado en la Directiva 2008/48/CE y en la Ley 16/2011, de Contratos de Crédito al Consu-

ral por cumplimiento anticipado de las obligaciones por parte del consumidor siempre que el reembolso sea total. Tal situación trastoca la posición de los prestamistas, entre los que están de modo destacable las entidades de crédito, que calculan sus operaciones de acuerdo con el plazo pactado de devolución del crédito; en consecuencia, en principio chocaría una disciplina de este tipo que prima de forma clara la posición del consumidor del crédito. La justificación de estas normas radica en la posición débil en la que se encuentra el consumidor y la especial protección que requiere según ha puesto de manifiesto la doctrina"[273].

"El señalado trastoque de la situación de los prestamistas, imponiendo elevados niveles de protección del consumidor, puede llevar a que se repercuta en el coste total del crédito al consumo o incluso a que se disminuya aún más el reducido número de créditos concedidos. Por ello quizás dichos niveles de protección en global no sean medidas adecuadas".

En efecto, podría decirse aquí lo mismo que respecto a otras normas en beneficio de los consumidores: como tal estoy encantado de tener el mayor número de derechos, pero, visto con perspectiva y, desde un punto de vista estrictamente económico, la

---

mo", *Derecho de los Negocios,* núm. 261-262, Junio-Julio 2012 (formato electrónico), pág. 6.

273 En este sentido ANDREU MARTÍ, M.ª del M. ("El reembolso anticipado del crédito", *Revista Jurídica Región de Murcia,* 1997 —23—, págs. 86 y 87) recoge también que una parte de la doctrina estima que el sentido de estas normas protectoras es otro, debido a que la intención del consumidor ante el reembolso anticipado es cambiar de prestamista, obteniendo en cada momento las mejores condiciones del mercado; la autora matiza que en su opinión, si bien es cierto que las normas pueden afectar positivamente a la competencia entre las distintas entidades financiadoras y en algún caso el consumidor se puede beneficiar en el sentido señalado, con carácter general el consumidor medio en los créditos al consumo no analiza el mercado buscando la mejor oferta y por ello las resoluciones anticipadas no se realizan por un cambio de entidad a otra sino por el ahorro o mejora del nivel económico del sujeto obligado.

exacerbación de los derechos de una parte, bien es cierto que especialmente vulnerable, conduce a la otra a la búsqueda de un reequilibrio entre prestación y contraprestación por vías alternativas. Son un incentivo en sentido económico hacia la elusión de la aplicación de la norma.

Por otra parte, el reconocerse como derecho al reembolso anticipado en cualquier momento serían nulos cualesquiera pactos que limitasen ese derecho como, por ejemplo, los pactos que impusieran fechas para reembolsar con antelación. La existencia de este tipo de pactos y su puesta en marcha podría constituir una vía para soslayar el derecho de reembolso anticipado.

También podemos calificarlo como un derecho abstracto[274], como lo era en la LCC-1995 (art. 10), ya que el consumidor no ha de alegar causa alguna, plasmándose así el art. 16 de la Directiva. Además, no va acompañado de penalización porque si así fuera carecería de efectividad. Aunque, como veremos, el prestamista puede solicitar compensaciones generales y excepcionales, la penalización impediría en muchas ocasiones que los consumidores ejercitasen el derecho de reembolso, ya que no les interesaría el pago anticipado.

Como dice VITERI[275], en ese caso "no habría pago anticipado *stricto sensu*, sino pago tempestivo, pues ha tenido lugar después de manifestar el deudor su deseo de hacer uso de la facultad de anticipar el momento del vencimiento".

Como se observa, el derecho del consumidor no sólo es a la cancelación total del crédito sino también a su amortización parcial. Nada dice este precepto sobre si los reembolsos parciales

---

274 RAMOS HERRANZ, I: "El reembolso anticipado en la Directiva 2008/48/CE y en la Ley 16/2011, de Contratos de Crédito al Consumo"..., pág. 6.

275 VITERI ZUBÍA, I.: *El pago anticipado de las obligaciones a plazo*, Tirant lo Blanch, Valencia, 2013, pág. 336.

deben tener una cuantía mínima. Por eso ORDÁS ALONSO[276] entiende que "no podrá exigirse que el reembolso parcial anticipado alcance un importe mínimo pues, de lo contrario, si admitiéramos la validez de estipulaciones en las cuales la cantidad entregada deba ser superior a una cifra importante, en la práctica, la previsión contenida en la ley de contratos de crédito al consumo sería inoperante para las amortizaciones parciales". Este tipo de pactos podrían ser también considerados como una renuncia del consumidor al ejercicio de su derecho al reembolso anticipado y, por tanto, considerarse nulos.

Por el contrario, entiendo yo, que llevado este argumento hasta el extremo se permitiría realizar amortizaciones de cantidades insignificantes (p.e. un euro), infligiendo a la entidad con unos costes que no están en correlación con el beneficio vía ahorro de intereses que experimentaría el consumidor. Y, de hecho, en la práctica, las entidades de crédito, al menos en determinadas operaciones crediticias, establecen unos mínimos razonables cuyo objeto es evitar costes administrativos por amortizaciones parciales insignificantes. La propia autora antes señalada reconoce que "la anterior afirmación debe entenderse hecha sin perjuicio de un posible ejercicio abusivo del derecho, o de una situación contraria a la buena fe por parte del consumidor en aquellos supuestos en que pretenda efectuar amortizaciones parciales por cuantías que podríamos considerar que ínfima importancia, que supondrían una disminución de la deuda pero traería consigo la realización de las correspondientes operaciones contables por el prestamista".

Continúa el art. 30.1 LCCC diciendo que "en tal caso, tendrá derecho a una reducción del coste total del crédito que comprenda los intereses y costes, incluso si éstos hubieran sido ya paga-

---

276 ORDÁS ALONSO, M.: *Los contratos de Crédito al Consumo en la Ley 16/2011, de 24 de junio...*, pág. 265.

dos[277], correspondientes a la duración del contrato que quede por transcurrir".

Esto último es coherente con lo establecido en el artículo 6.e) LCCC que dice que el tipo deudor es "el tipo de interés expresado como porcentaje fijo o variable aplicado con carácter anual al importe del crédito *utilizado*".

Hay que destacar que el art. 10 LCC-1995 ya establecía que "en ningún caso podrá exigírsele [al consumidor a crédito] intereses no devengados por el préstamo. Esto cerraba el paso a las cláusulas que, en caso de cancelación, exigían todas las cuotas comprensivas de capital e intereses no vencidas. Este tipo de cláusulas, que eran bastante habituales en algún préstamo de financiación, se habían considerado como cláusula penal[278] y de dudosa licitud. A este respecto la Sent. A.P. de Granada de 20 de diciembre de 1991 (A.C. Audiencias nº 5, mayo 1992, @167) la consideró abusiva en tanto que establecía "que, en el caso de vencimiento anticipado, la entidad financiadora haría suyos la totalidad de los intereses, aun los correspondientes al tiempo posterior al pago del capital; cláusula que es igualmente contraria a la moral, toda vez que otorga a la entidad financiera un beneficio injustificado y la convierte en verdadera interesada en que su contraparte deje de cumplir el contrato, cuanto antes mejor, ya que de esta suerte recobra el capital y se lucra y enriquece con unos réditos que no han sido devengados".

Ya señalaba VILLALBA[279] que "cuando se ha pactado el pago de intereses a cambio del disfrute del capital, tiempo e intereses

---

277 El precepto coincide literalmente con la redacción del art. 16.1 Directiva 2008/48/CE salvo el inciso "incluso si éstos hubieran sido ya pagados" que ha sido incluido por el legislador español.

278 De acuerdo con los arts. 1.152 y ss. Cc la misma sería susceptible de moderación por el Juez.

279 VILLALBA LAVA, M: "Breve estudio sobre algunas cláusulas que de ordinario figuran impresas en las pólizas de los contratos de crédito, préstamo, leasing y para la concesión de tarjetas de crédito a la vista de la legislación tuitiva de la parte contratante débil". Rev. Actualidad Civil nº 46/1992.

se entienden compensatorios, de modo que se rompería el equilibrio de las contraprestaciones cuando no se retribuya con intereses el disfrute del dinero durante un tiempo o cuando a pesar de no disfrutarse del dinero en un tiempo se exigen unos intereses". Concluía este autor diciendo "que cobrar intereses por un tiempo del que el deudor no ha disfrutado del dinero es abusivo por contravenir el art. 10 la Ley de Consumidores[280] ya que rompe el equilibrio de las contraprestaciones".

Hoy el artículo 16.2.r) LCCC establece la obligatoriedad de dejar constancia clara y explícita del "derecho de reembolso anticipado, el procedimiento aplicable, así como en su caso información sobre el derecho del prestamista a una compensación y sobre la manera en que se determinará esa compensación. Para el caso de reembolso anticipado y en caso de que el contrato de crédito tenga vinculado uno de seguro, el derecho del prestatario a la devolución de la prima no consumida en los términos que establezca la póliza".

Y de acuerdo con el artículo 30.2 LCCC, "en caso de reembolso anticipado del crédito, el prestamista tendrá derecho a una compensación justa y justificada objetivamente por los posibles costes directamente derivados del reembolso anticipado del crédito, siempre que el reembolso anticipado se produzca dentro de un período en el cual el tipo deudor sea fijo".

Como se observa la compensación se establece sólo para los contratos en los que se haya establecido un tipo deudor fijo, aunque hay que entender que también es aplicable a aquellos supuestos en los que, aun habiéndose pactado un tipo de interés variable, el reembolso tiene lugar en un período en el que el tipo de interés permanece fijo. Por tanto, se exonera al consumidor del pago de la compensación por reembolso anticipado en los contratos de crédito concertados a un tipo deudor variable si el reembolso coincide con el momento en que el tipo deudor está

280 Se refería a la LCC-1995.

sujeto a revisión. “La razón de esta restricción se debe a que el riesgo de padecer perjuicios en los créditos a interés variable se ha considerado de forma habitual como irrelevante. Se dice, en este sentido, en los préstamos a interés variable se financian con recursos a corto plazo, de tal forma que el perjuicio derivado de una eventual refinanciación es prácticamente inexistente”[281].

No puedo ocultar que no estoy muy de acuerdo con esta afirmación. Pero la limitación de la compensación a los supuestos en los que el reembolso anticipado se produzca dentro de un período en el cual el tipo deudor sea fijo es coherente con lo dispuesto en el art. 16 Directiva 2008/48/CE que dice “dentro de un período en el cual el tipo deudor sea fijo”. Interesa destacar ahora que la versión española de la Directiva 2023/2225/UE, en su art. 29 la establece “siempre que el reembolso anticipado se produzca dentro de un período para el que se haya fijado el tipo deudor” lo que parecería que lo amplía a todo tipo de interés, fijo o variable. Lo que ocurre es que la versión inglesa dice “*within a period for which the borrowing rate is fixed*”, la francesa *“pendant une période à taux débiteur fixe”* y la italiana *“abbia luogo in un periodo di tempo per il quale il tasso debitore è fisso”*, por lo que me temo que estamos ante un error de traducción. Veremos qué hace el legislador español.

La citada compensación, continúa el art. 30.2 LCCC, no podrá ser superior al 1 por 100 del importe del crédito reembolsado anticipadamente si el período restante entre el reembolso anticipado y la terminación acordada del contrato de crédito es superior a un año. Si el período no supera un año, la compensación no podrá ser superior al 0,5 por 100 del importe del crédito reembolsado anticipadamente[282].

---

281 PEÑA LÓPEZ, F.: “Artículo 30” en *Comentarios a la Ley de Contratos de Crédito al Consumo* (Dir. M. J. Marín López). Aranzadi, Cizur Menor, 2014, pág. 1.097.

282 Establecía la LCC-1995 que no habría lugar a compensación alguna por parte del prestatario salvo que se hubiera pactado expresamente, lo cual era obvio. En este último caso, la compensación no podría exceder

El prestamista tiene derecho a dicha compensación con independencia del importe reembolsado dado que el legislador español no ha hecho uso de la libertad concedida por el art. 16.4 Directiva 2008/48/CE que permitía que esta compensación pudiera ser reclamada por el prestamista sólo en el caso de que el importe reembolsado en un período de doce meses superase el umbral definido por el Derecho nacional, que no podría ser superior a 10.000 euros.

Ahora bien, esta compensación tiene un mínimo y un máximo que se fijan en los apartados 4 y 5 del art. 30 LCCC. Un límite mínimo ya que, si el prestamista demuestra la existencia de pérdidas producidas de forma directa como consecuencia del reembolso anticipado del crédito, podrá reclamar excepcionalmente una compensación más elevada. Correlativamente, si la compensación reclamada por el prestamista supera las pérdidas sufridas realmente, el consumidor podrá exigir la reducción correspondiente.

Para el cálculo de las pérdidas se aplica a la cantidad anticipada la diferencia entre el tipo de interés acordado inicialmente y el tipo de interés al que el prestamista pueda prestar el importe del reembolso anticipado en el mercado en el momento de dicho reembolso, teniendo asimismo en cuenta el impacto del reembolso anticipado en los gastos administrativos. A estos efectos, se considerará como tipo de mercado el Euribor al plazo más cercano a la fecha de vencimiento del préstamo.

Pero también hay un máximo: ninguna compensación excederá del importe del interés que el consumidor habría pagado durante el período de tiempo comprendido entre el reembolso anticipado y la fecha pactada de finalización del contrato de crédito.

---

del 3% del capital reembolsado anticipadamente en los casos en los que no se contemple en el contrato la modificación del coste del crédito (operaciones a interés fijo), límite que se reduciría al 1,5% en los contratos en los que sí se contemple este supuesto (operaciones pactadas a tipo de interés variable).

Con esta norma se pretende evitar que el consumidor, como consecuencia del reembolso anticipado, termine pagando más que lo hubiese abonado esperando a que el crédito se amortizarse de conformidad con lo pactado[283]. Permitir una compensación mayor que la marcada por el precepto eliminaría en la práctica cualquier interés por ejercitar el derecho de reembolso anticipado por parte de un consumidor que en nada mejoraría su posición como consecuencia de este[284].

Y, además hay unos supuestos en los que no podrá reclamarse compensación alguna por reembolso anticipado:

a) Si el reembolso se ha efectuado en cumplimiento de un contrato de seguro destinado a garantizar el reembolso del crédito.

b) En caso de posibilidad de descubierto.

c) Si el reembolso anticipado se produce dentro de un período para el que no se haya fijado el tipo de interés deudor.

Y ello porque en estos supuestos el prestamista más que un perjuicio obtiene un beneficio como consecuencia de la amortización anticipada. Así, el primer caso, a través del seguro se evita soportar el eventual impago del consumidor. Lo mismo sucede en el segundo supuesto en el cual el prestamista se evita la posibilidad de descubierto pactado en el contrato. Y, en el tercer supuesto, el reembolso anticipado se refiere a un crédito que no está produciendo intereses y, por lo tanto, supondrá la recuperación de un capital que se podrá volver a invertir productivamente en el mercado.

Por último, cabe que no se pacte compensación alguna ya que el carácter imperativo de las normas de la LCCC y la prohibición de la renuncia de los derechos contenidos en la misma

---

283 PEÑA LÓPEZ, F.: "Artículo 30" en *Comentarios a la Ley de Contratos de Crédito al Consumo…*, pág. 1.103.

284 VITERI ZUBÍA, I.: El pago anticipado de las obligaciones a plazo…, pág. 343.

(art. 5) juegan exclusivamente en favor del consumidor, nunca respecto al empresario. Pero esto no implica que, en todo caso, deba establecerse en el contrato, la existencia o no de esta compensación y, en su caso, “la manera en que se determinará” (art. 16.2 LCCC).

Capítulo XI

Vencimiento anticipado por impago

De acuerdo con el artículo 1.124 CC, "la facultad de resolver las obligaciones se entiende implícita en las recíprocas, para el caso de que uno de los obligados no cumpliere lo que le incumbe.

El perjudicado podrá escoger entre exigir el cumplimiento o la resolución de la obligación, con el resarcimiento de daños y abono de intereses en ambos casos. También podrá pedir la resolución, aun después de haber optado por el cumplimiento, cuando éste resultare imposible.

El Tribunal decretará la resolución que se reclame, a no haber causas justificadas que le autoricen para señalar plazo".

Como principio general podemos sostener que el incumplimiento del deudor faculta al acreedor a resolver el contrato. Y en este sentido, la Sent. de 16 de diciembre de 2009, núm. 792/2009 (Roj: STS 8466/2009) en relación a la *cláusula sobre vencimiento anticipado por impago de una sola cuota del préstamo* señalaba: "La doctrina jurisprudencial tiene declarado, con base en el art. 1.255 CC («los contratantes pueden establecer los pactos, cláusulas y condiciones que tengan por conveniente, siempre que no sean contrarios a las leyes, a la moral ni al orden público»), la validez de las cláusulas de vencimiento anticipado en los préstamos cuando concurra justa causa como lo es la manifiesta dejación de las obligaciones de carácter esencial, como es el incumplimiento por el prestatario de la obligación de abono de las cuotas de amortización del préstamo. En esta línea se han manifestado las STS de 7 de febrero de 2000 (aunque para el ámbito del contrato de arrendamiento financiero); 9 de marzo de 2001; 4 de julio de 2008; 12 de diciembre de 2008 y 16 de diciembre de 2009, entre otras".

El tema de las cláusulas de vencimiento anticipado por impago ha sido objeto de numerosos estudios y abundante jurisprudencia, fundamentalmente en los préstamos a consumidores más "sensibles" por sus consecuencias sociales como son los hipotecarios. No obstante, las cuestiones que se plantean en este tipo de préstamos se proyectan en el resto siempre que concurra un consumidor, habida cuenta que se aborda desde la perspectiva de su carácter o no abusivo.

El artículo 693 párrafo tercero de la Ley de Enjuiciamiento Civil, en la redacción dada por la Ley 41/2007, de 7 de diciembre, por la que se modifica la Ley 2/1981,de 25 de marzo, de Regulación del Mercado Hipotecario y otras normas del sistema hipotecario y financiero, de regulación de las hipotecas inversas y el seguro de dependencia y por la que establece determinada norma tributaria, establece literalmente: "Si el bien hipotecado fuese la vivienda familiar, el deudor podrá aún sin el consentimiento del acreedor, liberar el bien mediante la consignación de las cantidades expresadas en el párrafo anterior (cantidad exacta que por principal e intereses estuviese vencida en la fecha de presentación de la demanda).

Liberado un bien por primera vez, podrá liberarse en segundas o ulteriores ocasiones, siempre que al menos, medien 5 años entre la fecha de la liberación y la del requerimiento de pago judicial o extrajudicial efectuada por el acreedor".

El art. 693 LEC se modifica nuevamente por la Ley 1/2013, de 14 de mayo, que exige para que la entidad de crédito declare el vencimiento anticipado de los créditos hipotecarios que venzan "al menos tres plazos mensuales sin cumplir el deudor su obligación de pago o un número de cuotas tal que suponga que el deudor ha incumplido su obligación por un plazo al menos equivalente a tres meses".

La Sentencia núm.705/2015, de 23 de diciembre, declaró nula, por abusiva, la cláusula de vencimiento anticipado inserta en los préstamos hipotecarios de un banco determinado que facultaba a la entidad bancaria para exigir anticipadamente la devolución de la totalidad del préstamo por la falta de pago de una parte de cualquiera de las cuotas. Y la calificó de abusiva porque la cláusula litigiosa predispuesta por el banco no superaba los estándares exigibles establecidos en la Sentencia del TJUE de 14 de marzo de 2013 (asunto Aziz) porque no modulaba la gravedad del incumplimiento en función de la duración y cuantía del préstamo, no permitía al consumidor evitar su aplicación mediante una conducta diligente de reparación y posibilitaba la resolución del préstamo por el incumplimiento de un solo plazo, incluso parcial.

Pero dicha Sentencia de 23 de diciembre de 2015 matizaba los efectos procesales de la nulidad de la cláusula para sostener que aquella nulidad no siempre conllevará el sobreseimiento de la ejecución hipotecaria, para evitar que la tutela de los consumidores conduzca a interpretaciones maximalistas que, bajo una apariencia de máxima protección, tengan como consecuencia paradójica la restricción del acceso al crédito hipotecario y, derivadamente, a la adquisición de vivienda en propiedad. Por ello, decía aquella Sentencia que la nulidad de la cláusula sí puede producir el sobreseimiento de la ejecución si se dan las condiciones mínimas establecidas en la LEC (el impago de tres plazos mensuales o un número de cuotas equivalente) y el tribunal valora además, en el caso concreto, que el ejercicio de la facultad de vencimiento anticipado no está justificado en función de los criterios fijados por el TJUE: carácter esencial y no secundario de la obligación incumplida, importe impagado en relación con la cuantía y duración del préstamo y la posibilidad real que el consumidor haya tenido de evitar la consecuencia del vencimiento anticipado.

El Juzgado de Primera Instancia nº 2 de Santander decidió suspender el procedimiento y plantear al Tribunal de Justicia las siguientes cuestiones prejudiciales:

«1) [...]

2) [...]

3) Si, de conformidad con la Directiva [93/13], y en particular de sus artículos 6.1 y 7.1, a fin de garantizar la protección de consumidores y usuarios de acuerdo con los principios de equivalencia y efectividad [,] el juez nacional debe apreciar de oficio la existencia de una cláusula abusiva, extrayendo las consecuencias procedentes, aun cuando previamente haya resuelto en sentido contrario o haya declinado esa apreciación en resolución firme conforme a la norma procesal nacional.

4) [...] »

Por su parte, la Sentencia del TJUE de 26 de enero de 2017 sobre las cláusulas de vencimiento anticipado establecía los dos siguientes postulados:

a) En cuanto se refiere a la declaración del eventual carácter abusivo de una cláusula de vencimiento anticipado por incumplimientos de las obligaciones del deudor durante un período limitado, incumbe al juez nacional examinar, en particular: si la facultad que se concede al profesional de declarar el vencimiento anticipado de la totalidad del préstamo está supeditada al incumplimiento por parte del consumidor de una obligación que revista carácter esencial en el marco de la relación contractual de que se trate, si esa facultad está prevista para los casos en los que tal incumplimiento tiene carácter suficientemente grave en relación con la duración y la cuantía del préstamo, si dicha facultad constituye una excepción con respecto a las normas generales aplicables en la materia en ausencia de estipulaciones contractuales específicas y si el Derecho nacional prevé medios adecuados y eficaces que permitan al consumidor sujeto a la aplicación de esa cláusula poner remedio a los efectos del vencimiento anticipado del préstamo.

b) En cuanto se refiere a los efectos procesales de la aplicación de los criterios y de sus consecuencias por el juez nacional, la Sentencia decía que la Directiva 93/13 debe interpretarse en el sentido de que se opone a una interpretación jurisprudencial de una disposición de Derecho nacional relativa a las cláusulas de vencimiento anticipado de los contratos de préstamo —como el artículo 693.2 de la LEC— que prohíbe al juez nacional que ha constatado el carácter abusivo de una cláusula contractual de ese tipo declarar su nulidad y dejarla sin aplicar cuando, en la práctica, el profesional no la ha aplicado, sino que ha observado los requisitos establecidos por la disposición de Derecho nacional.

Por su parte, el Pleno de la Sala Primera de lo Civil del Tribunal Supremo planteó sendas cuestiones prejudiciales ante el TJUE para evitar nuevas discrepancias en cuanto a las especialidades procesales de nuestra LEC. Esto lo hace en el Auto de 8 de febrero de 2017 que nace de la pendencia de resolución por la Sala de un recurso de casación (el 1752/2014) contra la Sentencia dictada el 14 de mayo de 2014 por la Sección 1ª de la Audiencia Provincial de Pontevedra que trataba de la nulidad de una serie de cláusulas incluidas en un contrato de préstamo con garantía hipotecaria celebrado con consumidores.

La razón esencial que lleva a nuestro Tribunal Supremo a solicitar el parecer del TJUE deriva de la propia idiosincrasia procesal del Derecho español descrita en el Fundamento de Derecho Cuarto del Auto del modo siguiente:

"Cuando en un contrato de préstamo con garantía hipotecaria el prestatario incumple su obligación de devolución de la cantidad recibida, el acreedor tiene las siguientes opciones:

a) Iniciar un juicio declarativo, en el que puede pedir la resolución del contrato por incumplimiento del deudor, con restitución recíproca de las prestaciones, o el cumplimiento forzoso del contrato, con exigencia de todas las cantidades pendientes de pago y sus correspondientes intereses. A tal efecto, el artículo 1.124 del Código Civil dispone: (...) La sentencia firme que recaiga en este juicio declarativo podrá ser objeto de ejecución, en la que se podrán embargar y subastar todos los bienes del deudor, incluyendo su vivienda habitual.

b) Iniciar un proceso especial de ejecución hipotecaria, en el que puede perseguir y enajenar mediante subasta el bien hipotecado, que sirve de garantía a la devolución del préstamo. Cuando ese bien hipotecado es la vivienda habitual del deudor consumidor, la regulación de este proceso especial de ejecución hipotecaria contempla una serie de beneficios o ventajas, para proteger la conservación de dicha vivienda, o por lo menos, que su enajenación sea menos gravosa para el deudor, que no se contienen en la ejecución ordinaria de la sentencia firme dictada en el juicio declarativo.

Estas ventajas previstas para el deudor consumidor en el proceso especial de ejecución hipotecaria sobre vivienda habitual, en los arts. 693. 31, 579.22 y 682.23 de la Ley de Enjuiciamiento Civil, son, resumidamente, las siguientes: —El deudor podrá liberar el bien mediante la consignación de la cantidad debida hasta esa fecha. —Liberado un bien por primera vez, podrá liberarse en segunda o ulteriores ocasiones siempre que, al menos, medien tres años entre la fecha de la liberación y la del requerimiento de pago judicial o extrajudicial efectuada por el acreedor. —Se prevé una limitación del cálculo de las costas procesales en función únicamente de las cuotas del préstamo atrasadas, en caso de enervación de la acción ejecutiva hipotecaria. —El precio a efectos de subasta no podrá ser inferior, en ningún caso, al 75 por cien del valor señalado en la tasación".

Por lo anterior, tras referirse en sus sucesivos Fundamentos de Derecho a los "pronunciamientos previos del TJUE sobre las cláusulas de vencimiento anticipado en el Derecho español", al "marco jurídico nacional en el que se inscribe el litigio principal", a los "problemas de interpretación y adecuación del Derecho nacional al Derecho de la Unión Europea que son pertinentes para dictar sentencia en el litigio principal, sobre la primera petición de decisión prejudicial", a "la segunda petición de decisión prejudicial", al "contexto socioeconómico del préstamo hipotecario para la adquisición de vivienda en España", a la "necesidad de formulación de la petición de decisión prejudicial" y a la "conveniencia de que la solicitud se tramite por el procedimiento acelerado y la solicitud de acumulación de otras peticiones".

Por ello, la Sala Primera de lo Civil del Tribunal Supremo, en el Auto de 8 de febrero de 2017, acuerda:

"Formular al Tribunal de Justicia de la Unión Europea, en el ámbito del artículo 267 TFUE, las siguientes peticiones de decisión prejudicial, en interpretación del artículo 6.1 de la Directiva 93/13/CEE, del Consejo, de 5 de abril de 1993, sobre las cláusulas abusivas en los contratos celebrados con consumidores:

1º. ¿Debe interpretarse el art. 6.1 de la Directiva 93/13/CEE en el sentido de que admite la posibilidad de que un tribunal nacional, al enjuiciar la abusividad de una cláusula de vencimiento anticipado incorporada en un contrato de préstamo hipotecario celebrado con un consumidor que prevé el vencimiento por impago de una cuota, además de otros supuestos de impago por más cuotas, aprecie la abusividad solo del inciso o supuesto del impago de una cuota y mantenga la validez del pacto de vencimiento anticipado por impago de cuotas también previsto con carácter general en la cláusula, con independencia de que el juicio concreto de validez o abusividad deba diferirse al momento del ejercicio de la facultad?

2º. ¿Tiene facultades un tribunal nacional, conforme a la Directiva 93/13/CEE, para —una vez declarada abusiva una cláusula de vencimiento anticipado de un contrato de préstamo o crédito con garantía hipotecaria— poder valorar que la aplicación supletoria de una norma de Derecho nacional, aunque determine el inicio o la continuación del proceso de ejecución contra el consumidor, resulta más favorable para el mismo que sobreseer dicho proceso especial de ejecución hipotecaria y permitir al acreedor instar la resolución del contrato de préstamo o crédito, o la reclamación de las cantidades debidas, y la subsiguiente ejecución de la sentencia condenatoria, sin las ventajas que la ejecución especial hipotecaria reconoce al consumidor?".

En contestación a esto la Sentencia del TJUE (Gran Sala) de 26 de marzo de 2019 declaró que los artículos 6 y 7 de la Directiva 93/13/CE "deben interpretarse en el sentido de que, por una parte, se oponen a que una cláusula de vencimiento anticipado de un contrato de préstamo hipotecario declarada abusiva sea conservada parcialmente mediante la supresión de los elementos que la hacen abusiva, cuando tal supresión equivalga a modificar el contenido de dicha cláusula afectando a su esencia, y de que, por otra parte, esos mismos artículos no se oponen a que el juez nacional ponga remedio a la nulidad de tal cláusula abusiva sustituyéndola por la nueva redacción de la disposición legal que inspiró dicha cláusula, aplicable en caso de convenio entre las partes del contrato, siempre que el contrato de préstamo hipotecario en cuestión no pueda subsistir en caso de supresión de la citada cláusula abusiva y la anulación del contrato en su conjunto exponga al consumidor a consecuencias especialmente perjudiciales».

Por su parte, los Autos del TJUE de 3 de julio de 2019 declararon que el artículo 7, apartado 1, de la Directiva 93/ 13/CEE, y el principio de efectividad "deben interpretarse (...) en el sentido de que no se oponen a que un órgano jurisdiccional nacional de primera instancia quede vinculado por una resolución dictada en apelación que ordena que se inicie un procedimiento de ejecución en atención a la gravedad del incumplimiento de las obligaciones que impone al consumidor el contrato de préstamo hipotecario, y ello a pesar de que ese contrato contenga una cláusula declarada abusiva en una resolución previa que ha adquirido firmeza, pero a la que el Derecho nacional no reconoce fuerza de cosa juzgada".

Vistos todos estos antecedentes debemos analizar la Sentencia n° 101/2020, de 12 de febrero, del Pleno de la Sala Primera de lo Civil del Tribunal Supremo (Roj: STS 336/2020) sobre la nulidad, por abusiva, de una cláusula de vencimiento anticipado en un préstamo bancario personal, por tanto, sin garantía hipotecaria, contratado con un consumidor (y, además, con fianza solidaria[285]). Se observa que la jurisprudencia respecto a esta cláu-

---

285 Interesa destacar los argumentos de la Sala respecto a la fianza que se recogen en el Fundamento Jurídico Tercero: "1. El primer motivo parece

sula en los préstamos hipotecarios y la referente a los préstamos personales sin garantía hipotecaria, coinciden en las causas de la declaración de su carácter abusivo (desproporción entre los incumplimientos parciales y ocasionales y las consecuencias totales y definitivas) y consiguiente nulidad de dicha cláusula, pero difieren en los efectos de esta nulidad.

---

presuponer que si la solidaridad de la fianza se hubiera incluido en el contrato como una condición particular sería válido, mientras que si se trata de una condición general de la contratación sería inválido *per se.* Sin embargo, ello no es así. El pacto de fianza accesorio de un préstamo, si está concertado por un consumidor, no es necesariamente nulo, sino que es susceptible de los controles de incorporación, transparencia y contenido propios de las cláusulas no negociadas en contratos concertados con consumidores.

2. En la sentencia 56/2020, de 27 de enero, hemos hecho referencia a esta realidad negocial de incluir en un solo contrato las dos figuras, préstamo y fianza, al decir:

«A ello se suma la estrecha dependencia del contrato de fianza respecto al contrato del que surge la obligación principal garantizada, dependencia que se traduce en el hecho de que el riesgo asumido por el fiador queda definido comúnmente por la prestación que integra la obligación del deudor principal, en el hecho de la contextualidad o coetaneidad de ambos contratos (préstamo y fianza), en su formalización conjunta en un mismo documento, y en el hecho de que el común acreedor del deudor principal y del fiador es el que como oferente profesional impone y predispone la redacción de los términos del afianzamiento, según resulta notoriamente de la observación del tráfico jurídico y de las máximas de experiencia».

Esta estrecha vinculación entre préstamo y fianza, en la tipología negocial ahora considerada, ha sido igualmente destacada por la sentencia TJCE de 17 de marzo de 1998 (Dietzinger), al afirmar:

«Teniendo en cuenta la estrecha relación existente entre el contrato de crédito y la fianza en garantía de su ejecución, así como el hecho de que la persona que se compromete a garantizar el reembolso de una deuda puede tener la condición de codeudor solidario o de fiador, no puede negarse que la fianza está comprendida en el ámbito de aplicación de la Directiva».

Así se deduce del Fundamento de Derecho Segundo que dice: "Aunque los pronunciamientos previos de esta Sala sobre el vencimiento anticipado, sintetizados y sistematizados en la sentencia de pleno 463/2019, de 11 de septiembre (RJ 2019,3343), se han

---

Como dijimos «supra», existe una dependencia funcional de la obligación accesoria respecto de la principal, por razón de la finalidad de garantía de aquella, que, si bien no determina que dichos vínculos obligacionales lleguen a confundirse, identificarse o reducirse en un único vínculo, no obstante, sí determina su participación o integración en una relación negocial compleja y unitaria por la interdependencia causal existente entre la obligación principal y la garantía fideiusoria. Lo que permite analizar esta última, desde la perspectiva de su eventual falta de transparencia o abusividad, en su totalidad, cuando pueda estar incursa en la proscripción de la imposición de garantías desproporcionadas».

3. En este caso, la recurrente no justifica la razón por la que considera que la prestación de la fianza supuso la imposición de una garantía desproporcionada, y ni siquiera argumenta por qué la cláusula de afianzamiento solidario no supera los controles de incorporación y transparencia.

4. Respecto de la fianza solidaria, como hemos declarado en la antes citada sentencia 56/2020, de 27 de enero:

«[d]ada la subsunción de los contratos de fianza en que el fiador actúe como consumidor en el ámbito de la Directiva 13/93/CEE, cabe la posibilidad de extender los controles de incorporación y transparencia material a las cláusulas de los contratos de fianza y, entre ellas, a la cláusula de renuncia de los beneficios de excusión, orden y división (arts. 1831 y 1837), en cuanto afectantes a las obligaciones de pago del fiador, en conexión con las normas vigentes en cada momento sobre las obligaciones de información en la fase precontractual (claramente reforzadas, en particular respecto de los garantes, en la reciente Ley 5/2019, de 15 de marzo, reguladora de los contratos de crédito inmobiliario), la claridad de su redacción, y el tratamiento secundario o no dado a la misma en el contrato, a fin de permitir el conocimiento por el fiador de las consecuencias jurídicas y económicas de la cláusula (cfr. STS 314/2018, de 28 de mayo), aunque en este caso la finalidad de dicha información no es tanto permitir comparar ofertas —pues en puridad en la fianza gratuita no hay prestación correspectiva a cargo del acreedor—, cuanto permitir al fiador conocer el alcance del riesgo asumido».

referido a préstamos con garantía hipotecaria, algunas de las consideraciones contenidas en nuestra jurisprudencia son también aplicables a préstamos personales como el presente.

Con carácter general, esta Sala no ha negado la validez de las cláusulas de vencimiento anticipado, siempre que estuviera claramente determinado en el contrato en qué supuestos se podría dar lugar a dicho vencimiento, sin que ello pudiera quedar al arbitrio del prestamista, en contravención de lo dispuesto en el art. 1256 CC (LEG 1889,27) (sentencias 506/2008, de 4 de junio (RJ 2008,3196); o 792/2009, de 16 de diciembre (RJ 2010,702).

---

5. Es decir, lo determinante para la transparencia de una cláusula (pacto) de esta naturaleza es que el fiador comprenda su carga jurídica y económica, es decir, que sea consciente de que, si el deudor principal no paga, responderá en sus mismas condiciones y el acreedor podrá dirigirse contra él por la totalidad de la deuda pendiente. Desde esa perspectiva, las sentencias de instancia (en este punto, la de la Audiencia Provincial se remite a la de primera instancia) consideran que la redacción de la cláusula es fácilmente comprensible y que la fiadora era co-prestataria solidaria con el otro demandado en otros dos préstamos con garantía hipotecaria, por lo que conocía la funcionalidad de la fianza solidaria, que, además, había sido condición esencial para que el prestamista concediera el crédito, por lo que la fiadora conocía que podrían dirigirse indistintamente contra el patrimonio del deudor y contra el suyo.
Como tales argumentos no han sido desvirtuados, no cabe apreciar falta de transparencia en la cláusula relativa a la solidaridad en la fianza.
6. Además, como también hemos resaltado en misma sentencia 56/2020, tan Derecho dispositivo es la regulación del Código civil sobre la fianza simple como respecto de la fianza solidaria (prevista expresamente en el art. 1822-2), y que el pacto de solidaridad excluye por sí mismo, sin necesidad de renuncia, tanto el beneficio de excusión (art. 1831.2° CC), como el de división (art. 1837-1 CC). Por lo que la nulidad de dichas renuncias a los beneficios de división, orden y excusión, por su eventual abusividad, en caso de que pudiera estimarse posible a pesar de estar expresamente prevista en el Código, carecería de todo efecto útil, al coincidir sus efectos con los propios de la fianza solidaria con arreglo a la regulación dispositiva prevista en el propio Código (art. 1.2 de la Directiva 93/13/CEE)".

Es decir, la posible abusividad provendría de los términos en que la condición general predispuesta permita el vencimiento anticipado, no de la mera previsión de vencimiento anticipado, que no es, *per se*, ilícita. Así, la sentencia 506/2008, de 4 de junio, declaró: [...]

«[c]omo viene señalando la doctrina moderna atendiendo a los usos de Comercio y vista la habitualidad de dichas cláusulas en la práctica bancaria reciente, existen argumentos para defender la validez de tales estipulaciones, como la convenida, al amparo del principio de autonomía de la voluntad (artículo 1255 del Código Civil), en el caso de autos, cuando concurra justa causa para ello, es decir, cuando nos encontremos ante una verdadera y manifiesta dejación de las obligaciones de carácter esencial contraídas, como puede ser, ciertamente, el incumplimiento por el prestatario de la obligación de abono de las cuotas de amortización de un préstamo. Y en el presente caso tuvo por cierto el Juzgado (y después confirmó la Audiencia) que, transcurrido el periodo de carencia convenido, "desde el mes de septiembre de 1995 nunca existió saldo suficiente para abonar las amortizaciones del préstamo hasta abril del 96".

Por otra parte, la tesis expuesta sobre la validez de las citadas cláusulas de vencimiento anticipado ha venido a ser respaldada, a nivel legislativo, por la dicción literal del artículo 10 de la Ley 28/1998, de 13 de julio, de Venta a Plazos de Bienes Muebles, o del citado por la Sentencia recurrida, el artículo 693.2 de la Ley de Enjuiciamiento Civil, de 7 de enero de 2000, expresamente referido a la ejecución hipotecaria.

Lo hasta ahora expuesto no obsta a que, en determinadas circunstancias, pueda proclamarse el ejercicio abusivo de tal tipo de cláusula, en supuestos en que se prevea la facultad de vencimiento anticipado para incumplimientos irrelevantes, por concurrencia de circunstancias cuya apreciación se deja al puro arbitrio de la entidad bancaria, o cuando se perjudica con su ejercicio de manera desproporcionada y no equitativa al prestatario, como así ocurrió en el supuesto resuelto por la Sentencia de 2 de noviembre de 2000».

En todo caso, haciendo nuestra la jurisprudencia del TJUE (SS-TJUE, de 14 de marzo de 2013, asunto C-415/11 (TJCE 2013,89) Aziz, y 26 de enero de 2017, asunto C-421/14, Banco Primus; y AA-TJUE de 11 de junio de 2015, asunto C-602/13 (TJCE 2015,224), y 8 de julio de 2015, asunto C-90/14), hemos declarado que, para que una cláusula de vencimiento anticipado no sea abusiva, debe modular la gravedad del incumplimiento en función de la duración y cuantía del préstamo. Desde ese punto de vista, parece evidente que una cláusula que permite el vencimiento anticipado por el incumplimiento de un solo plazo, incluso parcial y respecto de obligaciones accesorias, debe ser reputada abusiva, dado que no se vincula a parámetros cuantitativa o temporalmente graves. [...]

Finalmente, la abusividad de la cláusula no puede ser salvada porque no se aplicó en su literalidad y la entidad prestamista soportó un periodo amplio de morosidad antes de ejercitarla, porque ello contraviene la jurisprudencia del TJUE". Así lo declaró la STJUE de 26 de enero de 2017, caso Banco Primus, asunto C-421/14 (TJCE 2017,31)[286].

---

[286] «Por consiguiente, y a fin de garantizar el efecto disuasorio del artículo 7 de la Directiva 93/13, las prerrogativas del juez nacional que constata la existencia de una cláusula abusiva, en el sentido del artículo 3, apartado 1, de la misma Directiva, no pueden depender del hecho de que esa cláusula se aplique o no en la práctica. De este modo, el Tribunal de Justicia ya ha declarado que la Directiva 93/13 debe interpretarse en el sentido de que, cuando el juez nacional haya constatado el carácter «abusivo» —en el sentido del artículo 3, apartado 1, de esa Directiva— de una cláusula de un contrato celebrado entre un consumidor y un profesional, la circunstancia de que tal cláusula no haya llegado a aplicarse no se opone por sí sola a que el juez nacional deduzca todas las consecuencias oportunas del carácter abusivo de la cláusula en cuestión (véase, en este sentido, el auto de 11 de junio de 2015 (TJCE

Vemos, por tanto, que las causas de la declaración del carácter abusivo de la cláusula de vencimiento anticipado coinciden con las de los préstamos hipotecarios, así como la consiguiente nulidad de dicha cláusula. Pero, como ya hemos dicho anteriormente, los efectos de esta nulidad en los préstamos personales difieren.

En efecto, como señala el Fundamento de Derecho Segundo de la Sentencia n° 101/2020 que estamos comentando, "a diferencia de lo que sucede con los préstamos hipotecarios, en los contratos de préstamo personal, la supresión o expulsión de la cláusula de vencimiento anticipado declarada abusiva no compromete la subsistencia del contrato (sentencia 463/2019, de 11 de septiembre). En consecuencia, no podemos extraer las consecuencias establecidas por la jurisprudencia del TJUE sobre la aplicación supletoria de una norma de Derecho nacional en casos en que el contrato no pueda subsistir y su nulidad resulte perjudicial para el consumidor (por todas, STJUE de 26 de marzo de 2019).

Pero es que, además, también a diferencia de lo que sucede con los préstamos hipotecarios, respecto de los que existen normas legales que permiten el vencimiento anticipado —no solo como pacto, sino como previsión legal— (arts. 693.2 LEC y 24 LCCI), no hay una regulación equivalente para los préstamos personales o sin garantía".

Respecto a las consecuencias de la nulidad de la cláusula de vencimiento anticipado hay que tener en cuenta como se dice en el Fundamento Jurídico Sexto que "la controversia litigiosa no se ciñe al ejercicio de una acción para la declaración de abusividad de unas cláusulas contractuales, puesto que no tiene su origen en una acción individual de nulidad ejercitada por unos consumidores o ni siquiera en una reconvención, sino que dicha alegación

---

2015, 224), Banco Bilbao Vizcaya Argentaria, C-602/13, no publicado, EU:C:2015:397, apartados 50 y 54)».

ha sido utilizada como medio de defensa (excepción) frente a una reclamación dineraria formulada por la entidad prestamista por el impago del préstamo".

En la demanda, "además de invocarse la cláusula de vencimiento anticipado para solicitar la condena al pago del total de lo debido, también se invocó el art. 1124 CC y se ejercitaron unas acciones de cumplimiento contractual y reclamación de cantidad. Por lo que, como la parte acreedora ha optado por el cumplimiento forzoso del contrato y no por su resolución, deberá condenarse solidariamente a los demandados al pago de las cantidades adeudadas a la fecha de interposición de la demanda, [...]"

Hay que concluir este epígrafe diciendo que, en la práctica bancaria, se están incluyendo cláusulas de vencimiento por impago que siguen lo dispuesto en el art. 24 LCCI y, de esta forma, evitan la eventual desproporción entre los incumplimientos parciales y ocasionales y las consecuencias de tal impago y tienen una equivalencia con una norma jurídica también aplicable a los consumidores (aunque no sólo a estos) en unos supuestos más específicos[287]. De esta forma se produciría el vencimiento anticipado del contrato si concurren conjuntamente los siguientes requisitos:

a) Que el prestatario se encuentre en mora en el pago de una parte del capital del préstamo o de los intereses.

---

[287] "Los contratos de préstamo concedidos por personas físicas o jurídicas que realicen dicha actividad de manera profesional, cuando el prestatario, el fiador o garante sea una persona física y dicho contrato tenga por objeto:
a) La concesión de préstamos con garantía hipotecaria u otro derecho real de garantía sobre un inmueble de uso residencial. A estos efectos, también se entenderán como inmuebles para uso residencial aquellos elementos tales como trasteros, garajes, y cualesquiera otros que sin constituir vivienda como tal cumplen una función doméstica.
b) La concesión de préstamos cuya finalidad sea adquirir o conservar derechos de propiedad sobre terrenos o inmuebles construidos o por construir, siempre que el prestatario, el fiador o garante sea un consumidor".

b) Que la cuantía de las cuotas vencidas y no satisfechas equivalgan al menos:

i. Al tres por ciento de la cuantía del capital concedido, si la mora se produjera dentro de la primera mitad de la duración del préstamo. Se considerará cumplido este requisito cuando las cuotas vencidas y no satisfechas equivalgan al impago de doce plazos mensuales o un número de cuotas tal que suponga que el deudor ha incumplido su obligación por un plazo al menos equivalente a doce meses.

Este importe de 12 mensualidades, dado que los contratos de crédito al consumidor suelen ser de corto plazo (de 2 a 5 años y excepcionalmente hasta diez), es muy elevado por lo que he visto sustituirlo por el de tres mensualidades que es el que establece el art. 693 LEC.

ii. Al siete por ciento de la cuantía del capital concedido, si la mora se produjera dentro de la segunda mitad de la duración del préstamo. Se considerará cumplido este requisito cuando las cuotas vencidas y no satisfechas equivalgan al impago de quince plazos mensuales o un número de cuotas tal que suponga que el deudor ha incumplido su obligación por un plazo al menos equivalente a quince meses.

Cabe decir lo mismo que en el supuesto anterior: el importe de 15 mensualidades, habida cuenta de la duración de este tipo de contratos de crédito, es muy elevado. Esto hace que en la práctica se sustituya, por ejemplo, por el de seis mensualidades o su importe equivalente.

De esta forma se consigue modular el importe de la deuda necesario para que el acreedor declare el vencimiento anticipado del crédito con el plazo restante hasta su vencimiento final.

c) Que el prestamista haya requerido el pago al prestatario concediéndole un plazo de al menos un mes para su cumplimiento y advirtiéndole de que, de no ser atendido, reclamará el reembolso total adeudado del préstamo.

Podemos concluir señalando que la Directiva 2023/2225/UE incluye dos medidas interesantes en los supuestos en los que el consumidor no puede hacer frente a sus deudas: las medidas de reestructuración y el asesoramiento en materia de deudas.

Respecto a las medidas de reestructuración o refinanciación el art. 35 de la Directiva establece que "los Estados miembros exigirán a los prestamistas que apliquen, cuando proceda, medidas razonables de reestructuración o refinanciación antes de iniciar procedimientos de ejecución. Dichas medidas de reestructuración o refinanciación tendrán en cuenta, entre otros elementos, las circunstancias particulares del consumidor. No se exigirá de los prestamistas que ofrezcan repetidamente a los consumidores medidas de reestructuración o refinanciación, salvo en casos justificados". En estos casos no se exigirá de los prestamistas que realicen una evaluación de solvencia, siempre que el importe total adeudado por el consumidor no se incremente significativamente al modificarse el contrato de crédito.

Tales medidas podrán incluir, entre otras posibilidades, la refinanciación total o parcial de un contrato de crédito e incluirán la modificación de las condiciones vigentes de un contrato de crédito, que podrá incluir, entre otras posibilidades:

"i) la ampliación de la vigencia del contrato de crédito,

ii) el cambio del tipo de contrato de crédito,

iii) el pago aplazado de la totalidad o de parte de las cuotas de reembolso durante un período,

iv) la reducción del tipo deudor,

v) el ofrecimiento de un período de carencia,

vi) los reembolsos parciales,

vii) las conversiones de divisas, y

viii) la condonación parcial y la consolidación de la deuda".

Ello se entenderá sin perjuicio de lo dispuesto en el Derecho nacional y no obligará a los Estados miembros a incluir todas esas medidas en el Derecho nacional.

Esta es la línea ya seguida en nuestro Derecho, aunque circunscrita al ámbito de los créditos con garantía hipotecaria de vivienda, en el Real Decreto-ley 6/2012, de 9 de marzo, de medidas urgentes de protección de deudores hipotecarios sin recursos. En esta norma se introducen algunas de las medidas citadas a través del llamado Código de Buenas Prácticas que, si bien tiene carácter voluntario, en la práctica se han adherido todas las entidades de crédito.

La Directiva justifica estas medidas de reestructuración o de refinanciación en sus exponendos:

"(79) Dadas las importantes consecuencias que tienen los procedimientos de ejecución para los prestamistas y los consumidores, así como, potencialmente, para la estabilidad financiera, es preciso que los prestamistas aborden con anticipación en una fase temprana el riesgo de crédito emergente, y establecer las medidas necesarias para garantizar que se muestren, cuando corresponda, razonablemente tolerantes antes de iniciar un procedimiento de ejecución. A la hora de decidir si procede aplicar medidas de reestructuración o refinanciación, o si está justificado ofrecerlas de forma reiterada, el prestamista debe tener en cuenta, entre otros elementos, las circunstancias individuales del consumidor, como los intereses y derechos del consumidor, su capacidad para reembolsar el crédito y sus necesidades razonables de gastos de subsistencia, y el prestamista debe limitar los costes para el consumidor en caso de impago. En particular, cuando el consumidor no responda a la oferta del prestamista en un plazo razonable, no debe exigirse al prestamista que ofrezca medidas de reestructuración o refinanciación de forma reiterada. Los Estados miembros no deben impedir que las partes en un contrato de crédito puedan acordar expresamente que la transmisión al prestamista de los bienes objeto de un contrato de crédito vinculado o la transferencia de los ingresos derivados de la venta de dichos bienes basten para reembolsar el crédito".

Por otra parte, y a tenor de lo dispuesto en el art. 36 (Servicios de asesoramiento en materia de deudas) de la Directiva, "los Estados miembros velarán por que se ponga unos servicios independientes de asesoramiento en materia de deudas a disposición de los consumidores que tengan o puedan tener dificultades para cumplir sus compromisos financieros, únicamente con unos gastos limitados adeudados por dichos servicios". A efectos, "los prestamistas contarán con procedimientos y políticas para la detección precoz de los consumidores con dificultades financieras".

Igualmente, los Estados miembros "velarán por que los prestamistas remitan a los consumidores que tengan dificultades para cumplir sus compromisos financieros a unos servicios de asesoramiento en materia de deudas de fácil acceso para el consumidor".

El exponendo (81) lo justifica de la siguiente forma: "Los consumidores que se enfrenten con dificultades para cumplir sus compromisos financieros pueden disfrutar de ayuda especializada para la gestión de sus deudas. Las dificultades financieras abarcan una amplia variedad de situaciones, como puede ser, entre muchas otras, el que se haya retrasado el reembolso de la deuda durante más de 90 días. El objetivo de los servicios de asesoramiento en materia de deudas es ayudar a los consumidores que se encuentran con dificultades financieras y guiarlos para que reembolsen, en la medida de lo posible, sus deudas pendientes, y al mismo tiempo mantengan un nivel de vida decoroso sin menoscabo de su dignidad. Esta asistencia personalizada e independiente puede incluir asesoramiento jurídico, gestión del dinero y de la deuda, así como asistencia social y psicológica. La asistencia debe ser prestada por operadores profesionales que no sean prestamistas, intermediarios de crédito, prestadores de servicios de crédito de financiación participativa, compradores de créditos o administradores de créditos, y que sean independientes de ellos. [...] En la medida de lo posible, los consumidores con dificultades para reembolsar sus deudas son remitidos a los servicios de asesoramiento en materia de deudas antes de que se inicie el procedimiento de ejecución. Los servicios de asesoramiento en materia de deudas deben ser fácilmente accesibles para los consumidores, teniendo en cuenta, por ejemplo, su lugar de residencia y también su lengua".

Capítulo XII

Intereses de demora en los créditos a consumidores

De acuerdo con el art. 1.101 CC "quedan sujetos a la indemnización de los daños y perjuicios causados los que en el cumplimiento de sus obligaciones incurrieren en dolo, negligencia o morosidad, y los que de cualquier modo contravienen al tenor de aquella". Y a tenor del art. 1.100 "incurren en mora los obligados a entregar o a hacer alguna cosa desde que el acreedor les exija judicial o extrajudicialmente el cumplimiento de su obligación." "No será, sin embargo, necesaria la intimación del acreedor para que la mora exista: 1°. Cuando la obligación o la ley lo declaren así expresamente [...]". En este mismo sentido el art. 63 Ccom establece que los efectos de la morosidad en el cumplimiento de las obligaciones mercantiles comenzarán "en los contratos que tuviesen día señalado para su cumplimiento, por voluntad de las partes o por la ley, al día siguiente de su nacimiento". Se produce así una mora automática o mora *ex re.*

Aunque estos preceptos no lo establezcan como requisito y el art. 1.101 CC se refiere a la morosidad como algo distinto al dolo y la culpa, la doctrina y la jurisprudencia vienen admitiendo que para que el deudor incurra en mora se requiere que el retraso en el incumplimiento le sea imputable[288].

Por otra parte, el art. 1.108 CC establece que "si la obligación consistiere en el pago de una cantidad de dinero, y el deudor in-

---

288 CÁMARA ÁGUILA, Mª del P.: "Artículo 1.100" en *Comentarios al Código Civil* (Director: R. Bercovitz Rodríguez-Cano), Tomo VI, Tirant lo Blanch, Valencia, 2013, pág. 8.055.

curriere en mora, la indemnización de los daños y perjuicios, no habiendo pacto en contrario, consistirá en el pago de los intereses convenidos, y a falta de convenio, el interés legal".

Podemos decir que la mora es aquella situación jurídica en que se encuentra la relación obligatoria cuando, vencido el término en el cual la obligación debía ser cumplida, el deudor no ha cumplido y ha sido constituido en mora, a salvo los supuestos en que la intimación no es necesaria; por su parte, el cumplimiento moroso viene constituido por un acto de cumplimiento efectuado una vez que el deudor ha sido constituido en mora[289].

Y son intereses moratorios aquellos que tienen por finalidad la indemnización por el resarcimiento del daño causado al acreedor por el retraso en el cumplimiento de una obligación pecuniaria y cumplen, además, la función de imponer al deudor una pena disuasoria del incumplimiento.

Ahora nos corresponde analizar si en los contratos bancarios de crédito al consumidor y, por tanto, siendo de aplicación el TRLCU, cabe considerar como abusiva la cláusula de intereses moratorios a la luz de los arts. 82 y ss de este cuerpo legal.

En líneas generales, siguiendo a ROY PÉREZ[290], podemos decir que la jurisprudencia ha elaborado una serie de reglas que sirven para su evaluación, aunque no todas están generalizadas:

"a) Es legítimo que el interés moratorio sea superior a los intereses remuneratorios. El interés legal del dinero si bien puede servir de referencia legal y útil para determinar si un interés moratorio es abusivo, no implica que todo interés moratorio, por su naturaleza superior al legal, ya sea abusivo.

---

289 ORDÁS ALONSO, M.: *El nuevo marco normativo para la contratación de préstamos y créditos…*, pág. 499.

290 ROY PÉREZ, C.: "El régimen de protección del consumidor de productos bancarios y financieros", *Revista de Derecho Mercantil* nº 287, enero-marzo 2013, Pág. 182-183.

b) El interés fijado por el artículo 20.4 de la Ley 16/2011, de Crédito al consumo se puede utilizar como referencia, aunque se limite a los descubiertos en cuenta corriente. Sin embargo, este criterio no está generalizado, ni en su admisión como referencia, ni en la manera en que afecta al caso concreto, de modo que en casos similares algunos tribunales lo aplican, mientras que otros lo toman como mera indicación. Hay que tener en cuenta que el artículo 4.3 de la Orden EHA 2899/2011 establece claramente una distinción entre los tipos de interés por descubiertos tácitos en cuentas de depósito y los aplicables a los contratos de consumo, de tal manera que dicha disposición puede interpretarse como un deseo del legislador de limitar la regulación específica en materia de contratos de consumo a esta tipología.

c) Para juzgar si el tipo de interés moratorio es desorbitado puede compararse con el tipo retributivo, valorar la posibilidad de que otros gastos y riesgos de incumplimiento ya estuvieran previstos en el interés retributivo pactado y atender a las condiciones del mercado del momento en que se negoció el préstamo en el que se aplica (si el interés era usual en el comercio). También deben analizarse las condiciones personales de concertación de la operación, si existen más garantías, y qué nivel de riesgo asume la entidad. Téngase en cuenta que lo que se valora a la hora de apreciar la nulidad de una cláusula por abusiva es el desequilibrio que resulta en su aplicación, no si es beneficiosa para ambas partes.

d) La consecuencia de aceptar su carácter abusivo no es la nulidad, sino su moderación e integración. Esta medida ya no podrá ser de aplicación en tanto la STJCE de 14 de junio de 2012 considera que esta facultad contemplada en el artículo 83 del Texto Refundido[291] es contraria a la Directiva 93/13 de cláusulas abusivas, con lo que el juez debe limitarse a su supresión.

---

[291] En su redacción anterior a la Ley 3/2014, de 27 de marzo que era la siguiente: "2. La parte del contrato afectada por la nulidad se integrará con arreglo a lo dispuesto por el artículo 1.258 del Código Civil y al principio de buena fe objetiva.

e) La Ley de 21 de julio de 1908 conocida como Ley de Represión de la Usura no es aplicable a los intereses moratorios, porque su ámbito de aplicación se limita al coste del crédito en condiciones de cumplimiento normal del mismo, mereciendo dicha calificación cuando el interés retributivo resulte notablemente superior al normal del dinero, sea manifiestamente desproporcionado con las circunstancias del caso, y haya motivos para estimar que ha sido aceptado por el prestatario a causa de su situación angustiosa, de su inexperiencia o de lo limitado de sus facultades mentales".

El pacto de intereses moratorios o aquel que establece su cuantía no convierte sin más esta estipulación en abusiva, sino que requiere que cumpla los requisitos recogidos en el artículo 82.1 TRLCU y, por tanto, que la cláusula no esté negociada individualmente y que, en contra de las exigencias de la buena fe cause, en perjuicio del consumidor y usuario, un desequilibrio importante de los derechos y obligaciones de las partes que deriven del contrato. Además, a tenor del artículo 82.3, el carácter abusivo de la cláusula se apreciará teniendo en cuenta la naturaleza de los

---

A estos efectos, el Juez que declare la nulidad de dichas cláusulas integrará el contrato y dispondrá de facultades moderadoras respecto de los derechos y obligaciones de las partes, cuando subsista el contrato, y de las consecuencias de su ineficacia en caso de perjuicio apreciable para el consumidor y usuario.

Sólo cuando las cláusulas subsistentes determinen una situación no equitativa en la posición de las partes que no pueda ser subsanada podrá el Juez declarar la ineficacia del contrato".

En su redacción actual, tras una nueva reforma operada por la disposición final 8 de la Ley 5/2019, de 15 de marzo, que introduce el segundo párrafo, continúa siguiéndose el criterio establecido por el TJUE: "Las cláusulas abusivas serán nulas de pleno derecho y se tendrán por no puestas. A estos efectos, el Juez, previa audiencia de las partes, declarará la nulidad de las cláusulas abusivas incluidas en el contrato, el cual, no obstante, seguirá siendo obligatorio para las partes en los mismos términos, siempre que pueda subsistir sin dichas cláusulas.

Las condiciones incorporadas de modo no transparente en los contratos en perjuicio de los consumidores serán nulas de pleno derecho".

bienes o servicios objeto del contrato y considerando todas las circunstancias concurrentes en el momento de su celebración, así como las demás cláusulas del contrato, lo que obliga a evaluar la abusividad o no de la cuantía del tipo de interés pactado por referencia al momento en que el mismo ha sido estipulada. Es importante señalar que entre esas circunstancias no debería ser tenida en cuenta cuál sea el interés moratorio fijado habitualmente en operaciones análogas en la misma época por las restantes entidades de crédito, como si la mera reiteración de una cláusula excesiva pudiera hacerla devenir sin más en lícita[292].

De acuerdo con el art. 85.6 TRLCU, "las cláusulas que supongan la imposición de una indemnización desproporcionadamente alta, al consumidor y usuario que no cumpla sus obligaciones" se consideran cláusulas abusivas. Y como este precepto habla genéricamente de «indemnización» hay que incluir no sólo los intereses sino también cualquier comisión de demora.

A la hora de considerar cuando existe "desproporcionalidad" en los intereses de demora, Jueces y Tribunales han ido sentando una serie de criterios:

— Existen resoluciones judiciales que comparan los intereses de demora con los remuneratorios de forma que aquellos son abusivos cuando superan a éstos en determinada cuantía. Así la sent. A.P. de Madrid (Sección 21ª) de 6 de marzo de 2012, tras considerar este criterio para valorar la "desproporcionalidad" de la indemnización, concluye que una diferencia entre interés moratorio y remuneratorio de 14,84 (puntos porcentuales) es desproporcionado y, por tanto, abusivo. Por el contrario, una diferencia inferior a 10 no lo es. Por su parte, la sent. de la A.P. de Barcelona (Sección 17ª) de 18 de octubre de 2002 no considera

---

292 Véase PERTÍÑEZ VÍLCHEZ, F.: "Comentario al art. 85 TRLCU" en *Comentarios a las Normas de Protección de los Consumidores* (Dir. S. Cámara Lapuente), Colex, Madrid, 2011, pág. 817. En este mismo sentido ORDÁS ALONSO, M.: *El nuevo marco normativo para la contratación de préstamos y créditos…*, pág. 534.

desproporcionados unos intereses moratorios fijados en seis puntos porcentuales por encima de los remuneratorios.

En una línea parecida se encuentra la sent. A.P. de Córdoba (Sección 1ª) de 7 de marzo de 2013 que consideró abusivos unos intereses moratorios que excedían en mucho el doble de la cuantía fijada para los remuneratorios.

— En otros casos se hace una valoración de la desproporción por comparación con el interés legal del dinero[293]. Así la Sent. A.P. Las Palmas de Gran Canaria de 31 de octubre de 2013 (Roj: SAP GC 2150/2013): "se debe declarar abusiva la cláusula por la que se fija un interés de demora del 27% anual, atendiendo al importe del interés del dinero vigente al tiempo de suscribir el contrato, que se hallaba en el 4% anual (Ley 26/2009, de 23 de diciembre, de Presupuestos Generales del Estado para el año 2010,

---

[293] Algunas sentencias han puesto en comparación el interés moratorio pactado con el establecido por el art. 7.2 de la Ley 3/2004, de 29 de diciembre, por la que se establecen medidas de lucha contra la morosidad en las operaciones comerciales ("el tipo legal de interés de demora que el deudor estará obligado a pagar será la suma del tipo de interés aplicado por el Banco Central Europeo a su más reciente operación principal de financiación efectuada antes del primer día del semestre natural de que se trate más siete puntos porcentuales.
Por tipo de interés aplicado por el Banco Central Europeo a sus operaciones principales de financiación se entenderá el tipo de interés aplicado a tales operaciones en caso de subastas a tipo fijo. En el caso de que se efectuara una operación principal de financiación con arreglo a un procedimiento de subasta a tipo variable, este tipo de interés se referirá al tipo de interés marginal resultante de esa subasta.
El tipo legal de interés de demora, determinado conforme a lo dispuesto en este apartado, se aplicará durante los seis meses siguientes a su fijación".
El diferencial se sustituye a ocho puntos porcentuales por el art. 33.3 del Real Decreto-ley 4/2013, de 22 de febrero —luego art. 33.3 Ley 11/2013, de 26 de julio—).
Es el caso de las sents A.P de Asturias de 18 de septiembre de 2009 y 20 de abril de 2011.

y en un cinco por ciento el tipo de interés de demora fijado por la Ley 58/2003 General Tributaria), dejándola sin efecto".

— En relación indirecta con el interés legal del dinero está el criterio de comparar el interés de demora con consumidores con el límite legal establecido por el art. 19.4 LCC, hoy sustituido por el art. 20.4 LCCC para los descubiertos en cuenta corriente de dos veces y media el interés legal del dinero (realmente una TAE que dé lugar a este producto)[294]. Es el caso de la sent. A.P. Álava (Sección 1ª) nº 214/2011, de 13 de abril de 2011, que lo considera no aplicable, pero "dispone una referencia relevante sobre qué se considera razonable como coste financiero". También las sents. A.P. Barcelona 10 de marzo y 9 de junio de 2004, sent. A.P. Girona (Secc. 2ª), de 23 de enero de 2001, sents. A.P. Asturias (sección 6ª) de 20 de diciembre de 2002 y 30 de diciembre de 2004 y Sección 7ª de 17 de julio de 2003.

Hay jurisprudencia que ha fijado como límite para los consumidores el del art. 20 de la Ley del Contrato de Seguro que establece para el caso de mora del asegurador en el pago de la indemnización un interés del 150% del interés legal del dinero y transcurridos dos años desde la producción del siniestro de al menos el 20%. También en ocasiones se ha acudido por los órganos judiciales y por la doctrina a la aplicación de la Ley de Usura, lo que ha dado lugar a sentencias y opiniones contradictorias.

Sin embargo, la STS 265/2015, de 22 de abril de 2015 (Roj: STS 1723/2015), luego seguida por las sents. 469/2015, de 8 de septiembre, 705/2015, de 23 de diciembre de 2015 y 367/2016, de 3 de junio, ha fijado una regla que considera "precisa". En el fallo "se fija como doctrina jurisprudencial que, en los contratos de préstamo sin garantía real concertados con consumidores, es

---

294 Algún autor considera que en un contexto de interés legal muy bajo este criterio no permitiría al interés de demora cumplir su "doble función liquidatoria de daños y de garantía" (PERTÍÑEZ VÍLCHEZ, F.: Comentario al art. 85 TRLCU en *Comentarios a las Normas de Protección de los Consumidores*..., pág. 816).

abusiva la cláusula no negociada que fija un interés de demora que suponga un incremento de más de dos puntos porcentuales respecto del interés remuneratorio pactado", siguiendo el criterio previsto en el art. 576 de la Ley de Enjuiciamiento Civil para la fijación del interés de mora procesal. Y si bien alabo la fijación de un límite ni me parece adecuado que lo haga el Tribunal Supremo y, aunque como consumidor estoy encantado, como jurista debo hacer algunas preguntas:

¿Por qué se aplica el art. 576 de la LEC que es una norma procesal y no el art. 20,4 de LCCC que es una norma de Derecho sustantivo y específica para consumidores y usuarios?

Por otra parte, la literalidad del precepto de la LEC es la siguiente: "toda sentencia o resolución que condene al pago de una cantidad de dinero líquida determinará, en favor del acreedor, el devengo de un interés anual igual al del interés legal del dinero incrementado en dos puntos *o* el que corresponda por pacto entre las partes *o* por disposición especial de la Ley". El incremento de dos puntos NO se realiza sobre el interés remuneratorio sino sobre el legal y se hace en ausencia de pacto entre las partes. ¿Por qué se aplica cuando hay pacto?

También hay que señalar que este precepto de la LEC-2000 trae su origen en el art. 924, párr. 4° LEC-1881 en su redacción dada por la Ley 34/1984, de 6 de agosto. Por lo que cabe preguntarse: ¿esta solución se les ha ocurrido ahora cuando la tienen desde 1984?

Entiendo que la limitación a los desmesurados intereses de demora es competencia del Poder Legislativo y, además, el principio constitucional de seguridad jurídica se ve gravemente mermado porque la jurisprudencia del T.S. no es vinculante para el propio Tribunal. Dentro de unos años vendrán otros Magistrados y cambiarán de criterio o los actuales volverán a cambiar de opinión, como ya han hecho.

¿Cómo se explica que haya una STS (n° 406/2012, de 18 de junio) que considere ajustado a Derecho un préstamo hipotecario concedido por una financiera el 2006, a plazo de un año y 20 días, con un interés nominal anual fijo del 20,50% y comisión de apertura del 2,5% (TAE del 24,2725%) y un interés de demora del 25% y, sin embargo, un préstamo personal concedido por un banco el 2007 a 5 años, con un interés remuneratorio del 11,80% nominal (TAE del 14,23%) y con un interés de demora del 21,80%, dé lugar a la STS (la citada 265/2015) que considera abusivo un interés de demora de más de dos puntos porcentuales por encima del remuneratorio?

En definitiva, un simple artículo en una ley permitiría establecer un tipo de interés de demora máximo como se hace en otros países y como ya se ha hecho en el art. 20.4 LCCC ("En ningún caso podrá aplicarse a los créditos que se concedan en forma de descubiertos a los que se refiere este artículo un tipo de interés que dé lugar a una tasa anual equivalente superior a 2,5 veces el interés legal del dinero"), en el art. 114 LH en la redacción dada por el art. 3.2 de la Ley 1/2013, de 14 de mayo ("los intereses de demora de préstamos o créditos para la adquisición de vivienda habitual, garantizados con hipotecas constituidas sobre la misma vivienda, no podrán ser superiores a tres veces el interés legal del dinero y sólo podrán devengarse sobre el principal pendiente de pago") y en la vigente redacción fruto de la disposición final 1.2 de la LCCI ("En el caso de préstamo o crédito concluido por una persona física que esté garantizado mediante hipoteca sobre bienes inmuebles para uso residencial, el interés de demora será el interés remuneratorio más tres puntos porcentuales a lo largo del período en el que aquel resulte exigible. El interés de demora sólo podrá devengarse sobre el principal vencido y pendiente de pago y no podrá ser capitalizado en ningún caso, salvo en el supuesto previsto en el artículo 579.2.a) de la Ley de Enjuiciamiento Civil. Las reglas relativas al interés de demora contenidas en este párrafo no admitirán pacto en contrario") o en el art. 25.1 LCCI ("En el caso de préstamo o crédito concluido por una persona física que esté garantizado mediante hipoteca sobre bienes inmuebles para uso residencial, el interés de demora será el interés remuneratorio más tres puntos porcentuales a lo largo del período en el que aquel resulte exigible. El interés de demora sólo podrá devengarse sobre el principal vencido y pendiente de pago y no podrán ser capitalizados en ningún caso, salvo en el supuesto previsto en el artículo 579.2.a) de la Ley de Enjuiciamiento Civil"). Y esto sin olvidar la incoherencia entre esta jurisprudencia y la LCCI: en unos supuestos los créditos a consumidores tienen un interés de demora de dos puntos porcentuales por encima del interés pactado y en otros tres.

A este respecto hay que señalar que la Directiva 87/102/CEE nada dice al respecto de los intereses de demora y tampoco la LCCC a diferencia de la Directiva 2014/17/UE que sí establece en su artículo 28 ("Demoras y ejecución hipotecaria") que los Estados miembros "podrán exigir que, si se permite al prestamista definir e imponer recargos al consumidor en caso de un impago, esos recargos no excedan de lo necesario para compensar al prestamista de los costes que le acarree el impago" y "podrán autorizar a los prestamistas a imponer recargos adicionales al consumidor en caso de impago. Los Estados miembros que se acojan a esta posibilidad determinarán el valor máximo de tales recargos". Podría haberse aprovecha esta última Directiva para modificar a este respecto, como ya se hizo en otros, la Directiva de Contratos de Crédito al Consumo.

En el caso de la existencia de un mero precepto, como en otros tantos, nos hubiéramos ahorrado y nos ahorraríamos en el futuro mucho tiempo y dinero dedicado a discutir doctrinal y jurisprudencialmente cuándo un interés de demora es excesivo.

Hay que esperar que al transponer la Directiva 2023/2225/UE por la que se deroga la Directiva 2008/48/CE con efectos 20 de noviembre de 2026 (el plazo de transposición finaliza el 20 de noviembre de 2025 y las normas resultantes se aplicarán a partir del 20 de noviembre de 2026) se resuelva este problema. En efecto, su artículo 35 (Mora y medidas de reestructuración o refinanciación) establece en su apartado 3 que "cuando los Estados miembros permitan a los prestamistas definir y repercutir gastos al consumidor en caso de impago, dichos Estados miembros podrán exigir que esos gastos no excedan de lo necesario para compensar al prestamista de los costes que le acarree el impago". Y en el apartado 4 que "cuando los Estados miembros autoricen a los prestamistas a cobrar al consumidor gastos adicionales en caso de impago, dichos Estados miembros fijarán un límite máximo para dichos gastos". Como se observa estos preceptos van en la misma línea que la Directiva 2014/17/UE.

Por otra parte, si ya de por sí ha sido bastante "creativa" la fijación de un interés de demora que se considera abusivo, su consecuencia también lo fue.

Una vez considerados, en su caso, como abusivos los intereses de demora, la sanción sería la nulidad de la cláusula teniéndose por no puesta sin que quepa facultad integradora por parte del Juez y ello por aplicación del art. 83 TRLCU después de la modificación operada en la redacción de este precepto por la Ley 3/2014, de 27 de marzo, en aplicación de la STJUE de 14 de junio de 2012. Así se deduce, igualmente, del art. 6.1 de la Directiva 93/13 de cláusulas abusivas.

Pues bien, el TS considera esta cláusula como abusiva pero, sin embargo, en lugar de considerarla nula, "recalcula" los intereses de demora aplicando al capital impagado el interés remuneratorio, lo que provocó varias cuestiones prejudiciales ante el TJUE. El TS se ha visto obligado a plantear una (Auto de 22 de febrero de 2017) para defender su posición. Entiende que "el control de abusividad (*sic*)" debe realizarse valorando si el incremento sobre el interés remuneratorio que se produce cuando el prestatario incurre en mora supone una indemnización excesiva. De ser considerada como tal y el TS lo ha considerado así cuando el recargo excede de dos puntos porcentuales, es abusiva y no debe vincular al consumidor. Ello debe determinar la eliminación completa del recargo, pero no la eliminación del interés remuneratorio que retribuye la disponibilidad del capital hasta su devolución y cuya causa persiste. Y es que la consideración de una cláusula como abusiva puede traer consecuencias no suficientemente calculadas (véase el caso de las cláusulas suelo).

Entiende el T.S. que "la supresión total de la indemnización por el incumplimiento contractual, por razón de su carácter desproporcionado y, por tanto, abusivo, no justifica que se elimine el precio del servicio, que es el interés remuneratorio".

A este respecto hay que señalar que el TJUE (Sala Quinta) en su Sentencia de 7 de agosto de 2018 le ha dado la razón. Pero veamos las dos cuestiones prejudiciales planteadas por el Juzgado de Primera Instancia nº 38 de Barcelona y por el Tribunal Supremo a este respecto:

— 1ª. Si, de conformidad con la Directiva [93/13], y en particular de sus artículos 6, apartado 1, y 7, apartado 1, a fin de garantizar la protección de consumidores y usuarios y la jurisprudencia comunitaria que la desarrolla, ¿es ajustado al Derecho de la Unión el fijar como criterio inequívoco la determinación que[,] en los contratos de préstamo sin garantía real concertados con consumidores, es abusiva la cláusula no negociada que fija un interés de demora que suponga un incremento de más de dos puntos porcentuales respecto del interés remuneratorio pactado?

— Si, de conformidad con la Directiva [93/13], y en particular de sus artículos 6, apartado 1, y 7, apartado 1, a fin de garantizar la protección de consumidores y usuarios y la jurisprudencia comunitaria que la desarrolla, ¿es ajustado al Derecho de la Unión el fijar como consecuencia que se siga devengando el interés remuneratorio hasta el completo pago de lo adeudado?

Veamos los argumentos y resolución del TJUE respecto a la primera cuestión prejudicial.

Entiende que el Tribunal Supremo parece haberse basado para definir su criterio (procedía declarar abusivas las cláusulas no negociadas de los contratos de préstamo personal celebrados con los consumidores relativas a los intereses de demora cuando tales cláusulas respondan al criterio de que el interés de demora sea superior en dos puntos porcentuales al interés remuneratorio pactado entre las partes en el contrato), "las orientaciones emanadas del Tribunal de Justicia en cuanto a la apreciación del carácter eventualmente abusivo de una cláusula contractual".

En cuanto al extremo de determinar si la Directiva 93/13 se opone a la aplicación de un criterio jurisprudencial como el expuesto "la presente sentencia, en la medida en que tal criterio implica una presunción iuris et de iure de que será abusiva toda cláusula contractual que responda al mismo, cabe recordar que la citada Directiva se basa en la idea de que el consumidor se halla en situación de inferioridad con respecto al profesional, tanto en lo referente a la capacidad de negociación como al nivel de información (sentencia de 21 de diciembre de 2016, Biuro podróży «Partner», C-119/15, EU:C:2016:987, apartado 28 y jurisprudencia citada)".

"Habida cuenta de semejante situación de inferioridad, la Directiva 93/13 establece en su artículo 3, apartado 1, la prohibición de cláusulas tipo que, contrariamente a las exigencias de la buena fe, causen en detrimento del consumidor un desequilibrio importante entre los derechos y obligaciones de las partes que se derivan del contrato (sentencia de 21 de marzo de 2013, RWE Vertrieb, C-92/11, EU:C:2013:180, apartado 42)".

"Incumbe al juez nacional determinar si deben considerarse abusivas las cláusulas contractuales de las que conoce, teniendo en cuenta en principio, conforme al artículo 4, apartado 1, de esa misma Directiva, todas las circunstancias del caso concreto (véase, en este sentido, la sentencia de 14 de marzo de 2013, Aziz, C-415/11, EU:C:2013:164, apartado 71)".

"El Tribunal de Justicia dedujo sustancialmente de las disposiciones citadas, así como del artículo 6, apartado 1, y del artículo 7, apartado 1, de la Directiva 93/13, que esta Directiva se opone a una normativa nacional que defina un criterio en el que deba basarse la apreciación del carácter abusivo de una cláusula contractual, cuando tal normativa impida al juez nacional que conoce de una cláusula que no responda a dicho criterio examinar el eventual carácter abusivo de la cláusula en cuestión y, en su caso, declararla abusiva y dejarla sin aplicación (véase, en este sentido, la sentencia de 21 de enero de 2015, Unicaja Banco y Caixabank, C-482/13, C-484/13, C-485/13 y C-487/13, EU:C:2015:21, apartados 28 a 42). No obstante, tal como se ha expuesto en el apartado 61 de la presente sentencia, no parece que tal sea el efecto de la jurisprudencia del Tribunal Supremo cuestionada en el litigio principal".

Por otra parte, "si bien es cierto que la jurisprudencia del Tribunal Supremo cuestionada en el litigio principal no parece formar parte de las disposiciones más rigurosas que los Estados miembros pueden adoptar a fin de garantizar un mayor nivel de protección de los consumidores con arreglo al artículo 8 de la Directiva 93/13, puesto que —según el Gobierno español expuso ante el Tribunal de Justicia en la vista— la referida jurisprudencia no parece tener fuerza de ley ni constituir una fuente del Derecho, no es menos verdad que la elaboración de un criterio jurisprudencial —como el definido por el Tribunal Supremo en este caso— responde al objetivo de protección de los consumidores que persigue la citada Directiva. En efecto, del artículo 3, apartado 1, de la Directiva 93/13 y de la concepción general de la misma se desprende que la finalidad de la Directiva no es tanto garantizar un equilibrio contractual global entre los derechos y las obligaciones de las partes en el contrato como evitar que se produzca un desequilibrio entre esos derechos y esas obligaciones en detrimento de los consumidores".

De lo dicho, el TJUE deduce que "la Directiva 93/13 no se opone a que se establezca tal criterio". Y concluye: "la Directiva 93/13 debe interpretarse en el sentido de que no se opone a una jurisprudencia nacional, como la del Tribunal Supremo cuestionada en el litigio principal, según la cual una cláusula no negociada de un contrato de préstamo celebrado con un consumidor, que establece el tipo de interés de demora aplicable, es abusiva por imponer al consumidor en mora en el pago una indemnización de una cuantía desproporcionadamente alta, cuando tal cuantía suponga un incremento de más de dos puntos porcentuales respecto del interés remuneratorio pactado en el contrato".

Veamos ahora los argumentos y resolución del TJUE respecto a la segunda cuestión prejudicial, esto es, si "es ajustado al Derecho de la Unión el fijar como consecuencia que se siga devengando el interés remuneratorio hasta el completo pago de lo adeudado" declarada la cláusula de interés moratorio como abusiva".

Aunque el Tribunal de Justicia ha reconocido al juez nacional la facultad de sustituir una cláusula abusiva por una disposición supletoria de Derecho nacional, "según jurisprudencia reiterada del propio Tribunal de Justicia esta posibilidad queda limitada a aquellos supuestos en los que la declaración de la nulidad de la cláusula abusiva obligaría al juez a anular el contrato en su totalidad, quedando expuesto el consumidor de este modo a consecuencias de tal índole que representaran para él una penalización. Tal como ha declarado en lo sustancial el Tribunal de Justicia, en esta perspectiva la anulación de la cláusula de un contrato de préstamo que establece el tipo de interés de demora aplicable no puede acarrear consecuencias negativas para el consumidor, ya que las cantidades que podría reclamarle el prestamista serán necesariamente menores al no aplicarse el mencionado interés de demora (véase, en este sentido, la sentencia de 21 de enero de 2015, Unicaja Banco y Caixabank, C-482/13, C-484/13, C-485/13 y C-487/13, EU:C:2015:21, apartados 33 y 34)".

Por otra parte, "la Directiva 93/13 no exige que el juez nacional deje sin aplicación, además de la cláusula declarada abusiva, aquellas cláusulas que no han sido calificadas como tales. En efecto, el objetivo perseguido por la Directiva consiste en proteger al consumidor y en restablecer el equilibrio entre las partes del contrato, dejando sin aplicación las cláusulas consideradas abusivas y manteniendo al mismo tiempo, en principio, la validez de las restantes cláusulas del contrato en cuestión (véanse, en este sentido, las sentencias de 30 de mayo de 2013, Jőrös, C-397/11, EU:C:2013:340, apartado 46, y de 31 de mayo de 2018, Sziber, C-483/16, EU:C:2018:367, apartado 32)".

Continúa señalando que “de la Directiva 93/13 no se desprende que dejar sin aplicar o anular la cláusula de un contrato de préstamo que establece el tipo de interés de demora a causa del carácter abusivo de la misma deba acarrear también la no aplicación o anulación de la cláusula del mismo contrato que establezca el tipo de interés remuneratorio, máxime cuando es preciso distinguir claramente entre ambas cláusulas. En efecto, a este último respecto cabe señalar que, según resulta del auto de remisión en el asunto C-94/17, la finalidad de los intereses de demora es sancionar el incumplimiento por el deudor de su obligación de devolver el préstamo mediante los pagos periódicos convenidos contractualmente, disuadir al deudor de incurrir en mora en el cumplimiento de sus obligaciones y, en su caso, indemnizar al prestamista de los daños y perjuicios sufridos como consecuencia del retraso en el pago. En cambio, la función del interés remuneratorio consiste en retribuir al prestamista por poner a disposición del prestatario una cantidad de dinero hasta la devolución de la misma. [...]”

En el caso de la sentencia, “de los autos de remisión resulta que la solución por la que se inclina la jurisprudencia del Tribunal Supremo cuestionada en los litigios principales implica que el juez nacional, que ha constatado el carácter abusivo de la cláusula de un contrato de préstamo que establece el tipo de interés de demora, deje pura y simplemente sin aplicar tal cláusula o el incremento que los intereses de demora representan en relación con los intereses remuneratorios, sin poder sustituir la cláusula abusiva por disposiciones legales supletorias ni modificar la cláusula en cuestión, y mantenga al mismo tiempo la validez de las restantes cláusulas del contrato, en particular de la cláusula relativa a los intereses remuneratorios”.

Y concluye la STJUE: “Habida cuenta de las consideraciones anteriores, procede responder a la letra b) de la segunda cuestión prejudicial del asunto C-96/16 y a la segunda cuestión prejudicial del asunto C-94/17 que la Directiva 93/13 debe interpretarse en el sentido de que no se opone a una jurisprudencia nacional, como la del Tribunal Supremo cuestionada en los litigios principales, según la cual la consecuencia del carácter abusivo de una cláusula no negociada de un contrato de préstamo celebrado con un consumidor que establece el tipo de interés de demora consiste en la supresión total de los intereses de demora, sin que dejen de devengarse los intereses remuneratorios pactados en el contrato".

Para finalizar, conviene hacer una reflexión sobre si es contraria a derecho la reclamación de los intereses moratorios atendido el tiempo transcurrido sin actividad alguna por parte de la parte acreedora. Siguiendo la sent. nº 468 de la A.P. de Barcelona de 30 de octubre de 2013 (Roj: SAP B 11494/2013), tal como recuerdan las Sentencias de las Audiencias Provinciales de Barcelona (Secc. 14ª), de 27 de mayo de 2009 y de Alicante (Secc. 6ª) de 4 de febrero de 2009, la jurisprudencia del Tribunal Supremo admite la denominada doctrina del "retraso desleal" como una manifestación de la prohibición de actuar con abuso de derecho y de manera contraria a la buena fe, principios ambos recogidos en el art. 7 del Título preliminar del Código Civil (Sents TS de 21 de enero de 1965, 21 de mayo de 1982, 28 de abril de 1986, 21 de septiembre de 1987, 6 de junio de 1992, 13 de julio de 1995, 2 de febrero de 1996, 4 de julio de 1997 y 31 de enero de 2007). Esta doctrina se enuncia por la citada Sentencia de esta Audiencia Provincial del siguiente modo: "el transcurso pacífico de un largo período de tiempo sin formular reclamación alguna puede producir el efecto de tener por renunciado el derecho, pues así lo exige la seguridad de las relaciones contractuales y del tráfico jurídico y la prohibición de ir contra los actos propios y las normas de la buena fe, en cuando ante un ejercicio del derecho tan tardío la otra parte tenga razones para pensar que no iba a actuarse".

Inmediatamente debemos advertir que este instituto, por ser un remedio extraordinario (STS de 13 de junio de 2003) y por el drástico efecto que produce —pérdida del derecho por quien ha ejercitado la acción para lograr su efectividad antes del transcurso del plazo legal de prescripción— ha de ser apreciado por los tribunales de justicia con cuidado sumo (STS de 6 de febrero de 1999) ciñéndolo a los supuestos de neta extralimitación en el ejercicio del derecho (STS de 21 de septiembre de 2007) lo que sucederá cuando concurran de manera cumulativa tres requisitos (SAP de Murcia de 25 de octubre de 2001 citada por la SAP de Alicante, Sec. 6ª de 4 de febrero de 2009): la omisión del ejercicio del derecho, el transcurso de un largo período de tiempo y la objetiva deslealtad e intolerabilidad del posterior ejercicio retrasado.

Bibliografía

AGÜERO ORTIZ, A.: "Directiva 2014/17/UE de 4 de febrero sobre contratos de crédito celebrados con los consumidores para bienes inmuebles de uso residencial", *Revista CESCO de Derecho de Consumo* nº 9/2014.

AGÜERO ORTIZ, A.: "Guía sobre la apreciación judicial de la abusividad de los intereses de demora en los préstamos hipotecarios", http://blog.uclm.es/cesco/files/2013/06/GU%C3%8DA-SOBRE-LA-APRECIACI%C3%93N-JUDICIAL-DE-LA-ABUSIVIDAD-DE-LOS-INTERESES-DE-DEMORA.pdf

AGÜERO ORTIZ, A.: "Sobre intereses remuneratorios erróneamente considerados abusivos. La AP Alicante: Una flor en el desierto", http://blog.uclm.es/cesco/files/2014/11/Sobre-intereses-remuneratorios-err%C3%B3neamente-considerados-abusivos-la-AP-Alicante-una-flor-en-el-desierto.pdf, 10 de noviembre de 2014.

AGUILAR RUIZ, L., *La protección legal del crédito,* Valencia, Tirant lo Blanch, 2001, pág. 181.

ALCALÁ DÍAZ, Mª.A.: *La Protección del Deudor Hipotecario. Ley 1/2013, de 14 de mayo, de medidas para reforzar la protección a los deudores hipotecarios, reestructuración de la deuda y alquiler social.* Aranzadi, Cizur Menor 2013.

ALFARO AGUILA-REAL, J.: *Las condiciones generales de la contratación,* Civitas, 1991.

ALFARO ÁGUILA-REAL, J.: "Artículo 1". En *Comentarios a la Ley de Condiciones Generales de la Contratación* (Dir. Aurelio Menéndez Menéndez y Luis Díez-Picazo y Ponce de León), Civitas, Madrid, 2002.

ALFARO ÁGUILA-REAL, J: *Proyecto de Ley de Crédito al Consumo.* Revista de Derecho Bancario y Bursátil, núm. 56. Diciembre, 1994.

ÁLVAREZ LATA, N.: "Artículo 10" en *Comentarios a la Ley de Contratos de Crédito al Consumo* (Dir. M. J. Marín López). Aranzadi, Cizur Menor, 2014.

ÁLVAREZ LATA, N.: "Artículo 14" en *Comentarios a la Ley de Contratos de Crédito al Consumo* (Dir. M. J. Marín López). Aranzadi, Cizur Menor, 2014.

ÁLVAREZ LATA, N.: "Artículo 15" en *Comentarios a la Ley de Contratos de Crédito al Consumo* (Dir. M. J. Marín López). Aranzadi, Cizur Menor, 2014.

ÁLVAREZ MARTÍNEZ, G.I: "El consumo y el crédito". Forma parte del libro *"Los grupos de Contratos en el crédito al consumo"*, Editorial LA LEY, (formato electrónico —Base de datos La Ley—) Madrid, abril 2009.

ÁLVAREZ OLALLA, P.: "Artículo 4" en *Comentarios a la Ley de Contratos de Crédito al Consumo* (Dir. M. J. Marín López). Aranzadi, Cizur Menor, 2014.

ÁLVAREZ OLALLA, P.: "Artículo 17" en *Comentarios a la Ley de Contratos de Crédito al Consumo* (Dir. M. J. Marín López). Aranzadi, Cizur Menor, 2014.

ÁLVAREZ OLALLA, P.: "Artículo 19" en *Comentarios a la Ley de Contratos de Crédito al Consumo* (Dir. M. J. Marín López). Aranzadi, Cizur Menor, 2014.

ÁLVAREZ OLALLA, P.: "Artículo 20" en *Comentarios a la Ley de Contratos de Crédito al Consumo* (Dir. M. J. Marín López). Aranzadi, Cizur Menor, 2014.

ÁLVAREZ OLALLA, P.: "Contratos de financiación" en *Tratado de Contratos* (Dir. R. Bercovitz), Tomo IV, Tirant lo Blanch, 2011.

ÁLVAREZ RUBIO, J.: "Información y actuaciones previas a la celebración del contrato en la nueva Ley de Contratos de Crédito al Consumo", *Boletín del Ministerio de Justicia,* núm. 2152, marzo 2013

AMOROS DORDA, F.J: "Directiva 87/102 C.E.E. Protección al consumidor y crédito al consumo". Cuadernos de Derecho y Comercio número 1, 1987.

ANDREU MARTÍ, Mª del M.: "El reembolso anticipado del crédito", *Revista Jurídica Región de Murcia,* 1997.

ANDREU MARTÍ, Mª del M.: "Lección 20ª. Crédito al consumo" en *Curso sobre Protección Jurídica de los Consumidores* (Coord. Botana García, G. y Ruiz Muñoz, M.). McGraw Hill, Madrid, 1999.

ARAGÓN REYES, M.: "Las fuentes. En particular los Estatutos de los Bancos y Cajas de Ahorros y las Circulares del Banco de España" en *Instituciones del Mercado Financiero,* Vol. I (Fuentes, Protección de los Consumidores, Responsabilidad y Nuevos sistemas de Contratación), Dir. A. Alonso Ureba y J. Martínez Simancas, La Ley-Actualidad, Madrid, 1997.

ARRANZ PUMAR, G.: *Análisis del Proyecto de Ley de Crédito al Consumo.* Crédito Cooperativo, núm. 71, 1994.

ARROYO AMAYUELAS, E.: "Artículo 16" en *Comentarios a la Ley de Contratos de Crédito al Consumo* (Dir. M. J. Marín López). Aranzadi, Cizur Menor, 2014.

ARROYO AMAYUELAS, E.: "Artículo 21" en *Comentarios a la Ley de Contratos de Crédito al Consumo* (Dir. M. J. Marín López). Aranzadi, Cizur Menor, 2014.

ATAZ LÓPEZ, J.: "Artículo 1.445" en *Comentarios al Código Civil* (Director: R. Bercovitz Rodríguez-Cano), Tomo VII, Tirant lo Blanch, Valencia, 2013.

BADENAS CARPIO, J. M: "Artículo 2. Ámbito subjetivo". En *Comentarios a la Ley de Condiciones Generales de la Contratación* (Coord. Rodrigo Bercovitz Rodríguez-Cano), Aranzadi, El Cano (Navarra), 1999.

BALBUENA RIVERA, M.: "Análisis del riesgo financiero de las personas físicas y su impacto en el coste crediticio" en *Préstamo responsable y ficheros de solvencia* (Coords. L. Prats Albentosa y M. Cuenca Casas), Thomson Reuters, Cizur Menor, 2014.

BERCOVITZ RODRIGUEZ-CANO, A.: "La protección de los consumidores, la Constitución española y el Derecho Mercantil", en *Lecturas sobre la Constitución.* U.N.E.D. 1978, volumen II.

BERCOVITZ RODRÍGUEZ-CANO, A: "Ámbito de aplicación y derechos de los consumidores en la Ley General para la Defensa de los Consumidores y Usuarios" en *Estudios sobre Consumo,* 3. 1984.

BERCOVITZ RODRÍGUEZ-CANO, R: "Artículo 1. Ámbito objetivo" en *Comentarios a la Ley de Condiciones Generales de la Contratación* (Coord. Rodrigo Bercovitz Rodríguez-Cano), Aranzadi, El Cano (Navarra), 1999.

BETANCOR RODRÍGUEZ, A.: "La infracción de Circulares del Banco de España no es motivo en que pueda fundarse el recurso de casación. Crítica a la negativa a reconocerles el carácter de norma jurídica-sustantiva", *RDBB* 1995.

BROWN, G. SUKYS, P. LAWLOR, M.A: *Business Law, with UCC Applications.* Glencoe, Nueva York, 1993.

BUERGER, A. A: "Revolving Credit and Credit Cards", en *Law and Contemporary Problems,* Vol. 33, núm. 4, Consumer Credit Reform (Autumn, 1968).

BUSTO LAGO, J.M.: "Artículo 7" en *Comentarios a la Ley de Contratos de Crédito al Consumo* (Dir. M. J. Marín López). Aranzadi, Cizur Menor, 2014.

BUSTO LAGO, J.M.: "Artículo 10" en *Comentarios a la Ley de Contratos de Crédito al Consumo* (Dir. M. J. Marín López). Aranzadi, Cizur Menor, 2014.

CÁMARA ÁGUILA, Mª del P.: "Artículo 1.100" en *Comentarios al Código Civil* (Director: R. Bercovitz Rodríguez-Cano), Tomo VI, Tirant lo Blanch, Valencia, 2013.

CARRASCO PERERA, A: "Capítulo XVI: Régimen de condiciones generales de contratación en el contrato de crédito inmobiliario", *Comentario a la Ley de Contratos de Crédito Inmobiliario* (Dir. A. Carrasco), Thomson-Reuters Aranzadi, Cizur Menor (Navarra), 2019.

CARRASCO PERERA, A: *Derecho de Contratos,* Aranzadi, Cizur Menor, 2010.

CARRASCO PERERA, A. y CORDERO LOBATO, E.: "El espurio control de transparencia sobre condiciones generales de la contratación", *Revista CESCO* nº 7/2013, http://cesco.revista.uclm.es/index.php/cesco.

CARRASCO PERERA, A. y CORDERO LOBATO, E.: "La doctrina casacional sobre la transparencia de las cláusulas suelo conculca la garantía constitucional de la tutela judicial efectiva", *Revista CESCO* nº 7/2013, http://cesco.revista.uclm.es/index.php/cesco.

CORDERO LOBATO, E.: "La LCCI en el contexto normativo y judicial de la transparencia y protección hipotecaria", *Comentario a la Ley de Contratos de Crédito Inmobiliario.* Thomson Reuters Aranzadi, Cizur Menor (Navarra), 1ª ed., junio 2019.

CORTÉS, L.J.: "Capítulo 1. Los Contratos Bancarios: ideas generales" en *El Contrato Bancario. Tiempos Revueltos,* Aranzadi, 2012.

CUADRADO SOLER, J: "Las tarjetas revolving: ¿caso resuelto?", *Revista Crítica de Derecho Inmobiliario,* nº 794, 2022.

DÍEZ-PICAZO Y PONCE DE LEON, L.: *Fundamentos de Derecho Civil Patrimonial, IV. Las particulares relaciones obligatorias,* Civitas, Madrid, 2011.

DÍEZ-PICAZO Y PONCE DE LEON, L.: "Artículo 2". En *Comentarios a la Ley de Condiciones Generales de la Contratación* (Dir. Aurelio Menéndez Menéndez y Luis Díez-Picazo y Ponce de León), Civitas, Madrid, 2002.

DÍEZ-PICAZO Y PONCE DE LEON, L.: "Las condiciones generales de la contratación y cláusulas abusivas" en *Las condiciones generales de la contratación y cláusulas abusivas,* Civitas, 1996

DOMÍNGUEZ LUELMO, A.: "Carácter abusivo de la cláusula de redondeo exclusivamente al alza en los contratos de préstamo hipotecario a tipo de interés variable", *RDBB* núm. 88, octubre-diciembre 2002.

DURANY PICH, S: "Artículos 5 y 7". En *Comentarios a la Ley de Condiciones Generales de la Contratación* (Dir. Aurelio Menéndez Menéndez y Luis Díez-Picazo y Ponce de León), Civitas, Madrid, 2002.

EMBID IRUJO, J.M.: "La cuenta corriente bancaria", *RDBB* núm. 65, enero-marzo 1997.

FITCH, T: *Dictionary of Banking Terms.* Barron´s. Nueva York, 1993.

GALLEGO SÁNCHEZ, E.: "La obligación de evaluar la solvencia del deudor. Consecuencias derivadas de su cumplimiento" en *Préstamo responsable y ficheros de solvencia* (Coords. L. Prats Albentosa y M. Cuenca Casas), Thomson Reuters, Cizur Menor, 2014.

GARCÍA MÁS, F. J.: "Breve análisis sobre la Ley de Crédito al Consumo de 23 de marzo de 1995". *Revista Crítica de Derecho Inmobiliario,* noviembre 1996.

GARCÍA VICENTE, J.R.: "Artículo 28" en *Comentarios a la Ley de Contratos de Crédito al Consumo* (Dir. M. J. Marín López). Aranzadi, Cizur Menor, 2014.

GARCIA-CRUCES GONZALEZ, J.A.: "Contratación bancaria y consumo. Algunas consideraciones en torno al art. 10 LGDCU". *RDBB* núm. 30, junio 1988.

GARCÍA-PITA Y LASTRES, J.L.: "La cuenta corriente bancaria en descubierto y los contratos de crédito: criterios para una interpretación legal y contractual (comentario a la STS de 14 diciembre de 1983)", *Comentarios a jurisprudencia de derecho bancario y cambiario,* (Dir. SÁNCHEZ CALERO), Centro de Documentación Bancaria y Bursátil, Tomo I, 1993.

GARCÍA-PITA Y LASTRES, J.L.: "§ IV. Ley 7/1995, de 23 de marzo, de Crédito al Consumo. Capítulo II. De los contratos sujetos a la presente Ley (arts. 6-15)" en *Comentarios a las Normas de Protección de los Consumidores* —Dir. S. Cámara Lapuente—, Colex, 2011

GARCÍA-PITA Y LASTRES, J.L.: *Las entidades de crédito y sus operaciones. Operaciones Bancarias neutras,* Marcial Pons, Madrid, 2006.

GARRIGUES, J.: "Contratos Bancarios", 2ª edición. Madrid, 1975.

GIMÉNEZ VILLANUEVA, T.: "Normas de transparencia en la contratación bancaria", en *Crédito al consumo y transparencia bancaria* (Dir. U. Nieto Carol), Ed. Civitas, Madrid, 1998.

GONZÁLEZ PACANOWSKA, I.: "Artículo 5. Requisitos de incorporación" en *Comentarios a la Ley de Condiciones Generales de la Contratación* (Coord. Rodrigo Bercovitz Rodríguez-Cano), Aranzadi, El Cano (Navarra), 1999.

GONZÁLEZ PACANOWSKA, I: "Artículo 7. No incorporación". En *Comentarios a la Ley de Condiciones Generales de la Contratación* (Coord. Rodrigo Bercovitz Rodríguez-Cano), Aranzadi, El Cano (Navarra), 1999.

ILLESCAS ORTIZ, R.: "Los contratos bancarios: reglas de información, documentación y ejecución", *RDBB* núm. 34, abril-junio 1989.

KOCH, T.: *Bank Management.* The Dryden Press. Nueva York, 1988.

MARÍN LÓPEZ, J.J.: "El ámbito de aplicación de la Ley de Crédito al Consumo", en *Crédito al consumo y transparencia bancaria* (Dir. U. Nieto Carol), Civitas, Madrid, 1998.

MARÍN LÓPEZ, J.J.: "El ámbito de aplicación de la ley sobre condiciones generales de la contratación". En *Condiciones Generales de la Contratación y Cláusulas Abusivas* (Dir. U. Nieto Carol). Lex Nova, Valladolid, 2000.

MARÍN LÓPEZ, M.J.: "Comentario al art. 1. Contrato de crédito al consumo" en *Comentarios a la Ley de Contratos de Crédito al Consumo* (Dir. Manuel Jesús Marín López), Aranzadi, 2014.

MARÍN LÓPEZ, M.J.: "Comentario de la nueva Ley de Contratos de Crédito al Consumo (Ley 16/2011, de 24 de junio)", CESCO, www.ulcm.es/centro/cesco/, junio 2011.

MARÍN LÓPEZ, M.J.: "El «nuevo» concepto de consumidor y empresario tras la Ley 3/2014, de Reforma del TRLGDCU", *Revista CESCO de Derecho de Consumo* nº 9/2014.

MARÍN LÓPEZ, M.J.: "La protección del consumidor en Alemania" en *Crédito al Consumo y Transparencia Bancaria,* VV.AA. (Dir. U. Nieto Carol), Civitas, Madrid, 1998

MARÍN LÓPEZ, M.J.: "Los derechos del consumidor en la fase de ejecución del contrato, según la Ley 16/2001, de 24 de junio, de Contratos de Crédito al Consumo (1)", *Diario La Ley,* núm. 7693, Sección Doctrina, 13 de septiembre de 2011.

MARÍN LÓPEZ, M.J.: "Protección del consumidor y crédito al consumo. Análisis del Proyecto de Ley de contratos de crédito al consumo», *Revista de Derecho Público,* marzo/abril 2011.

MARTÍNEZ, J. Mª: *Hermenéutica Bíblica,* edit CLIE, Madrid, 1984.

MARTÍNEZ CALCERRADA, L.: *Estudios de Derecho Patrimonial,* Montecorvo, Madrid, 1984.

MARTÍNEZ ESPÍN, P.: "El régimen de transparencia y protección del cliente de servicios bancarios". *Revista CESCO de Derecho de Consumo* nº 5/2013.

MARTÍNEZ ESPÍN, P.: "Nuevo régimen de transparencia y protección del cliente de servicios bancarios (Análisis de la Orden EHA/2899/2011, de 28 de octubre, de transparencia y protección del cliente de servicios bancarios)", *www.uclm.es/centro/cesco,* marzo 2012.

MARTÍNEZ ZORRILLA, D.: *Metodología jurídica y argumentación,* Marcial Pons, Madrid, 2010.

MATEU DE ROS, R.: "El sector financiero y la legislación española sobre consumidores y competencia", *RDBB* núm. 72, octubre-diciembre 1998, pág. 1.017.

MOLLE, G*Manuale di Diritto bancario,* 3ª ed., Milán, 1987.

MORÁN, E.K.: "Wall Street Meets Main Street: Understanding The Financial Crisis", *13 N.C. Banking Inst.* (2009),

MUÑOZ CERVERA, M.: "La Ley 7/1995, de 23 de marzo, de Crédito al Consumo" en *Cuadernos de Derecho y Comercio,* núm. 17, 1995.

MÚRTULA LAFUENTE, V.: "Formación y perfección de los contratos de crédito al consumo", *Negociación y perfección de los contratos* (Dir. Mª. A. Parra Lucán), Thomson Reuters, Cizur Menor, 2014.

NIETO CAROL, U.: "Artículo 6" en *Comentarios a la Ley de Contratos de Crédito al Consumo* (Dir. M. J. Marín López). Aranzadi, Cizur Menor, 2014.

NIETO CAROL, U.: "Artículo 18" en *Comentarios a la Ley de Contratos de Crédito al Consumo* (Dir. M. J. Marín López). Aranzadi, Cizur Menor, 2014.

NIETO CAROL, U.: "Artículo 23" en *Comentarios a la Ley de Condiciones Generales de la Contratación* (Dir. Aurelio Menéndez Menéndez y Luis Díez-Picazo y Ponce de León), Civitas, Madrid, 2002.

NIETO CAROL, U.: "Condiciones generales de los contratos bancarios de crédito y protección del consumidor" en *Crédito al consumo y Transparencia Bancaria* (VVAA. Dir. U. Nieto Carol), Civitas, Madrid, 1998.

NIETO CAROL, U.: "Contratos de adhesión y derecho de los consumidores. Situaciones específicas de las condiciones generales de los contratos crediticios", *Actualidad Civil* 1993-1.

NIETO CAROL, U.: Introducción al libro *Contratos Bancarios y Parabancarios* (VVAA. Dir. U. Nieto). Lex Nova, Valladolid, 1998.

NIETO CAROL, U.: "Información sobre condiciones generales y cláusulas abusivas: El papel del corredor de comercio colegiado". En *Condiciones Generales de la Contratación y Cláusulas Abusivas (Dir. U. Nieto Carol).* Lex Nova, Valladolid, 2000.

NIETO CAROL, U.: "La necesidad de una ley de transparencia bancaria", *Vías extrajudiciales de protección del inversor e instrumentos en la financiación de empresas,* (Dir: Beatriz Belando Garín y Carmen Boldó Roda. Coord: Belén Andrés Segovia y Elisabet González Pons), Thomson Reuters-Aranzadi, 2018.

NIETO CAROL, U.: "La Tasa Anual Equivalente en los Contratos de Crédito Inmobiliario ". *Revista de Derecho Bancario y Bursátil,* nº 165, enero-marzo 2022.

NIETO CAROL, U.: *Transparencia y protección de la clientela bancaria.* Edit. Thomson Reuters Aranzadi, Cizur Menor (Navarra), 2016.

NIETO CAROL, U.: "El control de incorporación y transparencia en los contratos bancarios", *Retos de la Contratación Mercantil moderna* (Dir. F. González Castilla y U. Nieto Carol), Tirant lo Blanch, Valencia, 2022.

O´CALLAGHAN MUÑOZ, X.: "Condiciones generales de contratación: Conceptos generales y requisitos" en *Contratos de adhesión y derechos de los consumidores,* Cuadernos de Derecho Judicial VI, CGPJ, Madrid, 1993

ORDÁS ALONSO, M.: "Artículo 1.756" en *Comentarios al Código* Civil, VV.AA. —Coord. R. Bercovitz Rodríguez-Cano—, Aranzadi, Pamplona, 2001.

ORDÁS ALONSO, M.: "El ámbito de aplicación de la Directiva 2008/48/CE del Parlamento Europeo y del Consejo, de 23 de abril de 2008, relativa a los contratos de crédito al consumo y por la que se deroga la Directiva 87/102/CEE del Consejo", *AC*, 2008-3.

ORDÁS ALONSO, M.: *El nuevo marco normativo para la contratación de préstamos y créditos. Especial consideración a los costes asociados y la obligación de transparencia.* Bosch, Barcelona, 2014.

ORDÁS ALONSO, M.: *Los contratos de Crédito al Consumo en la Ley 16/2011, de 24 de* junio. Thomson Reuters Aranzadi, Cizur Menor, 2013.

OSBORNE, G.R.: *The hermeneutical spiral.* Illinois, EE.UU., 1991.

PAGADOR LÓPEZ, J.: "La Ley 7/1998, de 13 de abril, sobre Condiciones Generales de la Contratación" en *Derecho de los Negocios,* octubre de 1998.

PAGADOR LÓPEZ, J.: "Requisitos de incorporación de las condiciones generales y consecuencias negociales" en *Condiciones Generales de la Contratación y Cláusulas Abusivas (Dir. U. Nieto Carol).* Lex Nova, Valladolid, 2000.

PAISANT, G.: "La Directiva de 23 de abril de 2008, sobre el crédito al consumo", *Boletín del Ministerio de Justicia* nº 2.150, enero 2013.

PANTALEÓN, F.: "Sobre la transparencia material de cláusulas predispuestas de lege lata y de lege ferenda", 16 de febrero de 2020, https://almacendederecho.org/sobre-la-transparencia-material-de-clausulas-predispuestas-de-lege-lata-y-de-lege-ferenda

PAZ-ARES, C.: "La economía política como jurisprudencia racional". *Anuario de Derecho Civil,* 1981.

PEÑA LÓPEZ, F.: "Artículo 22" en *Comentarios a la Ley de Contratos de Crédito al Consumo* (Dir. M. J. Marín López). Aranzadi, Cizur Menor, 2014.

PEÑA LÓPEZ, F.: "Artículo 30" en *Comentarios a la Ley de Contratos de Crédito al Consumo* (Dir. M. J. Marín López). Aranzadi, Cizur Menor, 2014.

PÉREZ CARRILLO, E.F.: "Las disposiciones generales de la Ley 16/2011, de 24 de junio, de Contratos de Crédito al Consumo" en *Boletín del Ministerio de Justicia,* año LXVII, número 2151, febrero 2013.

PERTIÑEZ VÍLCHEZ, F.: "Comentario al art. 80 TRLCU" en *Comentarios a las Normas de Protección de los Consumidores* (Dir. S. Cámara Lapuente), Colex, Madrid, 2011.

PERTIÑEZ VÍLCHEZ, F.: "Comentario al art. 85 TRLCU" en *Comentarios a las Normas de Protección de los Consumidores* (Dir. S. Cámara Lapuente), Colex, Madrid, 2011.

PETIT LAVALL, Mª.V.: *La protección del consumidor a crédito: las condiciones abusivas de crédito,* Valencia, 1996.

PRATS ALBENTOSA, L., Préstamo de consumo, crédito al consumo, Valencia, Tirant lo Blanch, 2001.

PRATS ALBENTOSA, L.: "Régimen jurídico de los ficheros de solvencia" en *Préstamo responsable y ficheros de solvencia* (Coords. L. Prats Albentosa y M. Cuenca Casas), Thomson Reuters, Cizur Menor, 2014.

QUICIOS MOLINA, S.: "El artículo 27. Contratos de crédito de duración indefinida" en *Comentarios a la Ley de Contratos de Crédito al Consumo* (Dirigido por Manuel Jesús Marín López). Aranzadi, Cizur Menor (Navarra) 2014

RAMOS HERRANZ, I.: Lección 17ª. Contratos bancarios celebrados con consumidores en *Curso sobre Protección Jurídica de los Consumidores* (Coord. G. Botana García y M. Ruiz Muñoz), McGraw Hill, Madrid, 1999.

RAMOS HERRANZ, I: "El reembolso anticipado en la Directiva 2008/48/CE y en la Ley 16/2011, de Contratos de Crédito al Consumo", *Derecho de los Negocios,* núm. 261-262, junio-julio 2012.

REYES LÓPEZ, M.J.: *Manual de Derecho privado de consumo,* Editorial LA LEY, Madrid, Junio 2009, www.laleydigital-es.

ROCA GUILLAMÓN, J.: "Los contratos de crédito al consumo. Forma y contenido, reembolso anticipado y cobros indebidos —Ley 7/1995, de 23 de marzo—" en *Crédito al Consumo y Transparencia Bancaria,* VV.AA (Dir. U. Nieto Carol), Civitas, Madrid, 1998.

RODRÍGUEZ ARTIGAS, F.: "Notas sobre el concepto de contrato de adhesión", *RDBB,* 1994.

RODRÍGUEZ ARTIGAS, F.: "Antecedentes de la ley sobre condiciones generales de la contratación. Los sucesivos anteproyectos de ley". En *Condiciones Generales de la Contratación y Cláusulas Abusivas (Dir. U. Nieto Carol).* Lex Nova, Valladolid, 2000.

RODRÍGUEZ ARTIGAS, F.: "El ámbito de aplicación de la Ley 7/1998, de 13 abril, de Condiciones Generales de la Contratación" en *Las Condiciones generales la contratación y la Ley 7/1998, de 13 de abril,* Marcial Pons, 1999.

ROMÁN GARCÍA, A: *Notas Particulares de los Contratos de Crédito al Consumo.* Jornada sobre la Ley de Crédito al Consumo. Lex Nova. Conferencia pronunciada en Madrid el 31 de marzo de 1995.

ROY PÉREZ, C.: "El régimen de protección del consumidor de productos bancarios y financieros" en *Revista de Derecho Mercantil* nº 287, enero-marzo 2013.

SALAS, M.E.: "Debate sobre la utilidad de la metodología jurídica: una reconstrucción crítica de las actuales corrientes metodológicas en la teoría del derecho", *Revista Telemática de Filosofía del Derecho,* núm. 12, 2009, www.rtfd.es.

SÁNCHEZ CALERO, F.: "Contrato de cuenta corriente mercantil, el de cuenta corriente bancaria y rendición de cuentas", *RDBB*, 1992.

SÁNCHEZ-CALERO GUILARTE, J.: "El Derecho de la competencia y la contratación bancaria" en *Seguridad jurídica y contratación mercantil* (Coord. U. Nieto Carol), Civitas, Madrid, 1994.

SÁNCHEZ GARCÍA, J.Mª: "Auto TJUE de 3 de marzo: nuevo revés a la doctrina del TS sobre el control de transparencia en su sentencia de 11 de abril de 2018 respecto de los acuerdos novatorios". *Revista de Derecho vLex*, núm. 202, marzo 2021.

SÁNCHEZ SÁNCHEZ, Mª.P. "Aspectos económicos de la Ley 7/1995, de 23 marzo, de Crédito al Consumo en *Cuadernos de Derecho y Comercio*, número 17, Madrid, 1995.

SÁNCHEZ SÁNCHEZ, Mª.P.: "Anexo I" en *Comentarios a la Ley de Contratos de Crédito al Consumo* (Dir. M. J. Marín López). Aranzadi, Cizur Menor, 2014.

SÁNCHEZ ZORRILLA, M.: "Apuntes para una metodología jurídica: la idea de marco teórico", *Revista Telemática de Filosofía del Derecho*, núm. 13, 2010, www.rtfd.es.

SÁNCHEZ ZORRILLA, M.: "La metodología en la investigación jurídica: características peculiares y pautas generales para investigar en el Derecho", *Revista Telemática de Filosofía del Derecho*, núm. 14, 2011, www.rtfd.es, pág. 329.

SANTILLÁN FRAILE, R.: "Reglas de funcionamiento de la Central de Información de Riesgos del Banco de España (CIRBE)" en *Préstamo responsable y ficheros de solvencia* (Coords. L. Prats Albentosa y M. Cuenca Casas), Thomson Reuters, Cizur Menor, 2014.

SARAZÁ JIMENA, R.:" La eficacia de la Directiva sobre Crédito al Consumo". En *Crédito al Consumo y Transparencia Bancaria (Dir. U. Nieto Carol).* Civitas, Madrid, 1998.

SERRANO DE NICOLÁS, A.: "Artículo 8" en *Comentarios a la Ley de Contratos de Crédito al Consumo* (Dir. M. J. Marín López), Aranzadi, Cizur Menor, 2014.

SERRANO DE NICOLÁS, A.: "Artículo 9" en *Comentarios a la Ley de Contratos de Crédito al Consumo* (Dir. M. J. Marín López), Aranzadi, Cizur Menor, 2014.

SOTO MOLINA, G: *Study on the Calculation of the Annual Percentage Rate of Charge for Consumer Credit Agreements.* European Commission Directorate-General Health and Consumer Protection. Brussels, 2009-2014, http://ec.europa.eu/consumers/rights/docs/study_APR_en.pdf.

TAPIA HERMIDA, A.J: "Aspectos generales de la contratación bancaria", *Instituciones de Derecho Privado,* 2ª edición. Tomo VI. Mercantil, volumen 3º

Contratos Bancarios (Dir. U. Nieto Carol), Civitas Thomson Reuters, Cizur Menor (Navarra), 2022

TAPIA HERMIDA, A.J.: "La armonización comunitaria de los contratos de crédito celebrados con consumidores para bienes inmuebles de uso residencial: la Directiva 2014/17/UE", *RDBB* núm. 136, octubre-diciembre 2014.

TAPIA HERMIDA, A.J.: "La nueva arquitectura regulatoria del sistema bancario español: la ley 10/2014, de ordenación, supervisión y solvencia de entidades de crédito", *RDBB* núm. 136, octubre-diciembre 2014.

TAPIA HERMIDA, A.J.: "Tema III. El concepto y la clasificación de los contratos bancarios" en *La Contratación Bancaria* (Dir. A. Sequeira, E. Gadea y F. Sacristán), Dykinson, 2007.

TOMÁS MARTÍNEZ, G: y GÓMEZ URQUIJO, L: "La protección al cliente bancario en el nuevo marco de gobernanza financiera europea. Breve comentario a la Orden EHA/2899/2011, de 28 de octubre, de transparencia y protección del cliente de servicios bancarios", Diario La Ley, Nº 7842, Sección Doctrina, 20 abr. 2012.

URIA, R.: "Derecho Mercantil". Marcial Pons, Madrid,1990.

VÁZQUEZ DE CASTRO, E: "Los créditos rotativos o revolving, control de transparencia, abusividad y carácter usurario" en *Revista Jurídica de los consumidores*, #7 febrero de 2020 (Vlex), p. 47

VAZQUEZ IRUZUBIETA, C.: *Operaciones Bancarias*. EDERSA 1985.

VERDA Y BEAMONTE, J.R.: "Artículos 1755-1756" en *Comentarios al Código Civil* —Dir. R. Bercovitz Rodríguez-Cano—, Tomo VIII, Tirant lo Blanch, Valencia, 2013.

VERDERA TUELLS, E.: "Las actividades parabancarias. Innovación y desintermediación en el sistema financiero español" en Restuccia, G. "Altivita parabancaria. Esperienze e prospecttive", Milán, 1987

VICENT CHULIÁ, F.: "Las acciones colectivas de condiciones generales y su impacto en los sectores de contratación especial". En *Condiciones Generales de la Contratación y Cláusulas Abusivas* (Dir. U. Nieto Carol). Lex Nova, Valladolid, 2000.

VICENT CHULIÁ, F.: *Compendio crítico de Derecho Mercantil,* Tomo II, 3ª ed., Editorial Bosch, Barcelona, 1990.

VICENT CHULIA, F.: *Compendio Crítico de Derecho Mercantil.* Tomo I, volumen 11. Editorial Bosch, Barcelona, 1991.

VILLALBA LAVA, M.: "Breve estudio sobre algunas cláusulas que de ordinario figuran impresas en las pólizas de los contratos de crédito, préstamo, leasing y para la concesión de tarjetas de crédito a la vista de la legislación tuitiva de la parte contratante débil". Rev. Actualidad Civil nº 46/1992.

VITERI ZUBÍA, I.: *El pago anticipado de las obligaciones a plazo*, Tirant lo Blanch, Valencia, 2013.

Índice general

Capítulo IV

EL CONTRATO DE CRÉDITO AL CONSUMIDOR. GENERALIDADES 113

Capítulo V

FASES DEL CONTRATO BANCARIO DE CRÉDITO AL CONSUMIDOR 133

Capítulo VI

CONTENIDO ECONÓMICO DEL CONTRATO DE CRÉDITO AL CONSUMIDOR 167